主编：吕汉阳

副主编：曾涛 朱崇坤 黄必烈

PPP模式

全流程指导与案例分析

Public—Private—Partnership

中国法制出版社

CHINA LEGAL PUBLISHING HOUSE

序言

PPP即公私部门项目合作，其含义是指包括政府部门和事业单位等在内的公共部门，为了公共产品或项目的提供、经营、管理或融资等，以契约的方式建立的合作关系。

我国《国民经济和社会发展第十三个五年规划纲要》（“十三五”规划）指出：“加快进一步放宽基础设施、公用事业等领域的市场准入限制，采取特许经营、政府购买服务等政府和社会合作模式，鼓励社会资本参与投资建设运营”。公私部门项目合作是我国全面深化改革、政府职能转变的一条必由之路。政府部门简政放权的领域逐渐扩大的同时，全社会对公共服务项目的广度和质量要求也日益扩展。现代社会的公共部门必须加快提高社会治理能力，以创新的手段和方式产出和提供优质的公共产品和服务，激发市场活力和社会创造力。

从我国经济发展的特点看，投资拉动型经济增长模式尽管有其弊端，但毕竟为国家跨越式发展、经济长期保持高速增长带来重要机遇和显著成果。这一方面是发展中国家走向工业化、现代化的必然过程，同时也是中国特色社会主义阶段性道路选择。从今后一个阶段看，为满足人民群众日益增长的需要，政府对公共项目的建设、对公共服务供给不但不会减弱，而且还会进一步增强。只是，要转变方式。这就是我国“十三五”规划所提出的目标：增加公共服务供给，提高公共服务共建能力和共享水平；满足多样化公共服务需求；创新公共服务提供方式，推动供给方式多元化，能由政府购买服务提供的，政府不再直接承办；能由政府和社会资本合作提供的，广泛吸引社会资本参与。引入竞争机制，推行特许经营、定向委托、战略合作等方式。因此，全国许多省份已经开始了PPP项目的实验和操作，公私部门项目合作已成为各政府机构正在大力探索并汇聚成当前社会关注的新焦点。

科学的探索需要理论的支撑。国内已有不少学者就PPP开展研究，形成了一些论文和专著。但实践更加需要解决我国现实问题的文章和书籍。《PPP模式：全流程指导与案例分析》一书以国际经验为借鉴，全面并较为系统地分析了我国PPP相关政策法律，项目操作流程和要点，投融资运作过程与合同管理，特别是，该书列举并探讨了我国一些地方和部门已有的案例，是实践性、操作性较强的著作，应能成为指导政府部门、事业单位、研究学者和实践领域从业人员有效开展相关项目和工作的重要参考。

作者吕汉阳是我指导过的优秀博士生。他先后在国家信息中心、机械工业经济管理研究院工作，还担任国际关系学院公共市场与政府采购研究所兼职研究员，多次参与中央部委的政策研究起草工作和地方政府PPP项目咨询。他勤学善思，在政府采购、公共资源交易、宏观经济研究等方面取得较为丰硕的研究成果，包括：参与编著《电子政府采购概论》，参与编审2015年招标师考试辅导教材《招标采购专业知识与法律法规》，公开发表论文100余篇。尽管本书所做的分析和理论有待深化，但我相信这是他从事PPP研究的高度凝练和思考。随着研究的持续，他将能够在这个领域不断扩展，获取新的发现和成就。

刘慧

2016年7月4日

目 录

第一编　PPP 最新政策体系及解读

第二编　PPP操作流程全程指导

第三编　PPP投融资模式与合同管理

第四编　PPP 实战案例分析

第五编 PPP国际经验

扫二维码　赠送海量电子版

及　时　更　新　补　充

PPP法律法规政策大全及示范文本集成

第一部分　综合

一、法　律

二、国务院发布

三、部委联合发布

四、发改委发布

五、财政部发布

六、住建部发布

七、中国银监会

八、审计署

第二部分　PPP具体领域政策文件

一、国务院发布

二、部委联合发布

三、发改委发布

四、财政部发布

五、住建部发布

第三部分 关于地方政府融资平台政策文件

一、国务院发布

二、部委联合发布

三、发改委发布

01

第一编

PPP 最新政策体系及解读

第一章　PPP 概述

一、对 PPP 的界定

（一）概念

PPP 即英文 public-private partnership 的简写，对此也有多种译法，如公私合作伙伴、政府与社会资本合作、项目融资、政府向社会力量购买服务、官方 / 民间的合作、民间开放公共服务、公共民营合作制等。简言之，它是指公共部门（单位）通过与私有部门（单位）建立合作关系来提供公共产品或服务的一种方式。PPP 术语在十年前才开始走进大众的视线，它本身又是一个意义非常宽泛的概念，加之意识形态的不同，要想使世界各国对 PPP 的确切定义达成共识是非常困难的。本书将从国外主要机构、专家和我国学者的角度进行阐述，从而使读者对 PPP 的概念有更进一步的理解和认识。

早在 20 世纪 60 年代，法国就以私人部门特许经营的方式进行了水务工程的实施。此后，PPP 模式经历了长期的演变，在不同国家实施时也在向不同的方向演进。下表列出了主要国际、国家组织机构对 PPP 定义的解读。

表 1.1　不同组织机构对 PPP 的定义

编号	组织机构	定义
1	联合国发展计划署（The United Nations Development Programme）	PPP 是指政府、营利性企业和非营利性组织基于某个项目而形成的相互合作关系的形式。通过这种合作形式，合作各方可以达到比预期单独行动更有利的结果。合作各方参与某个项目时，政府并不是把项目的责任全部转移给私营部门，而是由参与合作的各方共同承担责任和融资风险
2	联合国培训研究院（United Nations Institute for Training and Research）	PPP 涵盖了不同社会系统倡导者之间的所有制度化合作方式，目的是解决当地或区域内的某些复杂问题。PPP 包含两层含义，其一是为满足公共产品需要而建立的公共和私人倡导者之间的某种合作关系；其二是为满足公共产品需要，公共部门和私人部门建立伙伴关系而进行的大型公共项目的实施
3	加拿大 PPP 国家委员会（The Canadian Council for Public Private Partnerships）	PPP 是公共部门和私人部门之间的一种合作经营关系，它建立在双方各自经验的基础上，通过适当的资源分配、风险分担和利益共享机制，最好地满足事先清晰界定的公共需求
4	澳大利亚基础设施发展委员会（Australian Council for Infrastructure Development）	PPP 是公共部门和私营部门一起工作，双方有义务为服务的提供尽最大努力。私营部门主要负责设计、建设、经营、维修、融资和风险管理，而公共部门则主要负责战略计划的制订和规划，并提供核心业务的消费保护
5	美国 PPP 国家委员会（The National Council for PPP USA）	PPP 是介于外包和私有化之间并结合了两者特点的一种公共产品提供方式，它充分利用私有资源进行设计、建设、投资、经营和维护公共基础设施，并提供相关服务以满足公共需求

续表

编号	组织机构	定义
6	香港效率促进组 （Efficient Unit, Hong Kong）	PPP 是一种由公营部门和私营机构共同提供公共服务并进行项目计划的组织安排。在这种安排下，双方通过不同程度的参与和承担，各自发挥专长，收相辅相成之效
7	PPP 学会 （Institute for Public-Private Partnerships, IP3）	PPP 模式是基于私营实体与政府部门之间的协议，邀请私营合作者提供期望的服务并承担相应的风险。作为提供服务的回报，私营机构可以根据一定的服务标准以及合同中约定的条款，通过收取服务费用和税款的方式获得相应的收益。政府将从提供服务的资金和管理的困扰中脱身，但是保留对私营合作者经营的规制和监督
8	英国财政部 （HM Treasury）	PPP 是公共和私营部门为了共同的利益的一种长期的合作模式。主要包括三个方面的内容：完全和部分的私有化、PFI，以及与私营企业共同提供公共服务
9	英国 PPP 委员会 （Commission of Public Private Partnership, CPPP）	PPP 模式是指公共部门和私营部门之间基于共同的期望所带来的一种风险共担政策机制。某些政府部门，特别是教育和劳工部门，认为服务外包也是 PPP 的一种形式
10	欧盟委员会 （European Commission）	PPP 是指公共部门和私人部门之间的一种合作关系，其目的是提供传统上由公共部门提供的公共项目或服务

PPP 是一个动态的、不断演变进化的概念范畴。因此，关于 PPP 尚没有一个公认的定义，这对于 PPP 概念的理解形成了极大的挑战。一些专家学者认为 PPP 的概念是非常模糊的，如德国学者 Norbert Portz 甚至认为“试图去总结 PPP 是什么或者应该是什么几乎没有任何意义，它没有固定的定义，并且也很难去考证这个含义模糊的英文单词的起源，PPP 的确切含义要根据不同的案例来确定”。

表 1.2 国外学者对 PPP 定义的界定

编号	概念解释	观点持有人
1	PPP，首先是广义界定，指公共和私营部门共同参与生产和提供物品与服务的各种组织安排。其次，它也指一些复杂的、多方参与并被民营化了的基础设施项目。再次，它还指企业、社会贤达和地方政府官员为改善城市状况而进行的一种正式合作	E.S.Savas
2	PPP 是指为了实现共同目标和互惠互利，公共部门与私人部门权力共享、共同经营、信息维护与共享而形成的合作关系	Kernaghan
3	PPP 是指公共部门与私营部门之间签订长期合同，由私营部门实体来进行公共部门基础设施的建设或管理，或由私营部门实体代表一个公共部门实体（利用基础设施）向社会提供各种服务	G.Peirson, P.Mcbride
4	PPP 是一种“合作关系”，包括合同安排、联合、合作协议和协作活动等方面，通过这种合作关系来促进政策和计划的实行，提供政府计划和服务	Armstrong
5	PPP，在两个或多个实体之间达成协议，从而使合作各方为共同或相互兼容的目标而协同经营，并在一定程度上共享权利、共担责任，联合投入资源，共担风险，互惠互利	Treasury Board Secretariat, Impediments to Partnering

我国 PPP 的传统模式一直是由政府进行行政指令性管理，从项目立项、建设到运营多是由国家或地方政府部门统筹管理。迄今为止，对 PPP 的认识及解释一般借鉴国外释译，我国学术界对于 PPP 的概念仍有分歧，如表 1.3 所示。

表 1.3　我国学者对 PPP 定义的界定

编号	概念解释	文献资料
1	PPP 是公共部门与私人部门在基础设施建设中通过签订正式协议建立起来的一种长期合作伙伴关系	贾康，孙洁（2009）；严（2011）；关书溪（2011）；邹慧宁（2011）；郑志强等（2011）；连红军（2011）；吴国方（2011）等
2	PPP 是公共部门与私营部门通过建立伙伴关系来提供基础设施产品或服务的一种运行机制	朱秀丽等（2011）；袁永博等（2011）；李凤兰（2011）；何寿奎（2009）
3	PPP 是私营企业获得政府的特许经营权，提供传统上由政府负责的基础设施、公用事业的建设与服务的方式	李金波（2011）；王守清等（2011）；陈柳钦（2006）
4	PPP 是私人企业与公共部门合作的一种融资模式	汪耿（2011）；杨超、唐莹（2011）
5	PPP 是公共部门和私人部门为提供公共产品或服务、实现特定公共产品的公共效益而建立的项目全生命期合作的契约关系	姚媛媛（2011）；叶晓甦等（2011）；马君（2011）
6	PPP 是公共部门和私人部门为提供公共产品或服务、实现特定公共项目的公共效益而建立的项目全生命期关系性契约的合作、融资、建设和经营的管理模式	叶晓甦、徐春梅（2013）

2014 年 3 月在十二届全国人大二次会议审议通过的《关于 2013 年中央和地方预算执行情况与 2014 年中央和地方预算草案的报告》（简称《报告》）中同样也给出了 PPP 的定义，即政府与社会资本的合作模式，指政府与社会资本为提供公共产品或服务而建立的“全过程”合作关系，以授予特许经营权为基础，以利益共享和风险共担为特征，通过引入市场竞争和激励约束机制，发挥双方优势，提高公共产品或服务的质量和供给效率。

由于公私之间存在多种表现形式与缔约方案，概念解读的差异性是客观存在的。在国外研究文献中提到 PPP 时，绝大多数是指广义的 PPP；而从国内文献来看，多数理解为狭义的 PPP。王灏（2004）在关于 PPP 模式分类标准的研究中认为，PPP 的含义难以简单而笼统地做出定论，而是应当具体情况具体分析，就连欧盟、世界银行、国际货币基金组织等国际机构对 PPP 模式的定义和分类标准也有着各自的看法，且不同的定义所呈现的差异也并无冲突。

虽然各组织机构和国内外专家学者对 PPP 定义的界定有所分歧，但可以从中梳理出 PPP 的一些主要特征。陈柳钦（2004）指出，PPP 作为一种新型的项目融资模式（现在观点认为，PPP 更是一种管理模式），可以提高项目的效率、降低风险，同时还可以在一定程度上保障民营资本“有利可图”，提高城市轨道交通的服务质量。实际上，陈的观点缺乏对项目合作的强调。赖丹馨等（2010）认为，与传统的基础设施和公共服务供给形式相比，PPP 模式呈现出明显不一样的特征，即项目责任整合、项目风险转移以及不完全性的长期缔约。赖的观点则更加强调合作以及长期合作的重要性。简迎辉等（2014）针对中国的国情与实践需求，认为 PPP 模式应包含融资、项目产权、风险分担三个要素。郭文卿（2014）对 PPP 进行总结后，给出了 3 个特点：目标一致与深度合作，利益共享与激励相容，优势互补与风险共担。刘薇（2015）又对 PPP 的特点做了进一步的精要，即伙伴关系、利益共享与风险分担。

针对以上对 PPP 概念的归纳与总结，可以得出 PPP 更加注重合作以及长期合作，即公共部门与私人部门的伙伴关系。同时注重双方的利益共享与风险分担，发挥双方的优势，强调对私人资源的利用和效率的提高，注重政府的宏观战略规划以及监管职能的授权与使用，以建造公共基础设施，满足公共需求。同时需要注意的是，PPP 不只是一种融资模式，更是一种管理模式，其管理模式包含与此相符的诸多具体形式。

（二）特征

1. 伙伴关系

PPP 具有三大特征，第一就是伙伴关系，这是 PPP 最为首要的问题。政府购买商品和服务、给予授权、征收税费和收取罚款，这些事务的处理并不必然表明合作伙伴关系的真实存在和延续。比如，即使一个政府部门每天都从同一个餐饮企业订购三明治当午餐，也不能构成伙伴关系。PPP中私营部门与政府公共部门的伙伴关系与其他关系相比，独特之处就是项目目标一致。公共部门之所以和民营部门合作并形成伙伴关系，核心问题是存在一个共同的目标：在某个具体项目上，以最少的资源，实现最多最好的产品或服务的供给。私营部门是以此目标实现自身利益的追求，而公共部门则是以此目标实现公共福利和利益的追求。形成伙伴关系，首先要落实到项目目标一致之上。但这还不够，为了能够保持这种伙伴关系的长久与发展，还需要伙伴之间相互为对方考虑问题，具备另外两个显著特征：利益共享和风险分担。

2. 利益共享

需明确的是，PPP中公共部门与私营部门并不是简单的分享利润，还需要控制私营部门可能发生的高额利润，即不允许私营部门在项目执行过程中形成超额利润。其主要原因是，任何PPP项目都是带有公益性的项目，不以利润最大化为目的。如果双方想从中分享利润，其实是很容易的一件事，只要允许提高价格，就可以使利润大幅度提高。不过，这样做必然会带来社会公众的不满，甚至还可能会引起社会混乱。既然形式上不能与私营部门分享利润，那么，如何与私营部门实际地共享利益呢？在此，共享利益除了指共享PPP的社会成果，还包括使作为参与者的私人部门、民营企业或机构取得相对平和、长期稳定的投资回报。利益共享显然是伙伴关系的基础之一，如果没有利益共享，也不会有可持续的PPP类型的伙伴关系。

3. 风险分担

伙伴关系作为与市场经济规则兼容的PPP机制，利益与风险也有对应性，风险分担是利益共享之外伙伴关系的另一个基础。如果没有风险分担，也不可能形成健康而可持续的伙伴关系。无论是市场经济还是计划经济、无论是私人部门还是公共部门、无论是个人还是企业，没有谁会喜欢风险。即使最具冒险精神的冒险家，其实也不会喜欢风险，而是会为了利益千方百计地避免风险。

在 PPP 中，公共部门与私营部门合理分担风险的这一特征，是其区别于公共部门与私营部门其他交易形式的显著标志。例如，政府采购过程，之所以还不能称为公私合作伙伴关系，是因为双方在此过程中是让自己尽可能小地承担风险。而在公私伙伴关系（PPP）中，公共部门却是尽可能大地承担自己有优势方面的伴生风险，而让对方承担的风险尽可能小。一个明显的例子是，在隧道、桥梁、干道建设项目的运营中，如果因一般时间内车流量不够而导致私营部门达不到基本的预期收益，公共部门可以对其提供现金流量补贴，这种做法可以在“分担”框架下，有效控制私营部门因车流量不足而引起的经营风险。与此同时，私营部门会按其相对优势承担较多的、甚至全部的具体管理职责，而这个领域，却正是政府管理层“官僚主义低效风险”的易发领域。由此，风险得以规避。

（三）分类

狭义的 PPP 模式被认为是一系列项目运作模式的总称，它包含 BOT、TOT、BOO 等多种具体运作模式，更加强调公共部门和私人部门合作过程中的风险分担机制和项目实施的资金价值（VFM）。

对于我国 PPP 的运作模型，财政部和发改委的文件中均有说明。从财政部文件看，PPP 的运作模式包括：委托运营（O&M）、管理合同（MC）、建设—运营—移交（BOT）、建设—拥有—运营（BOO）、转让—运营—移交（TOT）、改建—运营—移交（ROT）。从发改委文件看，模式包括：建设—运营—移交（BOT）、建设—拥有—经营—转让（BOOT）、建设—拥有—运营（BOO）。对于建设—转移（BT）是否属于 PPP 的运作模式，目前争议较大，财政部和发改委的文件中均不包括。总之，目前国家提倡的 PPP 模式，一般都要包括运营（O）在内。不同的项目运作方式适用于不同的 PPP 项目，发改委文件中对以下三类项目适用的运作模式进行了规范。

经营性项目。对于具有明确的收费基础，并且经营收费能够完全覆盖投资成本的项目，可通过政府授予特许经营权，采用建设—运营—移交（BOT）、建设—拥有—运营—移交（BOOT）等模式推进。

准经营性项目。对于经营收费不足以覆盖投资成本、需政府补贴部分资金或资源的项目，可通过政府授予特许经营权附加部分补贴或直接投资参股等措施，采用建设—运营—移交（BOT）、建设—拥有—运营（BOO）等模式推进。

非经营性项目。对于缺乏“使用者付费”基础、主要依靠“政府付费”回收投资成本的项目，可通过政府购买服务，采用建设—拥有—运营（BOO）、委托运营等市场化模式推进。

PPP 的具体运作方式的选择主要由收费定价机制、项目投资收益水平、风险分配基本框架、融资需求、改扩建需求和期满处置等因素决定。结合我国基础设施建设需求、经济发展状况和 PPP 项目运作实践，适合我国基础设施项目的 PPP 模式如表 1.4 所示：

表 1.4　PPP 模式分类汇总表

一级分类	二级分类	三级分类
外包类（Outsourcing）	项目式外包（Component Outsourcing）	服务分包（Service Contract）
		管理分包（Management Contract）
	整体式外包（Turnkey）	设计—建设（DB）
		设计—建设—主要维护（DBMM）
		运营和维护（O&M）
		设计—建设—运营（DBO）
特许经营类（Concession）	移交—运营—移交（TOT）	购买—更新—运营—移交（PUOT）
		租赁—更新—运营—移交（LUOT）
	建设—运营—移交（BOT）	建设—租赁—拥有—转让（BLOT）
		建设—拥有—经营—转让（BOOT）
	其他	设计—建设—移交—运营（DBTO）
		设计—建设—投资—运营（DBFO）

续表

一级分类	二级分类	三级分类
私有化（Divestiture）	完全私有化	购买—更新—运营（PUO）
		建设—拥有—运营（BOO）
	部分私有化	股权转让
		其他

（四）演进历程

中国式 PPP 的三个发展阶段不论是从时间维度，还是从发展思路来看，PPP 模式在中国的发展阶段均可分为以下三个阶段。

1.“摸着石头过河”的阶段—— 1995 年至 2003 年

这一阶段，PPP 模式被世行及亚行作为一种新兴的项目融资方式引入中国，与中国政府当时对外商投资的急切需求不谋而合。从 1995 年开始，在国家计委的主导之下，广西来宾电厂 B 厂、成都自来水六厂及长沙电厂等几个 BOT 试点项目相继开展。

2002 年，北京市政府主导实施了北京市第十水厂 BOT 项目。这些项目虽然不是 PPP 模式与中国的第一次亲密接触，而且未竟全功，但因其规格之高、规模之大、影响之广而在中国式 PPP 发展史上留下了浓墨重彩的一笔。

尽管如此，以吸引外商投资为主要目的的项目操作理念，从前述项目启动伊始，即已注定其所借用的 PPP 外衣难免会在中国遇到水土不服的困境。而摸着石头过河的心态，也在很大程度上决定了与此相关的顶层设计难以推动及完成。事实上，国家计委一度启动的 BOT 立法工作就因种种原因而最终陷于停顿。若干试点项目无论成功与否，也没能真正起到由点及面的示范效应。PPP 模式在中国的第一轮发展浪潮，在几个相关部委的几份相关文件出台之后，基本归于平息。

值得肯定的是，在该阶段后期，建设部及各地建设行政主管部门开始在市政公用事业领域试水特许经营模式，合肥市王小郢污水处理厂资产权益转让项目即为这一阶段涌现出来的早期经典案例。在王小郢项目的运作过程当中，项目相关各方，包括中介咨询机构，对中国式PPP的规范化、专业化及本土化进行了非常有益的尝试，形成了相对成熟的项目结构及协议文本，为中国式PPP进入下一个发展阶段奠定了良好的基础。

2. "黑猫白猫"的阶段——2004年至2013年

2004年，建设部一马当先，颁布并实施了《市政公用事业特许经营管理办法》[①]（下称"126号令"），将特许经营的概念正式引入市政公用事业，并在城市供水、污水处理及燃气供应等领域发起大规模的项目实践。各级地方政府也纷纷以126号令为模板，先后出台了大量地方性法规、政府规章及政策性文件，用于引导和规范各自行政辖区范围以内的特许经营项目开发。自此，中国式PPP进入第二轮发展浪潮。因其显著的实用主义特征，我们称之为"黑猫白猫"的阶段。

这一阶段，计划发展部门不再是PPP模式应用的唯一牵头方或主导方，包括建设、交通、环保、国资等行业主管部门，以及地方政府在内的各路人马纷纷披挂上阵。无论黑猫白猫，只要能够顺利捕获"社会资本"这只精灵鼠，似乎就是好猫。中国的PPP项目虽然不再一味偏爱境外资本，但其单一的筹资导向并无实质性转变。公私双方之间，前者甩包袱，后者占市场的心态在很多项目里都表现得十分明显。公共产品或服务的交付效率、风险管控、社会及经济效益这些PPP模式的重要内核，反而失去了自己应有的位置。也正因如此，中国式PPP的发展在这一阶段的中后期遭遇反复，大量低价或非理性竞标，乃至国（资）进民（资）退的现象层出不穷。

从现实角度出发，考虑到中国地方政府的施政偏好，以及不同性质的社会资本各自特有的利益诉求，发生上述情况还是可以理解的。无非是"黑猫

---

① 根据2015年5月4日住房和城乡建设部公布的关于修改《房地产开发企业资质管理规定》等部门规章的决定，《市政公用事业特许经营管理办法》第七条第二项修改为："（二）有相应的设施、设备"。

白猫”的理念在PPP领域内的现实反映，亦在相当程度上揭示了PPP模式在中国的异化趋势。即搁置顶层设计，一切以短线的实用价值优先。具体到微观层面，中国式PPP则仍以筹集社会资金为导向，把政府缺钱的、做不好的公共产品或服务推向一个并不成熟的市场。至于项目中长期的发展、社会效益和经济收益如何，则常常不是现任政府主管部门，甚至投资人、现任总经理的关注焦点。在此情形之下，即便有外部的财务及法律顾问参与其中，他们提出的专业意见通常也不为项目方所完全理解并接纳，大量潜在风险不可避免地在看似红火的发展热潮中逐步累积。时至今日，各地PPP项目当中已经陆续出现政府方或投资人怠于履约甚至违约的情况，并以前者居多。

另外，“黑猫白猫”阶段同时也是PPP模式在中国发展壮大的一个重要过程。供水及污水处理行业的成功经验，经过复制与改良，被用于更加综合、开放和复杂的项目系统，而不再限于一个独立的运作单元，项目参与主体和影响项目实施的因素也趋多元。这方面的经典案例有北京地铁四号线和国家体育场两个PPP项目。而广泛、多元的项目实践，反过来也促进了PPP理论体系的深化和发展。实践与理论共识初步成型，政策法规框架、项目结构与合同范式在这个阶段得到基本确立。

3. 规范化阶段——2014年开始

作为中共十八大确定的落实“允许社会资本通过特许经营等方式参与城市基础设施投资和运营”改革举措的第一责任人，中国财政部从2013年年底即已展开对PPP模式推广工作的全面部署。

2014年3月，财政部副部长王保安在政府和社会资本合作（PPP）培训班上发表讲话，对推广PPP模式的原因、任务和方式予以系统阐述，并提出要从组织、立法和项目试点等三个层面大力推广PPP模式。2014年5月，财政部政府和社会资本合作（PPP）工作领导小组正式设立。相比于财政部的“令箭”频发，国家发改委也在2014年5月一口气推出了80个鼓励社会资本参与建设营运的示范项目，范围涉及传统基础设施、信息基础设施、清洁能源、油气、煤化工、石化产业，且项目模式不局限于特许经营。最为引人注目的是特许经营立法工作的重新启动。

《基础设施和公用事业特许经营法（征求意见稿）》已由国家发改委法规司制订完成，并已发业内广泛征求修改意见。至此，PPP 模式的制度化建设终于正式提上议事日程。2014 年也因此被不少业内人士视为 PPP 模式在中国的发展元年。

二、PPP 的发展现状及政治经济环境

（一）发展现状

1. 主要成就

（1）组建了一个平台：PPP 工作领导小组

推广 PPP 是一项复杂的工作，一个系统工程，它不仅需要资金的支持，同时也需要项目的规划、国际经验的借鉴、法规建设、政府支持等多部门的配合。为了有效推广运用 PPP 模式，协调各部门的密切配合，财政部成立了政府和社会资本合作（PPP）工作领导小组，王保安副部长担任领导小组组长，金融司、经建司、条法司、预算司、国际司、中国清洁发展机制基金管理中心相关负责人为成员，办公室设在金融司。2014 年 5 月 26 日，王保安副部长主持召开 PPP 工作领导小组第一次会议，研究 PPP 管理机构设立方案，讨论完善 PPP 工作指导性通知，明确各成员单位职责分工，部署下一阶段工作。

同时，财政部还在金融司下设置金融五处，专门负责 PPP 相关工作，推动目前 PPP 模式的一系列相关制度和规划的发展，是推广 PPP 的一步实质性的进展。在这一阶段，全国各地也纷纷开展 PPP 培训工作。

（2）设立了一个机构：财政部政府和社会资本合作（PPP）中心

由于 PPP 具有较强的专业性，需要由专门的机构负责。英国为推广 PPP 专门在财政部设立了基础设施局（简称 IUK），负责 PPP 规划、政策、实施等一系列工作。为了落实 PPP 具体操作工作及相关政策，经国务院批准，财政

部设立政府和社会资本合作（PPP）中心。PPP 中心主要承担 PPP 工作的政策研究、咨询培训、信息统计和国际交流等职责。PPP 中心的成立，为进一步推进 PPP 工作提供必要的技术支撑和组织保障，将更好地促进 PPP 规范健康发展。财政部 PPP 中心将会同有关方面抓紧推进 PPP 各项工作，营造环境、规范管理、增进信心，助推更多 PPP 项目实施，实现稳增长、调结构、惠民生和企业发展的多赢。

（3）出台了一系列文件

一个《通知》：2014 年 9 月，财政部下发《关于推广运用政府和社会资本合作模式有关问题的通知》，这是财政部力推 PPP 模式以来颁布的第一份正式文件。文件的出台，对 PPP 项目的实际操作，产生积极、正面的推动作用。《通知》强调，从项目识别和论证到项目采购、融资安排、运营绩效监管的全流程，政府和社会资本都不得缺位，当然各自分工有别。就需要财政补贴的项目而言，强调要从“补建设”向“补运营”转变，探索动态补贴机制，强化运营绩效评估，避免在实际操作中重签约、重建设，不重运营、不重监管的现象。同时，《通知》还明确“风险由最适宜的一方来承担”，判断某方是否适宜，条件应包括“风险是否由最有能力以最小成本管理的一方承担”，以及“风险和收益相对等”和“风险有上限”的安排。

一个《指南》：2014 年 12 月 4 日，财政部发布了《关于印发政府和社会资本合作模式操作指南（试行）的通知》，对 PPP 模式的适用范围、各环节的操作重点等内容进行了说明。《指南》对社会资本的定义进行了界定，明确本级政府所属融资平台公司和其他控股国有企业不属于社会资本范围。《指南》还对政府部门和社会资本的职责、风险分担和利益分享等进行了说明。其中，政府部门作为 PPP 项目的“合作者”和“监督者”；社会资本作为具体实施者，承担项目的商业风险并获得对应的投资回报。依据《指南》，PPP 模式适用范围广泛，且可选的项目运营模式多样，处于不同建设阶段城市基础设施建设项目均可考虑实施。总体看，《指南》从多个方面对 PPP 模式的推广进行了规范说明，明确了适用范围和相关参与方的职责分工、风险分担、收益分配和保障等内容，同时示范项目名单和《政府和社会资本合作项目通用合同指南（2014 年版）》的公布，为社会资本参与政府项目提供了操作指导和制度保障，将加快政府部门和社会资本 PPP 项目的实践。

相关政策：在财政部力推 PPP 过程中，国务院也出台了与 PPP 密切相关的《国务院关于加强地方政府性债务管理的意见》，对 PPP 推广起到催化作用。由于该文件明确规定了地方政府发行债务筹集资金的各种限制，使地方基础设施建设资金来源渠道几乎只有 PPP，极大地激发了地方政府对 PPP 的热情。PPP 也几乎成为所有探讨经济场合的中心话题。国务院随后出台《关于创新重点领域投融资机制鼓励社会投资的指导意见》，强调规范 PPP 保障双方利益，健全风险防范和监督机制，健全退出机制等。同时期，国家发改委也出台了 PPP 指导意见和 PPP 合同规范指南。

示范推介了一批项目：示范项目是 PPP 工作全面展开的关键。财政部公布了首批 30 个政府和社会资本合作模式（PPP）示范项目，总投资规模约 1800 亿元。示范项目的评选涉及采购程序、社会资本、PPP 运作方式、交易结构、财政可承受能力这五个关键因素，由各省份财政部门推荐，财政部 PPP 工作领导小组办公室组织专家评审，最终从各地上报的 120 个项目中选出 30 个，这些项目也将为 PPP 制度体系建设提供参考。示范项目旨在形成可复制、可推广的实施范例，形成一套有效促进 PPP 规范健康发展的制度体系。

在首批入围的 30 个项目中，新建项目有 8 个，地方融资平台公司存量项目 22 个，涉及轨道交通、供水供暖、污水处理和垃圾处理等多个方面。入围省份中，江苏省以 9 个项目居首；安徽 4 个入围项目排第二；河北、吉林、浙江等省份也有项目入围。成为 PPP 示范项目，将可以获得财政部的专项资金支持，地方也将给予示范项目前期费用补贴、资本补助等多种形式的资金支持。财政部鼓励和支持金融机构为示范项目提供融资、保险等金融服务。

国家发展改革委也公开发布了 PPP 推介项目，鼓励各类社会资本通过特许经营、政府购买服务、股权合作等多种方式参与建设及运营。2015 年 4 月 18 日，国家发展和改革委员会印发了《关于进一步做好政府和社会资本合作项目推介工作的通知》，要求各地发展改革部门尽快搭建信息平台，及时做好PPP项目的推介工作。发展改革委以各地已公布的项目为基础，经认真审核后建立了PPP项目库,集中向社会公开推介。本次发布的PPP项目共计1043个，总投资1.97万亿元，项目范围涵盖水利设施、市政设施、交通设施、公共服务、资源环境等多个领域。所有项目都已明确项目所在地、所属行业、建设内容及规模、政府参与方式、拟采用的PPP模式、责任人及联系方式等信息，社会资本可积极参与。

2. 主要问题

经过近10年的发展，PPP模式取得了一定的成效，但相比而言，成功率还是比较低，数据显示有近70%的PPP模式在运作初期和执行过程中困难重重。这种创新模式为何会有这种情况呢？这主要是目前PPP模式存在的问题带来的。

（1）投资—收益周期长

PPP模式涉及的项目多为基础设施建设，这种项目最大的特点就是投资周期长，收益回报慢。目前PPP模式主要涉及的生活垃圾焚烧发电、供水厂、污水处理、城市捷运系统等项目，不仅投资期比较长、收益回报慢、投资回报率比较低，加之与人们的日常生活紧密相关，是政府提供公共产品的主要形式，相关制度、保障没有配套，但融资风险却依旧存在，经营中亏损风险加大，投资人投资预期就会降低。另外，以高速公路为代表我国早期的投资项目，投资前景好、收益高、回报丰厚，但投资市场已经饱和，现有可以投资的市场难度又大，而且多以BOT（Build-Operate-Transfer）模式或BT（Build-Operate）模式完成。

（2）项目运营难度大、成本高

PPP模式参与的项目与公共设施有关，这种公共设施除了建设周期长以外，后期运作也是长期工程。在地方政府引资的初期，企业大量资本注入，成为项目建设资金主要来源。而公共设施项目后期的运作同样需要大量资金投入，而且和初期建设费用相比，后期运作费用也相对较高，这部分资金是政府公共财政补贴。资金来源不同，因此在项目实施过程中企业和政府就存在博弈问题。博弈结果可能会导致后续运营成本增高以及运营的风险出现。

（3）地方政府资助力度有限

国家对于地方政府承担的公共服务给予财政支持，但地方政府过多地参与市场行为，造成地方政府逐渐成为市场主体，为了地方财政收入，将本应以 PPP 融资模式的公益项目市场化，以期获得地方政府收益最大化。因此公益项目缺少了政府财政支出，变成了由市场运作的产物。1996 年年底通车的泉州刺桐大桥是国内首个 PPP 项目，曾被树为典型在国内大面积推广宣传。财政部财政科学研究所对刺桐大桥模式的调研报告称，泉州市名流公司为刺桐大桥出资人，其收益为根据与政府协商制定的收费方式及收费标准对大桥使用者进行收费，直至 2025 年特许经营期结束为止。刺桐大桥自 1997 年通车以来，车流量上升，通行收入从 1997 年的 2371 万元增加至 2006 年的 8100 万元。2006 年政府相继修建了 6 座大桥，分流了车流量。原是 PPP 模式合作伙伴关系，在泉州市内跨江大桥增多，直至 2011 年 8 座大桥中只有刺桐大桥收费时，政府和民企的关系渐生裂痕。

（4）信息不对称带来经营风险

信息不对称是所有市场运作都可能遭遇的风险，但 PPP 模式下表现尤其突出。地方政府为了吸引民营企业的投资，对一些关键性数据和资料的陈述存在很大虚假成分，造成企业在风险评估时的依据就存在很大问题，造成后期风险加大。例如，PPP 模式运作区域的人口规模和消费模式问题，户籍人口和实际人口之间相差大，意味着这类项目的市场前景不大。另外在人口净流出地区的实际消费人群，多是消费结构单一、消费能力低、收入水平有限的低收入群体，其实际消费能力，进一步压缩了这类本由公共财政支持的公益项目的市场回报空间。这类信息不对称多为主观人为因素造成，企业自行评估的成本过高、难度过大，因此这种风险被人为扩大。

（5）相关法律法规保障欠缺

由于 PPP 模式运作的根本合约，加之其本身的公益性，对 PPP 项目实施必须有相关专门的法律法规，从法律和制度上保障其顺利实施。但目前中国还没有有关 PPP 应用完备的法律法规。另外，地方政府对于 PPP 项目实施法律法规存在明显的地区差异，实施起来也是千差万别，造成地区之间联动效应差，甚至相互矛盾。由于中国引入 PPP 模式较晚，其发展水平和规模与国外也是有差距的，因此相关法律法规的完善程度远不如国外，出现一些涉外的项目就存在国别差异，实施起来甚至发生纠纷时，解决的难度就更大。

（二）发展环境

1.PPP 模式制度环境

国内的 PPP 模式现在还没有完善的法律体系，相关法律现在主要是国务院以及各部门依据国务院制定的管理办法。现行 PPP 相关的法规政策多为部门规章或者地方性法规，权威性不足，部分文件之间甚至相互矛盾，如各种模式的称谓和内涵、项目所有权的转移与归属等。由于 PPP 项目的复杂性和长期性，推广 PPP 必须将其纳入法律和契约下，在契约形势下进行计划、组织、领导和控制。

总而言之，国内 PPP 模式运作在法律上没有障碍，但是比较分散，在合同法、招标法等许多法律条例中，缺乏比较有权威性的、规范性的东西。

目前，全国人大法工委已经开始委托相关部门就民营资本进入基础设施进行立法工作，以法律的形式规范地方政府和 PPP 项目运营者，防止前者由于换届或历史遗留问题而朝令夕改，导致项目的合法性、市场需求、收费、合同协议的有效性等因素发生变化。

2. 地方政府债务分析

根据审计署最近公布的信息，以截至 2013 年 6 月月底地方政府债务数据为基础，可对基本情况作如下分析。

（1）债务规模结构

地方政府债务包括省、市、县、乡四级政府的债务。2013 年 6 月月底，地方债务总额为 178909 亿元，其中，负有偿还责任债务为：108859 亿元，占

60.85%；具有担保责任债务：43394亿元，占24.25%。

本文所讨论的借助PPP化解的地方政府债务，主要指政府负有偿还责任的债务。后两类“或有债务”，即担保责任和承担一定救助责任的债务，不在本文讨论当中。因此，后文所称的中国地方政府债务，即指负有偿还责任的债务。

（2）债务主体构成

各级政府负有偿还责任的债务为108859亿元，其中，省级为17781亿元，占16.3%；市级为48435亿元，占44.5%；县级为39574亿元，占36.4%；乡级为3070亿元，占2.8%。可以看出，市级政府举债最多，其次是县级政府，分别为44.5%和36.4%。形成这样局面的原因，主要是市县两级政府承担市政基础设施建设。

（3）债务用途结构

当前，中国地方政府举债主要用于市政建设（37.5%）、土地收储（16.7%）、交通运输设施建设（13.8%）、保障性住房（6.8%）、教科文卫（4.8%）、农林水利建设（4.0%）、生态建设和环境保护（3.2%）。前三项较为集中，占全部债务的68%。

第二章　PPP 政策体系分类解读

从 2014 年以后，中央、各部委以及地方陆续出台了各项 PPP 政策性文件，下面分层面对主要的政策文件进行介绍。

一、中央层面的 PPP 政策

中央发的文件以机制创新为出发点，以投融资作为手段，拓展基础设施建设领域，更加关注对社会资本，特别是民间资本的利用，在财政制度、管理体系、法律体系、财税支持等方面提供全面的政策保障手段，为政府与社会资本的合作提供全面的指导与保障。下表列出了近几年中央发布的有关加强社会资本合作方面的政策文件以及文件亮点内容。

表 2.1　中央层面政策文件

时间	文件	文件亮点
2013 年 9 月 26 日	《国务院办公厅关于政府向社会力量购买服务的指导意见》【国办发〔2013〕96 号】	重视市场对资源的配置作用，以民生优先，加强机制创新。推进基础设施建设机制改革，促进城市基础设施水平全面提升：要通过特许经营、投资补助、政府购买服务等多种形式，吸引包括民间资本在内的社会资金
2014 年 11 月 16 日	《国务院关于创新重点领域投融资机制鼓励社会投资的指导意见》【国发〔2014〕60 号】	中国政府首次以国务院发文形式，大力倡导在若干重点发展领域创新融资机制，吸引和鼓励社会资本参与投资
2015 年 5 月 19 日	《关于在公共服务领域推广政府和社会资本合作模式的指导意见》【国办发〔2015〕42 号】	该文件对 PPP 进行了重新定义，拓展了 PPP 的领域，对 PPP 在财政、监管法律体系等各方面进行了阐述，属于政策指导性文件

二、财政部的 PPP 政策

在此轮 PPP 热潮中，财政部和国家发改委两部委下发的与 PPP 有关的文件已经超过 70 个，其中又属财政部下发的文件居多。在财政部下发的文件中，多以框架性文件居多。财政部本着公平、公正、公开和诚实信用的原则，认为真正的 PPP 是需要政府资本参与，政府资金支持应该有一个比较好的体现。下表列出了财政部近两年部分有关社会资本的政策文件以及文件内容亮点。

表 2.2　财政部政策文件

时间	文件名称	文件亮点
2014 年 9 月 23 日	《关于推广运用政府和社会资本合作模式有关问题的通知》【财金〔2014〕76 号】	财政部发出 PPP 总动员，要求积极推动项目试点，尽快形成制度体系；属于框架性、指导性文件

续表

时间	文件名称	文件亮点
2014年11月29日	《政府和社会资本合作模式操作指南（试行）的通知》【财金〔2014〕113号】	制定PPP实操指南，从项目识别、项目准备、项目采购、项目执行、项目移交五个方面做具体规定；属于实施性、操作性文件
2014年11月30日	《关于政府和社会资本合作示范项目实施有关问题的通知》【财金〔2014〕112号】	发布首批PPP示范项目，30个项目遍布全国15个省市，涉及城市轨道交通、污水处理、供水供暖、环境治理等多个领域
2014年12月30日	《关于规范政府和社会资本合作合同管理工作的通知》【财金〔2014〕156号】	规范PPP合同管理，发布PPP项目合同管理指南
2014年12月31日	《关于政府和社会资本合作项目政府采购管理办法的通知》【财库〔2014〕215号】	推广PPP模式，规范PPP项目政府采购行为，主要从PPP项目政府采购程序、争议处理和监督检查等方面做了规定
2015年4月7日	《关于政府和社会资本合作项目财政承受能力论证指引的通知》【财金〔2015〕21号】	框架性文件，推进PPP项目实施，保障合同履行，有效防范和控制财政风险，明确和规范了PPP项目财政承受能力论证工作流程
2015年2月13日	《关于市政公用领域开展政府和社会资本合作项目推介工作的通知》【财建〔2015〕29号】	框架性文件，有关于市政公用领域的专门性文件，在总目标、原则、要求、组织实施以及保障措施方面进行了规定
2015年4月9日	《关于推进水污染防治领域政府和社会资本合作的实施意见》【财建〔2015〕90号】	框架性文件，有关水污染防治领域专门性文件，同样在总目标、原则、要求、组织实施以及保障措施方面进行了规定
2015年4月20日	《关于在收费公路领域推广运用政府和社会资本合作模式的实施意见》【财建〔2015〕111号】	框架性文件，有关收费公路领域专门性文件，同样在总目标、原则、要求以及保障措施方面进行了规定

三、国家发展和改革委员会的 PPP 政策

国家发改委下发的文件虽然在数量上没有财政部多，然而发改委更加注重文件细节的制定。政策相较以前，仍然是强调通过招投标，侧重在特许经营领域推进 PPP 模式，如供水、供热、垃圾处理等领域。发改委进一步提出了若干针对政府和社会资本合作的具体原则，如建立合理的投资回报机制等。

表 2.3　发改委政策文件

时间	文件名称	文件亮点
2014 年 12 月 2 日	《关于开展政府和社会资本合作的指导意见》【发改投资〔2014〕2724 号】	发改委 PPP 模式总动员，明确项目的范围、操作模式、工作机制及政策保障，属于框架性、指导性文件
2014 年 12 月 2 日	《政府和社会资本合作项目通用合同指南》（2014 年版）	PPP 项目合同指南，包括合同主体、合作关系、项目前期工作、收入和回报、不可抗力和法律变更、合同解除、违约处理、争议解决以及其他约定等
2015 年 3 月 10 日	《关于推进开发性金融支持政府和社会资本合作有关工作的通知》【发改投资〔2015〕445 号】	意见性文件，与国开行等联合发文，就推进开发性金融支持 PPP 项目发布了指导性意见
2015 年 4 月 25 日	《基础设施和公用事业特许经营管理办法》国家发展和改革委员会令第 25 号	《办法》中规定特许经营期限为“最长不超过 30 年”，做出了“规避同类竞争、政府补贴事项的规定”，要求金融机构对特许经营项目进行政策支持

四、其他部委的 PPP 政策

在 PPP 项目建设中，各部委也参与到了 PPP 浪潮中，不同部委出台的文件，如水利部、住建部、交通部，只聚焦于行业的发展、管理及监管基本关注。

在近两年的发展中，其他部委主要配合财政部与发改委一同起草、出台相应政策。

表 2.4　其他部委政策文件

编号	发布部门	时间	文件
1	建设部发	2002 年 12 月 27 日	《建设部关于加快市政公用行业市场化进程的意见》【建城〔2002〕272 号】
2	建设部发	2004 年 3 月 29 日 2015 年 5 月 4 日修正	《建设部市政公用事业特许经营管理办法》【建设部令〔2004〕第 126 号】
3	建设部发	2004 年 9 月 14 日	《关于印发城市供水、管道燃气、城市生活垃圾处理特许经营协议示范文本的通知》【建城〔2004〕162 号】
4	国资委发	2005 年 8 月 25 日	《企业国有资产评估管理暂行办法》国务院国有资产监督管理委员会令第 12 号
5	建设部发	2005 年 9 月 10 日	《关于加强市政公用事业监管的意见》【建城〔2005〕154 号】
6	交通部发	2008 年 1 月 1 日 2015 年 6 月 24 日修正	《经营性公路建设项目投资人招标投标管理规定》【交通运输部令 2007 年第 8 号】
7	住建部发	2012 年 6 月 8 日	《关于进一步鼓励和引导民间资本进入市政公用事业领域的实施意见》【建城〔2012〕89 号】
8	民政部等发	2015 年 2 月 3 日	《关于鼓励民间资本参与养老服务业发展的实施意见》【民发〔2015〕33 号】

五、地方的 PPP 政策

在中央层面上虽然发布的文件有所重叠，但在地方上却分工明确。各省份都参与到 PPP 项目的建设中，根据自身情况制定 PPP 合同范本与政策，同时各省份关注的投资点也有所区别，下表列出了部分省份的 PPP 相关文件。

表 2.5　地方政府政策文件

编号	时间	省份	文件
1	2015 年 3 月	北京市人民政府	《关于创新重点领域投融资机制鼓励社会投资的实施意见》【京政发〔2015〕14 号】
2	2015 年 4 月	沈阳市人民政府	《沈阳市人民政府关于开展政府和社会资本合作试点的实施意见》【沈政发〔2015〕14 号】、《沈阳市 2015 年推进政府和社会资本合作工作方案》【沈政办发〔2015〕14 号】
3	2015 年 3 月	厦门市人民政府	《厦门市推广运用政府和社会资本合作（PPP）模式实施方案》【厦府〔2015〕64 号】
4	2015 年 3 月	云南省人民政府	《云南省推广运用政府和社会资本合作模式实施方案》
5	2015 年 5 月	昆明市人民政府	《昆明市人民政府关于推广运用政府和社会资本合作模式的实施方案》
6	2015 年 3 月	海南省财政厅	《海南省财政厅关于推广运用政府和社会资本合作模式的实施意见》【琼财债〔2015〕196 号】
7	2015 年 3 月	江苏省财政厅	《江苏省财政厅关于政府和社会资本合作（PPP）示范项目实施有关问题的通知》【苏财金〔2015〕1 号】
8	2015 年 3 月	安徽安庆市人民政府	《安庆市人民政府关于推广运用政府和社会资本合作模式的实施意见（试行）》【宜政秘〔2015〕20 号】
9	2014 年 12 月	安徽省财政厅	《关于推广运用政府和社会资本合作模式的意见》【财金〔2014〕1828 号】

续表

编号	时间	省份	文件
10	2015年2月	四川广元市人民政府	《广元市人民政府关于开展政府和社会资本合作的意见》【广府发〔2015〕1号】
11	2015年2月	甘肃省人民政府	《甘肃省人民政府关于创新重点领域投融资机制鼓励社会投资的实施意见》【甘政发〔2015〕23号】
12	2015年2月	河南省人民政府	《关于进一步加快推进铁路建设的意见》【豫政〔2015〕11号】
13	2015年2月	甘肃省发展和改革委员会	《关于开展政府和社会资本合作的实施意见》【甘发改投资〔2015〕142号】
14	2015年2月	江西南昌市人民政府	《南昌市推广政府和社会资本合作（PPP）模式的实施意见（试行）》
15	2015年1月	浙江省人民政府	《浙江省人民政府办公厅关于推广运用政府和社会资本合作模式的指导意见》【浙政办发〔2015〕9号】
16	2015年1月	河南省人民政府	《河南省人民政府办公厅关于促进政府投融资公司改革创新转型发展的指导意见》【豫政办〔2015〕9号】
17	2015年2月	浙江省财政厅	《浙江省财政厅关于推广运用政府和社会资本合作模式的实施意见》【浙财金〔2015〕5号】
18	2015年1月	福建省三明市人民政府	《三明市人民政府关于鼓励和引导社会资本参与基础设施等领域建设的实施意见》【明政〔2015〕2号】
19	2015年1月	新疆维吾尔自治区人民政府	《关于加快城镇基础设施建设的实施意见》【新政发〔2015〕12号】

下面列出部分地区推动PPP政策和具体项目中的特色。

（一）北京市

（1）鼓励社会资本参与生态环保、交通设施、能源设施、棚户区改造、新型城镇化、社会事业、“高精尖”产业等7个领域的项目建设。

（2）在政府投资、购买服务和协议价格相互协同方面，北京市发改委、市财政局等相关部门已有更细化的操作方案，即将正式出台。

（3）轨道交通运营将引进除北京地铁运营公司和京港地铁之外的其他运营商，可以独立进入，也可以和具备实力的社会投资人组成联合体，参与到轨道交通PPP项目中来。

（二）河南省

（1）放开城际铁路、市域（郊）铁路、资源开发性铁路和支线铁路的所有权、经营权，通过授予特许经营权、政府购买服务等措施，支持采用PPP推进河南省铁路建设。

（2）提倡社会资本参与对铁路的综合开发，比如，要求积极利用综合开发铁路沿线土地政策吸引社会资本投资铁路建设；在保障铁路运输功能、运营安全和符合规划的前提下，通过分层设立建设用地使用权，吸引社会资本参与铁路用地的地上、地下空间开发。

（三）甘肃省

（1）同时出台的还有《甘肃省政府和社会资本合作项目通用合同指南（2015年版）》，提出各行业管理部门可参考《合同指南》，分别研究制定相应行业的标准合同范本。

（2）规定除国家法律法规明确规定或必须保密的项目外，对于社会资本参与列入PPP项目范围的项目，与国有、集体投资项目享有同等政策待遇，可以享受政府财政支持政策。这比国务院的文件更进一步，《国务院关于创新重点领域投融资机制鼓励社会投资的指导意见》中只规定，社会资本投资建设或运营管理农田水利、水土保持设施和节水供水重大水利工程的，与国有、集体投资项目享有同等政策待遇。甘肃的这个规定实际上有负面清单的影子。

（四）新疆维吾尔自治区

（1）新疆全面放开城镇基础设施、市政设施和公用事业投资领域，鼓励社会资金以多种方式平等参与城镇基础设施建设。一些企业已经抓住机会参与 PPP 项目，比如 3 月 23 日碧水源与新疆沙湾县国有资产经营公司签订了《沙湾县生态环保工程项目合作框架协议》，项目投资总额约 15.15 亿元，采用 BOT 模式实施。3 月，新疆巴音郭楞蒙古自治州轮台工业园区与北京中恒联合投资管理有限公司正式签署轮台拉依苏化工区污水处理厂项目投资协议，将在拉依苏化工区新建巴州首个 PPP 污水处理厂。

（2）在城镇供水、城镇污水和垃圾处理设施建设、城镇道路交通、城镇燃气和供热设施建设、生态园林建设、城镇地下管网建设和改造、公共设施服务、城市电网等方面都提出了以 2020 年为节点的具体目标。

（五）福建省厦门市

（1）项目范围：投资规模相对较大，原则上不低于 1 亿元，社会事业项目可适当降低、市场化程度相对较高、技术发展比较成熟、收益比较稳定、价格调整机制相对灵活、合作期限 10 ～ 30 年。交通、市政公共设施、社会事业设施领域。与去年发布的《福建省人民政府关于推广政府和社会资本合作（PPP）试点的指导意见》相一致。

（2）详细明确了发改部门、财政部门和各行业主管部门的工作职责。其中发改部门为 PPP 工作的牵头部门，负责项目筛选储备、信息发布、价格机制等等，表面上的东西较多。财政部门负责涉及财政资金投入的 PPP 项目识别、策划、方案评估论证、政府购买服务机制等，细节上的东西较多。

（3）定价调节机制方面，对“超额收益分享机制”的规定比财政部的政策更为细致——“当项目收益超出预期时，依据合同约定，下调公共产品或服务的价格或减少财政补贴、提高财政分成比例。”反映出 PPP“低风险低收益”的原则，政府可以把这部分收回来的钱用到其他财政支出地方，公共产品服务价格下降也是造福公众。

（六）福建省三明市

（1）近期选择污水处理、垃圾发电、城市天然气、城市供水、能源公交、城市道路等条件相对成熟的领域，开展市场化试点。下一步，在总结试点经验的基础上，逐步扩大市场化建设的规模和领域。

（2）对技术经济条件进行了设定。如：企业投资内部收益率原则上按年7%—8%测算，可结合行业特点和利率水平进行适当调整，具体通过竞争方式确定；根据不同项目特点，投资人自有资金（或投资股本金）应为项目总投资的20%—35%；投资人资格为社会责任意识强，无不良从业信誉记录，具有雄厚技术实力、资金实力和丰富项目经验的专业公司。

（七）云南省昆明市

规定PPP试点前期，以轨道交通、高速公路、地下综合管廊和地下空间开发、地铁站点周边及车辆段停车场上物业综合开发等工程为重点。2014年11月，昆明已推出总投资额达1005亿元的80个城市基础设施和公共事业项目，在这份PPP实施方案文件出台后，官方可能会推出更多的项目。

（八）安徽省安庆市

（1）将市发展改革委、市住房城乡建设委、市水利局、市交通运输局和安庆经开区、安庆高新区列为项目实施机构（即采购人），分别负责公益性建筑，城市道路、水环境及保障性住房，江湖河治理，国省县乡公路，经开区基础设施，高新区基础设施PPP项目的实施。

（2）按照该市的PPP发展时间表，近两年的重点是放在城市基础设施领域，比如2015年6月前以外环北路、中心城区污水厂网一体化、下浒山水库3个项目作为PPP试点工作的突破口，之后是区水系连通及水环境治理、秦潭湖公园等项目。

（九）四川省广元市

（1）根据该市实际情况设立的PPP新建项目适用标准：收费定价机制透明、有稳定现金流、技术发展比较成熟、长期合同关系比较明确，投资金额在3000万元以上，一轮合作期限为5～20年的项目应优先考虑采用PPP模式建设。

（2）要求制定《政府和社会资本合作项目通用合同范本》，对财政部发改委发布的合同范本将有何吸纳，值得期待。

（十）江西省南昌市

亮点特别多，是市级PPP文件里最具PPP精神的一份！

（1）PPP 原则里有一条是量力而行，符合不能为了 PPP 而 PPP 的精神。

（2）积极探索"项目 + 物业"，非经营性项目、准经营性项目和经营性项目打包合作等综合开发模式。将"项目 + 物业"的模式写入文件的，还有 2014 年 8 月浙江省发改委、财政厅发布的《关于进一步加强浙江省政府性投资项目融资建设管理指导意见》。实践中深圳地铁就是使用这种方式。这也是轨道交通、铁路等开发的趋势。

（3）列出了 PPP 准入行业的详细清单，分为重大基础产业工程、基础设施和社会公共服务 3 个大类。其中还包含重大粮食仓储和物流设施工程、路灯照明、广告设施、街区综合治理等目前 PPP 介入较少的行业。

（4）提出凡南昌市政府所有之外，建立了现代企业制度的境内外社会资本主体均可参与南昌 PPP 项目建设运营，包括符合条件的国有企业、民营企业、外商投资企业、混合所有制企业或其他投资经营主体。这与财政部对社会资本的定义是符合的。

（5）明确了合作项目的退出条件：因不可抗力因素导致合同无法履行；合同一方发生严重违约情形导致合同无法履行；社会资本主体破产清算或发生类似情况；合同中约定需要中止或政府接管的情况。

（6）明确了发改委、财政等部门的分工。市发改委成立 PPP 项目对接办，负责征集遴选 PPP 合作项目；市重点办成立项目推进办，作为项目实施主体的牵头部门；除此之外的大部分工作都由市财政局成立的 PPP 管理中心负责。总体来看，财政部门担子最重。

（7）9 个配套文件或机制即将出台，制度规范将逐步建立。包括《南昌市政府投资支持社会投资项目管理办法》、《南昌市 PPP 项目行政审批实施细则》、《南昌市 PPP 项目工程建设招投标实施细则》、《南昌市 PPP 项目遴选和评价实施细则》、《南昌市 PPP 项目信贷支持金融服务实施细则》、《南昌市 PPP 项目政府采购操作流程》、《南昌市 PPP 项目运营、监管和退出管理办法》、《南昌市 PPP 项目信息公开管理办法》，并探索建立社会资本"优先分红，优先退出"机制。

02

第二编

PPP 操作流程全程指导

第三章　PPP 项目识别

项目识别是 PPP 项目的第一个阶段，进行项目识别的目标是科学地筛选合适开展 PPP 运作的项目，以保障政府和社会资本后续高效有序地协调和开展项目建设。项目识别阶段主要包括七大工作环节：项目发起、项目需求初步分析、项目初步筛选、项目资料准备、物有所值评价、财政承受能力论证、项目识别结果处理。项目识别流程见图 3.1。

PPP 模式主要适用于投资规模较大、需求长期稳定、价格调整机制灵活、市场化程度较高的基础设施及公共服务类项目。比如燃气、供电、供水、供热、污水及垃圾处理等市政设施，公路、铁路、机场、城市轨道交通等交通设施，医疗、旅游、教育培训、健康养老等公共服务项目，以及水利、资源环境和生态保护等项目均可推行 PPP 模式。各地的新建市政工程以及新型城镇化试点项目，应优先考虑采用 PPP 模式建设。

2014 年 12 月，财政部公布天津新能源汽车公共充电设施网络等 30 个政府和社会资本合作模

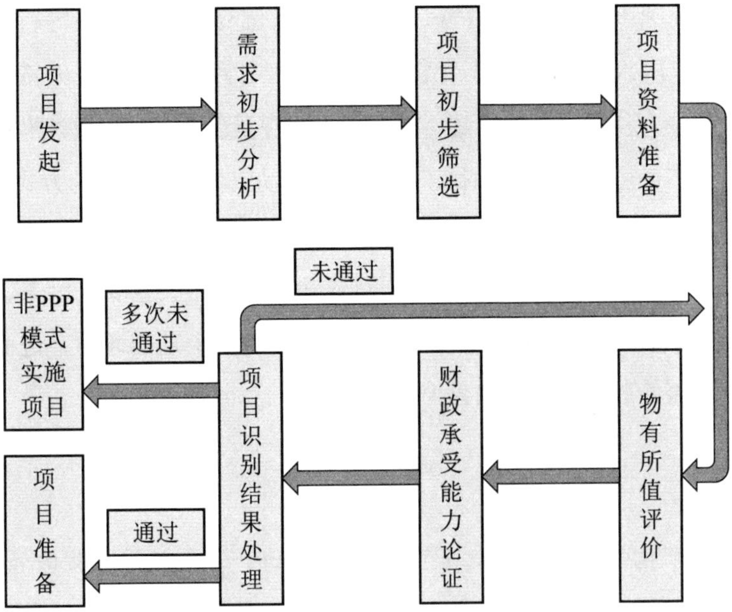

图 3.1　PPP 项目识别流程图

式（PPP）示范项目，总投资规模约 1800 亿元，涉及供水、供暖、污水处理、垃圾处理、环境综合整治、交通、新能源汽车、地下综合管廊、医疗、体育等多个领域。2015 年 5 月，国家发改委官网公布的 PPP 项目库共计 1043 个投资项目，总投资 1.97 万亿元，项目范围涵盖水利设施、市政设施、交通设施、公共服务、资源环境等多个领域。进入 7 月，国家发改委又将铁路领域纳入了鼓励运用 PPP 的投资范围，并指出社会资本在铁路领域法无禁止即可投。同时财政部也准备在第一批总计 1800 亿元、30 个项目的基础上尽快推出第二批，同时鼓励收费公路开展 PPP 项目。

一、项目发起

（一）项目发起主体

PPP 项目是由政府或社会资本发起，其中以政府发起为主。财政部门向交通、住建、环保、能源、教育、医疗、体育健身和文化设施等行业主管部门征集潜在的政府和社会资本合作项目。行业主管部门从国民经济和社会发展规划及行业专项规划中的新建、改建项目或存量公共资产中遴选潜在PPP项目。社会资本也可发起PPP项目，社会资本主动以项目建议书的方式向财政部门推荐潜在PPP项目。PPP模式能够把政府和社会资本的需求较好地结合起来。

匹配的发起人组合是促成PPP项目成功的一个至关重要的因素，结合项目的自身特性，是对项目发起人的综合能力进行一个基础评估，进而确定发起人能力是否能胜任建设运营该PPP项目。

案例3.1

北京地铁4号线是北京市首条采用PPP方式建设运营的线路，全长约28.2公里。项目于2004年8月开工建设，2009年9月28日正式开通运营。PPP模式在北京地铁4号线建设中得到了较好的应用，并取得了预期的效果。

北京地铁4号线中，京投公司是发起人，京投公司是北京市国有资产监督管理委员会出资成立的国有独资公司，承担北京市轨道交通等基础设施项目的投融资、前期规划、资本运营及相关资源开发管理等职能。其对京港地铁公司出资，主要是出于政府对项目公司的监管，同时平衡中外企业在项目公司的权益，充分保障公众利益的目的。

（二）项目发起目的

政府发起和实施PPP项目的目的：一是融资需求，解决项目建设资金缺口，化解地方政府债务风险。《国务院关于加强地方政府性债务管理的意见》（国发〔2014〕43号）全面规范地方政府性债务，要求剥离融资平台公司政府融资职能。地方政府推广PPP模式，首先是希望解决融资难问题。二是政府向社会提供优质公共服务和公共产品（新建项目），进一步提高公共服务和公共产品的质量（存量项目）。三是转变政府职能，提高政府行政能力。原来由政府自己花钱做的事情，改由社会资本实施，放手把投资权和运营权都交给社会资本，政府作为监管机构。

社会资本发起和参与PPP项目的目的：一是利用资金、技术、人才、运营等资源，获得项目合同，包括施工合同、设备销售合同、运营维护合同等，获得合理投资回报；二是在一定年限内获得项目特许经营所带来的垄断利益；三是占领行业市场份额，提高企业行业影响力。

PPP是政府和社会资本的长期合作，如果政府仅把PPP看成融资渠道，而社会资本仅希望赶上PPP热潮，快速获得投资回报，那么就与推广PPP的初衷不一致，将导致大量的假PPP项目和失败的PPP项目。

二、项目初步筛选

在项目初步筛选阶段，财政部门应会同行业主管部门，对潜在PPP项目进行评估筛选，确定备选项目。财政部门根据筛选结果制定项目年度和中期开发计划。对于列入年度开发计划的项目，项目发起方应按财政部门也就是政府和社会资本合作中心的要求提交相关资料。新建、改建项目应提交可行性研究报告、项目产出说明和初步实施方案；存量项目应提交存量公共资产的历史资料、项目产出说明和初步实施方案。

（一）项目需求初步分析

PPP项目一定要适合本地区经济和社会发展的实际需要，不能因为响应国家的号召而一哄而上。具体到某个地方政府，哪些项目采用PPP模式，要进行调研和论证，分析项目的实际需求，确保项目的可行性和可操作性，以及项目财务的可持续性，不能拍脑袋决策。例如：建一个自来水厂，要分析这个地区未来用水量；建一个污水厂，要分析这个地区污水和污泥处理量；修建轨道交通，要考虑客流量是否足够；修公路，要预测未来有多少车流量。如果不做需求分析，项目建成后运营和投资回收很难保证，项目就不会成功。

（二）投资区域全方位调研

社会资本选择 PPP 项目，也需要对投资区域进行全方位调研，包括但不仅限于表 3.1 中的部分。

表 3.1　社会资本投资区域调研指标

需考察方面	意义
宏观经济运行状况	该指标能综合反映出区域的发展状况及所处阶段
金融规模	可充分显示区域的金融活跃度，融资便捷度等
区域政策	该指标可作为未来合作的风向标，测试区域政策是否多变或矛盾
信用度	参考区域内相关项目，了解政府的信用程度，对决策起到决定作用
资源情况	企业操作 PPP 项目，需整合多方资源，属地化的资源供给将决定企业在项目操作中或可涉及的成本
竞争 / 合作对手	PPP 项目将会有多方企业参与投标，尤其是当地企业更具有操作优势，因而需充分了解竞争 / 合作对手情况

2014 年 12 月，财政部公布 30 个 PPP 示范项目以来，不少省份陆续推出了省级层面的 PPP 项目。例如，江苏省公开向社会推出 15 个 PPP 试点项目（875 亿元）；福建省发布 28 个 PPP 项目（1479 亿元）；河南省公布 87 个 PPP 备选项目（1411 亿元）；四川省包装策划 PPP 项目 182 个（5470 亿元）等。在国家发改委公布的项目中，福建有 28 个 PPP 试点推荐项目，总投资 1478 亿元；青海推介了 80 个 PPP 项目，总投资达 1025 亿元；安徽发布 PPP 项目共 42 个，总投资达 710 亿元。

（三）项目资料准备

对于列入年度开发计划的项目，项目发起方按财政部门的要求提交相关资料。新建、改建项目应提交可行性研究报告（有些项目现阶段尚未编制可研报告的除外）、项目建设成本和运营成本初步预计、项目产出说明和初步实施方案。存量项目应提交存量公共资产的历史资料、项目建设成本和运营成本、项目产出说明和初步实施方案。

三、物有所值评价

物有所值是实施 PPP 的基本原则之一。PPP 项目的选择，首先要比较采用 PPP 模式和采用传统政府建设管理模式的优劣，提高项目决策的科学性和合理性。

2014 年 12 月，国家发改委在《关于开展政府和社会资本合作的指导意见》中规定，“物有所值”审查结果将作为项目决策的重要依据。

同月，财政部印发的《政府和社会资本合作模式操作指南（试行）》中规定，财政部门会同行业主管部门，从定性和定量两方面开展物有所值评价工作。目前操作以定性分析为主，相关行业的物有所值定量分析模型建立还有一定难度，处于边实践边探索阶段。

社会资本要求的收益率往往高于传统模式项目收益率，社会资本融资成本往往高于政府融资成本，但为什么 PPP 项目还能节约成本呢？这主要来自项目建设成本节约和运营成本节约：一方面，同一个项目由社会资本建设与由政府自主建设比起来，前者往往可以实现建设投资成本 10% ~ 20% 的节约；另一方面，在市场机制带动下，社会资本有足够动力采用先进的技术和管理手段来提高运行效率和降低运营成本。

（一）物有所值定性分析

定性评价重点关注项目采用 PPP 模式与采用政府传统采购模式相比能否增加供给、优化风险分配、提高运营效率、促进创新和公平竞争等。物有所值定性分析步骤如下：

1. 制定定性分析方法（指标、权重等），报财政部门和行业主管部门审定；

2. 成立定性分析专家小组（不少于 7 名专家，包括工程技术、金融、项目管理、财政和法律专家）；

3. 召开专家小组会议，开展项目定性分析；

4. 整理定性分析结果（含定性分析结论），报财政部门和行业主管部门审定。

可参考定性指标分析评价体系表如表 3.2 所示。

表 3.2 定性指标分析评价体系表

	评价要素	评分标准及相关性
1	项目规模	按建设投资额分档计分，规模越大，得分越高
2	资产寿命	按预期使用寿命年限分档计分，使用寿命越长，得分越高
3	资产复杂性	按不同类别资产或独特性资产组合分档计分，资产越复杂，得分越高
4	场地类型	按照场地类型和风险划分难易度分档计分，场地类型越简单，得分越高
5	创新潜力	按照产出说明而非投入要求，为创新留出空间，创新潜力越大，得分越高
6	合同整合	按照整合潜力所产生的物有所值的可能性来分档计分，整合程度越高，得分越高
7	运营和维护要求	按照长期运营和维护要求的稳定性和可预见性来分档评分，运维要求越稳定，可预见性越强，得分越高
8	绩效指标	按照能否建立并检测关键绩效指标分档评分，绩效指标越明确具体，得分越高
9	全生命周期成本	全生命周期成本预测越准确，得分越高
10	项目收入	项目第三方收入不是 PPP 成功的必要条件，但可以减轻公共部门的负担，第三方收入越多，得分越高
11	私营部门实力	为确保投标竞争环境和私营部门能履行职能和管理风险，按参加企业数量分档计分，有能力参与的企业越多，得分越高
12	市场先例	按照有无类似项目（投资规模和项目范围）分档计分，先例越多，得分越高
13	风险管理	按照项目风险在政府和社会资本之间的分配合理度分档计分，风险分配越合理，得分越高

续表

	评价要素	评分标准及相关性
14	财政承受能力	按照政府为该项目准备财政资金的充裕度分档计分，财政承受能力越大，得分越高
15	政府管理能力	按照政府实施机构是否具有 PPP 项目的管理能力和相关经验分档计分，政府管理 PPP 项目的能力越强，得分越高
16	政府问责	按照公共产品或服务是否完全能由社会资本提供和需要政府监督的程度分档计分，问责要求越小，得分越高
17	法律环境	按照政策与法律是否有限制及解决问题的难易度分档计分，法律环境越适宜，得分越高
18	资产利用	按照单一设施能否支持多种收入来源分档计分，资产利用越充分，得分越高

（二）物有所值定量分析

物有所值定量评价是通过对 PPP 项目全生命周期内，采用传统模式的“公共部门比较值（PSC）”（包括：初始值、竞争调整值、风险承担成本等）与采用 PPP 模式的“影子报价政府支出成本净现值（全生命周期成本 LLC）”（包括建设成本、运营成本、自留风险承担成本、相关费用等），二者比较，判断节约项目全生命周期成本的程度。物有所值定量分析步骤如下：

1. 制定定量分析方法，报财政部门和行业主管部门审定；

2. 成立定量分析专家小组；

3. 根据项目产出说明，计算“公共部门比较值”，作为比较基准；

4. 根据项目初步实施方案，计算“影子报价政府支出成本净现值”；

5. 比较“公共部门比较值”与“影子报价政府支出成本的净现值”，判断 PPP 模式降低项目全生命周期成本的程度；

6. 整理定量分析结果（含定量分析结论），报财政部门和行业主管部门审定；

7. 汇编物有所值评价报告（含评价结论），报省财政部门备案。

在定量分析中，物有所值计算结果是公共部门比较值减去全生命周期成本的差额，计算结果大于 0，即意味着 PPP 模式比由公共部门主导传统项目经营模式更具有优势时，可以采用 PPP 模式；计算结果小于 0，意味着 PPP 模式并不比传统项目经营模式更具有优势，因此不宜采用 PPP 模式。

四、财政承受能力评价

PPP 项目涉及众多的公共部门和领域，无论是经营性的、准经营性的、还是非经营性的，都涉及项目的公益性，有公益性就与政府的职能和责任有关，特别是与政府公共财政的拨付和支持有关。2014 年政府公共财政收入已经超过 14 万亿元，达到相当规模和水平。但公共财政要办的事情太多，工、农、商、学、兵、文、教、卫、科、社等各方面没有不花钱的地方。事实上，政府公共财政能力的大小，成为实行和推进 PPP 政策的重要基础和前提条件。

2015 年 4 月 7 日，财政部在官方网站上发布了关于印发《政府和社会资本合作项目财政承受能力论证指引》的通知，按照财政部《政府和社会资本合作项目财政承受能力论证指引》要求，财政部门应根据 PPP 项目全生命周期内的财政支出、政府债务等因素，对部分政府付费或政府补贴的项目，开展财政承受能力论证，每年政府付费或政府补贴等财政支出不得超出当年财政收入的一定比例。

这既是一个政策导向，也是一个稳妥和可行的措施办法，通过论证的项目，各级财政部门应当在编制年度预算和中期财政规划时，将项目财政支出责任纳入预算统筹安排，将通过的 PPP 项目财政支出资金纳入预算，对地方政府形成了硬约束，有利于规范地方政府在开展 PPP 项目中的行为。从实践看，PPP 项目推广的主要风险包括政府信用风险，即地方政府怠于履行或不履行合同约定的责任和义务，具体形式包括地方政府换届风险、法律法规环境变化风险、审批延误风险、项目唯一性风险、腐败风险等。而纳入预算管理后，对地方政府有了更强的法律约束，有利于打消社会资本的疑虑，吸引社会资本投资基础设施。贯彻财政承受能力评估制度，是对 PPP 政策最有力的支撑和保护。

财政承受能力论证包括：责任识别、支出测算、能力评估、信息披露。

PPP 项目财政承受能力论证工作流程如图 3.2 所示。

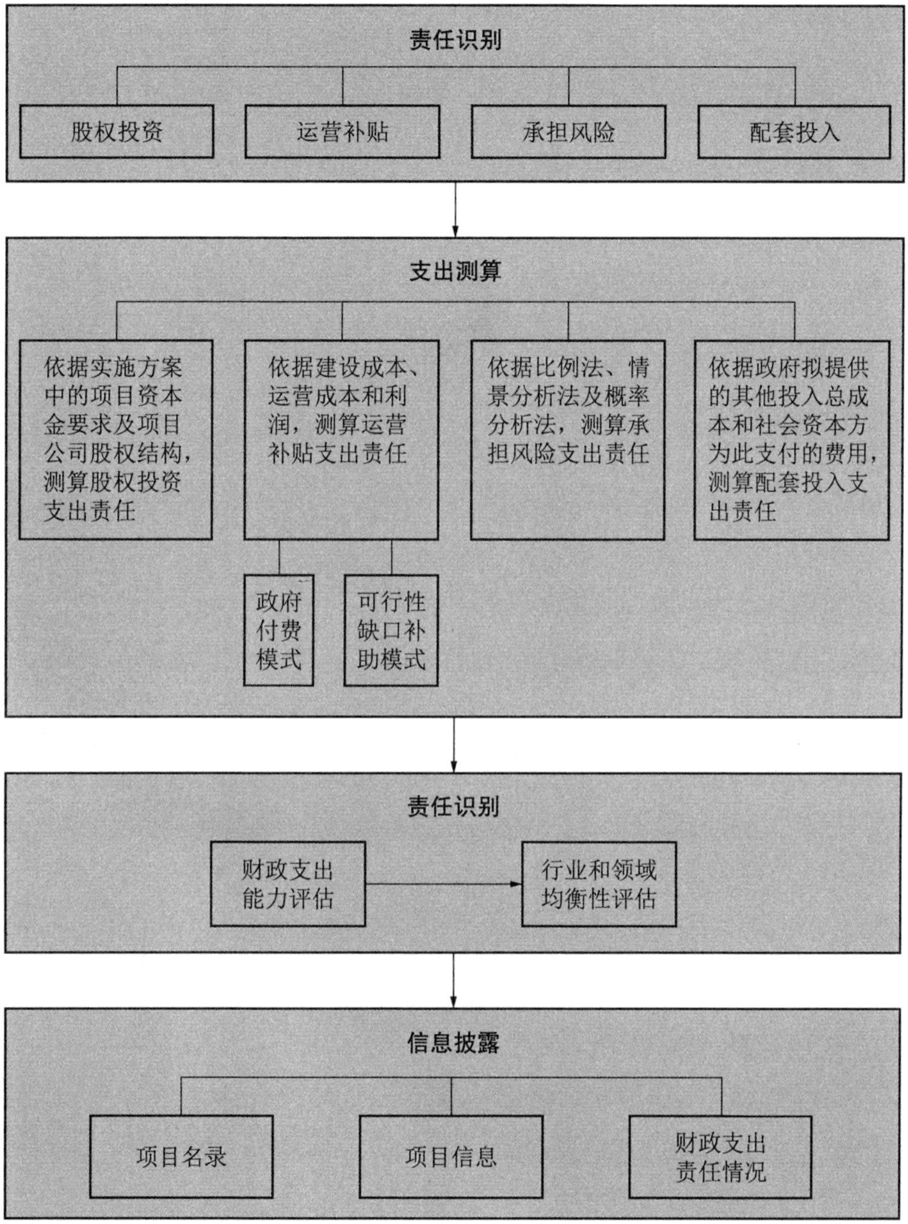

图 3.2　PPP 项目财政承受能力论证工作流程图

（一）政府责任识别

PPP 项目全生命周期过程的财政支出责任，主要包括股权投资、运营补贴、风险承担、配套投入等，明确了政府在 PPP 项目全生命周期中的四种责任类型。同时，还明确了以往 PPP 项目中受到社会资本诟病较多的地方政府失信行为，包括最低需求风险、因政府方原因导致项目合同终止、配套措施不达标风险，为 PPP 项目进一步合作提供了保障。

1. 股权投资：政府与社会资本共同组建项目公司中，政府承担股权投资支出责任。

2. 运营补贴：项目运营期间，政府承担的直接付费责任。政府付费模式下，政府承担全部运营补贴支出责任；可行性缺口补助模式下，政府承担部分运营补贴支出责任；使用者付费模式下，政府不承担运营补贴支出责任。

3. 风险承担：项目实施方案中政府承担风险带来的财政或有支出责任。通常由政府承担的法律风险、政策风险、最低需求风险以及因政府方原因导致项目合同终止等突发情况，会产生财政或有支出责任。

4. 配套投入：政府提供的项目配套工程等其他投入责任，通常包括土地征收和整理、建设部分项目配套措施、完成项目与现有相关基础设施和公用事业的对接、投资补助、贷款贴息等。

（二）政府支出测算

1. 股权投资支出：依据项目资本金要求以及项目公司股权结构合理确定。股权投资支出责任中的土地等实物投入或无形资产投入，应依法进行评估，合理确定价值。

2. 运营补贴支出：根据项目建设成本、运营成本及利润水平合理确定，并按照不同付费模式分别测算。

3. 风险承担支出：充分考虑各类风险出现的概率和带来的支出责任，采用比例法、情景分析法及概率法进行测算。

4. 配套投入支出：综合考虑政府将提供的其他配套投入总成本和社会资本方为此支付的费用。

表 3.3　为各支出测算参考公式

政府支出测算	公式
股权投资支出	= 项目资本金 × 政府占项目公司股权比例
运营补贴支出	政府付费模式项目： 当年运营补贴支出数额 = $\frac{\text{项目全部建设成本} \times (1+\text{合理利润率}) \times (1+\text{年度折现率})}{\text{财政运营补贴周期（年）}}$ + 年度运营成本 ×（1+ 合理利润率） 可行性缺口补助模式的项目： 当年运营补贴支出数额 = $\frac{\text{项目全部建设成本} \times (1+\text{合理利润率}) \times (1+\text{年度折现率})^{n}}{\text{财政运营补贴周期（年）}}$ + 年度运营成本 ×（1+ 合理利润率）－当年使用者付费数额
风险承担支出	= 基本情况下财政支出数额
配套投入支出	= 政府拟提供的其他投入总成本－社会资本方支付的费用

（三）政府能力评估

财政承受能力评估包括财政支出能力评估以及行业和领域平衡性评估。

财政支出能力评估，是根据 PPP 项目预算支出责任，评估 PPP 项目实施对当前及今后年度财政支出的影响；每一年度全部 PPP 项目需要从预算中安排的支出责任，占一般公共预算支出比例应当不超过 10%。一方面，严格控制将 PPP 项目形成的债务变相转化为政府债务，明确政府在 PPP 项目中的资金支出责任；另一方面，明确财政资金支出规模，可以带动更多社会资本进入。

根据财政部《关于 2014 年中央和地方预算执行情况与 2015 年中央和地

方预算草案的报告》，2015 年全国各地地方政府公共预算支出有 14.6 万亿元，按照 10% 有 1.46 万亿元可以作为 PPP 的财政补贴，这部分财政资金将会带动 2 万亿元以上社会资本。以对于 PPP 推行较为积极的安徽省为例，2015 年该省省级一般公共预算收入 232.6 亿元；加上中央转移支付等，安排支出 504.4 亿元。也就是说对于所有 PPP 项目，2015 年安徽省政府的支付额度为 50.44 亿元。

在进行财政支出能力评估时，未来年度一般公共预算支出数额可参照前五年相关数额的平均值及平均增长率计算，并根据实际情况进行适当调整。

行业和领域均衡性评估，是根据 PPP 模式适用的行业和领域范围，以及经济社会发展需要和公众对公共服务的需求，平衡不同行业和领域 PPP 项目，防止某一行业和领域 PPP 项目过于集中。

鼓励列入地方政府性债务风险预警名单的高风险地区，采取 PPP 模式化解地方融资平台公司存量债务。同时，审慎控制新建 PPP 项目规模，防止因项目实施加剧财政收支矛盾。

（四）政府信息披露

新预算法强化了信息公开方面的规定，PPP 项目作为财政支出的组成部分，也要进行相应的信息披露工作。各级财政部门通过官方网站及报刊媒体，每年定期披露当地 PPP 项目目录、项目信息及财政支出责任情况。披露的财政支出责任信息包括：PPP 项目的财政支出责任数额及年度预算安排情况、财政承受能力论证考虑的主要因素和指标等。项目实施后，各级财政部门应跟踪了解项目运营情况，包括项目使用量、成本费用、考核指标等信息，定期对外发布。

对信息披露有很高的要求，有利于 PPP 项目的公开，接受社会舆论监督，防范 PPP 项目开展过程中的各种不规范行为。

五、项目识别结果处理

财政部门对项目实施方案进行物有所值和财政承受能力验证，通过验证的，由项目实施机构报政府审核。通过物有所值评价和财政承受能力论证的项目，可进行项目准备，同时政府对通过论证的项目将切实承担起公共财政的支付责任，包括股权投资、运营补贴、风险承担、配套投入等。未通过验证的，可在实施方案调整后重新验证；经重新验证后仍不能通过的，不再采用 PPP 模式。当然，项目仍可采取非 PPP 模式实施。这也是政府对社会资本或者说是对投资者和经营者认真负责的表现。PPP 项目的一个重要特点，就是经营的长期性和稳定性，如果项目运营得不到政府的支持，经营势必出现问题，受损的一定是投资者或经营者。未通过论证的项目，实际是避免了投资者和经营者的巨大损失和风险。

第四章　PPP 项目准备

作为公共物品和服务供给方式的一种变革，PPP 模式起到了缓解公共财政压力、提高公共服务效率的作用，在英美等发达国家被普遍运用。然而在我国，PPP 项目仍然处于起步阶段，各项法律法规仍在出台之中。从出台的相关文件来看，政府对 PPP 项目抱有很大的热情与期望。从 2015 年年初，中央和地方政府层面加大了 PPP 项目库建设力度，国家发改委公布的 PPP 推介项目投资额已接近 2 万亿元规模，投资金额规模巨大，极具发展潜力。虽然中央与地方推出了上万亿元的 PPP 项目，然而从投资建设进度来看，多数仍然处在前期的项目识别和准备阶段，还没有真正转化为推动经济增长的有效投资需求和动力。有数据显示，在各级政府推出的 PPP 项目中，与社会资本达成初步意愿的不到五分之一，而真正已经实现社会资本投资落地的项目比例就更低。除了 PPP 模式本身仍存在制度完善和推广普及的过程外，在增强社会资本投资积极性方面还面临一些合作机制的约束和障碍。基于对 PPP 投资项目的营利性、风险性和稳定预期等因素，社会资本尤其是民营资本对于 PPP 项目的投资持有很强的谨慎心理，多抱有观望态度。从这个意义上来讲，做好 PPP 项目的准备工作，无论对政府还是社会资本方，或是 PPP 项目的长远发展都是非常有必要的。

项目准备阶段包括 3 个部分：管理架构组成、实施方案编制和实施方案审核。

一、管理架构组成

（一）建立协调机制

县级（含）以上地方人民政府可建立专门协调机制，主要负责项目评审、组织协调和检查督导等工作，实现简化审批流程、提高工作效率的目的。政府或其指定的有关职能部门或事业单位可作为项目实施机构，负责项目准备、采购、监管和移交等工作。

项目评审主要是对各地上报的 PPP 备选项目进行评估审查，以规范 PPP 的运作，筛选规范的 PPP 项目。根据评审要求的不同，财政部门会对评审的 PPP 项目有不同的审查重点。PPP 项目都要对项目资料和运作信息等进行一一核实，重点关注项目的落地问题，并组织专家验收，避免了一些项目难以落地的情况。一般的审查重点有 PPP 运作方式、采购程序、交易结构、风险分配、监管架构和物有所值评价以及财政承受能力等。2015 年 7 月 15 日前，各省、自治区、直辖市、计划单列市财政厅（局）上报第二批 PPP 示范项目，相比第一批 30 个项目 1800 亿元的投资规模，第二批示范项目的选择和申报更加严格，预期数量上会有所减少。

目前我国关于 PPP 项目的文件还没有形成一个系统，文件要求等方面出现矛盾或是难以执行的情况也就无可厚非。浙江省发改委和财政厅在 PPP 项目外商投资限制方面就做出了截然不同的要求。省发改委要求国有控股，省财政厅则无此硬性规定。这种情况就需要省政府和国务院部委组织协调。对于组织协调问题，需要各级政府根据项目实施情况具体地分析。为了确保重大项目尽快落地，国家发改委建立了重大工程进展情况按月调度的工作机制，每月对工程实施进度、吸引社会投资情况、投资完成情况等进行动态跟踪分析，推动重大工程实施。下一步将建立重大投资项目建设协调机制和审批“绿色通道”制度，为项目顺利实施创造良好条件。

由于 PPP 项目通常是涉及公共利益的特殊项目，从履行公共管理职能的角度出发，政府需要对项目执行的情况进行必要的监控。若需要设定对项目前期工作的特别监管措施，应在合同中明确监管内容、方法和程序，以及监管费用的安排等事项。完善 PPP 合同制定，突出涵盖性和权威性，为进行规范检查监管奠定基础的一步。PPP 伙伴合作关系建立在特许经营合同基础之上，因此监管首先是依托合同实施。

对 PPP 项目进行督导的督导对象为财政部门及行业主管部门，PPP 项目实施机构、项目社会资本参与方、中介机构和融资提供方等。督导主要针对示范项目的概况、实施情况、政府履约安排、监督措施、项目实施时间表、项目实施等方面。其中，示范项目的概况包括项目的基本情况、建设情况、项目公司的股权情况、项目政府债务问题、项目运营情况、项目有关财政收支情况。在众多概况中，项目的财政收支情况是非常重要的，因为涉及 PPP 项目的产权、项目收益、政府股权投资、运营补贴、配套投入、风险承担机制等，可能还涉及 PPP 融资支持基金或补贴资金情况。其他方面，比如示范项目的实施情况，主要包含工作组织情况、实施方案编制情况、项目物有所值评估和财政承受能力验证情况、市场响应评估和社会资本沟通情况、项目采购情况、项目执行情况。政府履约的安排主要是政府履行合同的具体安排，合同修订、违约责任、争议解决等方面的工作思路，涉及部门的履约意愿及保障措施。项目实施时间表则包括了方案设计、完成、报批、项目采购、项目执行、移交等时间安排。

在第二批 PPP 示范项目中，财政部门做了如下的督导工作。财政部要求各地财政部门，在示范项目中合理确定财政补助金额，每一年度全部 PPP 项目需要从预算中安排的支出责任，占一般公共预算支出比例应当不超过 10%。省级财政部门要统计监测所有 PPP 项目的政府支付责任并报财政部备案，对于示范项目的实施方案、合作伙伴选择、物有所值评估、财政承受能力论证等，优先支持融资平台公司存量项目转型为 PPP 项目。

（二）项目实施机构

监管框架之中除了建立协调机制外，还要设立项目实施机构，项目实施机构主要负责项目准备、项目采购、项目监管以及项目移交等。在项目准备阶段，项目实施机构主要负责编制项目实施方案或是项目可行性研究报告，具体包括项目概况、风险分担与收益共享、项目运作方式、交易结构、合同体系以及监管架构。在项目采购阶段，项目实施机构要选择适当的采购方式、成立采购结果确认谈判工作组、对采购文件的澄清和修改、依据发布资格预审文件等。项目实施机构要对项目前期以及运营期进行监督管理和介入，以保证项目的执行以及质量。项目移交通常是指在项目合作期限结束或者项目合同提前终止后，项目公司将全部项目设施及相关权益以合同约定的条件和程序移交给政府或者政府指定的其他机构。在 PPP 项目移交前，通常需要对项目的资产状况进行评估并对项目状况能否达到合同约定的移交条件和标准进行测试。实践中，上述评估和测试工作通常由政府委托的独立专家或者由政府和项目公司共同组成的移交实施机构负责。

二、方案实施编制

在开发准备环节，作为发起人或者牵头方的企业（即项目方），要在项目识别阶段的项目建议书和初步实施方案基础上，编制项目实施方案（有条件的，也可以同步编制项目可行性研究报告）。项目实施方案一般包括：项目概况、风险分担与收益共享、项目运作方式、交易结构、合同体系以及监管架构等。

（一）项目概况

编制项目实施方案首先要对项目进行概要，项目概况主要包括基本情况、经济技术指标和项目公司股权情况等。基本情况主要明确项目提供的公共产品和服务内容、项目采用政府和社会资本合作模式运作的必要性和可行性，以及项目运作的目标和意义。经济技术指标主要明确项目区位、占地面积、建设内容或资产范围、投资规模或资产价值、主要产出说明和资金来源等。项目公司股权情况主要明确是否要设立项目公司以及公司股权结构。

（二）风险分担与利益共享

PPP项目涉及政府、企业和社会公众等多方利益主体，利益与风险结构复杂，正确分配与处理好PPP项目的风险分配与利益共享并不是一件简单的事。在国内PPP项目投资的实践案例中，既存在因市场调研不足和决策失误等造成的运营亏损，也存在因地方政府政策变更等不稳定因素造成的经营风险。在PPP项目投资的推进中，价格调整、财政补贴和税收优惠等机制的透明性和稳定性，将直接影响社会资本投资。同时，PPP设计各方利益，如何趋利避害，以尽可能发挥PPP的优势，如何从长远角度考虑项目投入和产出，处理好短期利益和长期利益的关系，兼顾好社会大众的公共利益与项目投资的市场收益平衡都是PPP项目能否顺利进行的关键。处理好多方关系的风险分担与利益共享，是PPP项目成功的关键因素之一。

PPP项目存在着三大关系：伙伴关系、风险分担与利益共享，风险分担与利益共享都是建立在伙伴关系这一前提之下的，PPP项目的伙伴关系也形象地反映在风险分担与利益共享上面。因此协调好PPP的风险分担与利益共享，即可维护好PPP项目的伙伴关系，也就能让PPP项目顺利地发展与成长。

1. 风险分担

在PPP中，公共部门与私营部门合理分担风险的这一特征，是其区别于公共部门与私营部门其他交易形式的显著标志。例如，政府采购过程，之所以还不能称为公私合作伙伴关系，是因为双方在此过程中是让自己尽可能小地承担风险。而在公私伙伴关系（PPP）中，公共部门却是尽可能大地承担自己有优势方面的伴生风险，而让对方承担的风险尽可能小。一个明显的例子是，在隧道、桥梁、干道建设项目的运营中，如果因一般时间内车流量不够而导致私营部门达不到基本的预期收益，公共部门可以对其提供现金流量补贴，这种做法可以在“分担”框架下，有效控制私营部门因车流量不足而引起的经营风险。与此同时，私营部门会按其相对优势承担较多的、甚至全部的具体管理职责，而这个领域，却正是政府管理层“官僚主义低效风险”的易发领域。由此，风险得以规避。如果每种风险都能由最善于应对该风险的合作方承担，毫无疑问，整个基础设施建设项目的成本就能最小化。

风险识别和评估过程需要经历多个程序，包括风险识别、风险评估、风险定位、风险管理预计缓和措施。对每一个 PPP 项目而言，风险管理都是必要的，要在项目整个生命周期中来定位风险。在 PPP 项目中，存在着如下的项目风险：

政策风险。在项目实施过程中由于政府政策的变化而影响项目的盈利能力，被称为政策风险。PPP 项目失败原因主要归结于法律法规与合同环境的不够公开透明，政府政策的不连续性，变化过于频繁，政策风险是私营合作方难以预料与防范的。目前一些地方政府出台了有关法规，为 PPP 的进一步广泛与成功应用提供了政策支持，也在一定程度上化解了私营合作方的政策风险。

汇率风险。在当地获取的现金收入不能按预期的汇率兑换成外汇，为汇率风险。其原因可能是因为货币贬值，也可能是因为政府将汇率人为地定在一个很不合理的水平上，这毫无疑问会减少收入的价值，降低项目的投资回报。

技术风险。直接和项目实际建设与运营相联系，技术风险应由私营合作方承担。以 BOT 为例，私营合作方在基础设施建成后需运营与维护一定时期，因此私营合作方最为关注运营成本的降低，运营成本的提高将减少私营合作方的投资回报，这将促使私营合作方高质量完成基础设施的建设，以减少日后的运营成本。

财务风险。基础设施经营的现金收入不足以支付债务和利息，从而可能造成债权人求诸法律的手段逼迫项目公司破产，造成PPP模式应用的失败。现代公司理财能通过设计合理的资本结构等方法、手段最大限度地减少财务风险。私营合作方可能独自承担此类风险，如果债务由公共部门或融资担保机构提供了担保，则公共部门和融资担保机构也可分担部分财务风险。

营运风险。在实际运营过程中，由于基础设施项目的经营状况或服务提供过程中受各种因素的影响，项目盈利能力往往达不到私营合作方的预期水平而造成较大的营运风险。私营合作方可以通过基础设施运营或服务提供过程中创新等手段提高效率增加营运收入或减少营运成本降低营运风险，所以理应是营运风险的主要承担者。私营合作方可以通过一些合理的方法将PPP运用过程中的营运风险控制在一定的范围内或转嫁。

此外还有环境以及社会风险、法律风险和不可抗力风险等。从以上叙述来看，PPP项目运营中面临的风险因素极其复杂，合理分担风险是保障PPP模式顺利运营的前提。由于风险复杂，识别和度量PPP项目风险比较困难，用好PPP这把利器，需遵循大型项目建设的一般规律，将项目风险在参与方之间进行合理、公平地分担。政府和社会资本应平等参与，坚持风险分担最优原则，根据PPP项目具体情况在政府和社会资本之间建立合理公平的风险分担机制，避免将社会资本更多地单方面暴露在各种风险中。要按照风险分配优化、风险收益对等和风险可控等原则，综合考虑政府风险管理能力、项目回报机制和市场风险管理能力等要素，在政府和社会资本间合理分配项目风险。原则上，项目设计、建造、财务和运营维护等商业风险由社会资本承担，法律、政策和最低需求等风险由政府承担，不可抗力等风险由政府和社会资本合理共担。然而，特别需要注意，在项目合同中，应明确约定对市场需求风险、法律政策变化风险、竞争风险和其他相关风险（例如社会公众反对）的承担。

2. 利益共享

利益共享是PPP的另一特征。在这里需要明确的是，PPP中公共部门与民营部门并不是分享利润，而且还需要对民营部门可能的高额利润进行控制，即不允许民营部门在项目执行过程中形成超额利润。其主要原因是，任何PPP项目都是公益性项目，不以利润最大化为目的。如果双方想从中分享利润，其实是很容易的一件事情，只要允许提高价格，就可以使利润大幅度提高。不过，这样做必然会带来社会公众的不满，最终还可能会引起社会的混乱。既然形式上不能与民营部门分享利润，那么如何与民营部门实际地共享利益呢？共享利益在这里除了共享PPP的社会成果之外，也包括使作为参与者的私人部门、民营企业或机构取得相对平和、稳定的投资回报。

一个PPP项目涉及多方利益，首先是政府公共部门，它代表公众追求的是公平；其次是民营部门，它追求的是高效率和高收益；再次是公众希望得到更多物美价廉的公共产品和服务。因此，对于社会资本和政府对项目的出发点是不同的，社会资本以利益最大化为目的，而政府是要在控制成本的前提下完成项目建设，因此要控制社会资本方的收益。对于社会资本而言，在国内基础设施特许经营的项目中，社会资本对项目的预期内部收益率一般在8%～12%之间。政府一般希望把收益率控制在10%以内。例如重庆首宗土地一级整治PPP项目（经开区广阳湾片区），采用年化投资收益率报价的方式进行招投标，年化投资收益率最低者为中标人，年化收益率上限为10%。

项目是否能达到预期的内部收益率水平是社会资本方决定是否投资的重要标准。PPP项目中价格的确定也就成了一个难题，价格太高，违背了项目的出发点。价格太低，对社会资本方不利，甚至最终导致项目流标，因为政府在设计项目时，没有给企业留出利润空间，企业也就不愿意投标。因此为了更加符合PPP项目的风险分担与利益共享的理念，在PPP项目招标前，政府应与企业沟通，而不应依旧走过去的那种“政府发标、企业应标”的路子。

在市场化条件下，对政府主管部门来说，理解并把握好内部收益率这一概念既有利于理解投资人的投资行为，也有利于结合实际情况更好地包装项目，这样政府才能更成功、更有效地在PPP项目中引入社会资本。

（三）项目运作方式

狭义的PPP模式被认为是一系列项目运作模式的总称，它包含BOT、TOT、BOO等多种具体运作模式，更加强调公共部门和私人部门合作过程中的风险分担机制和项目实施的资金价值（VFM）。对于不同的PPP运作方式，公共部门与私人部门的合作程度以及各自的义务职责均会有所不同。图4.1列举了部分项目运作方式中公共部门和私人部门的关系图。

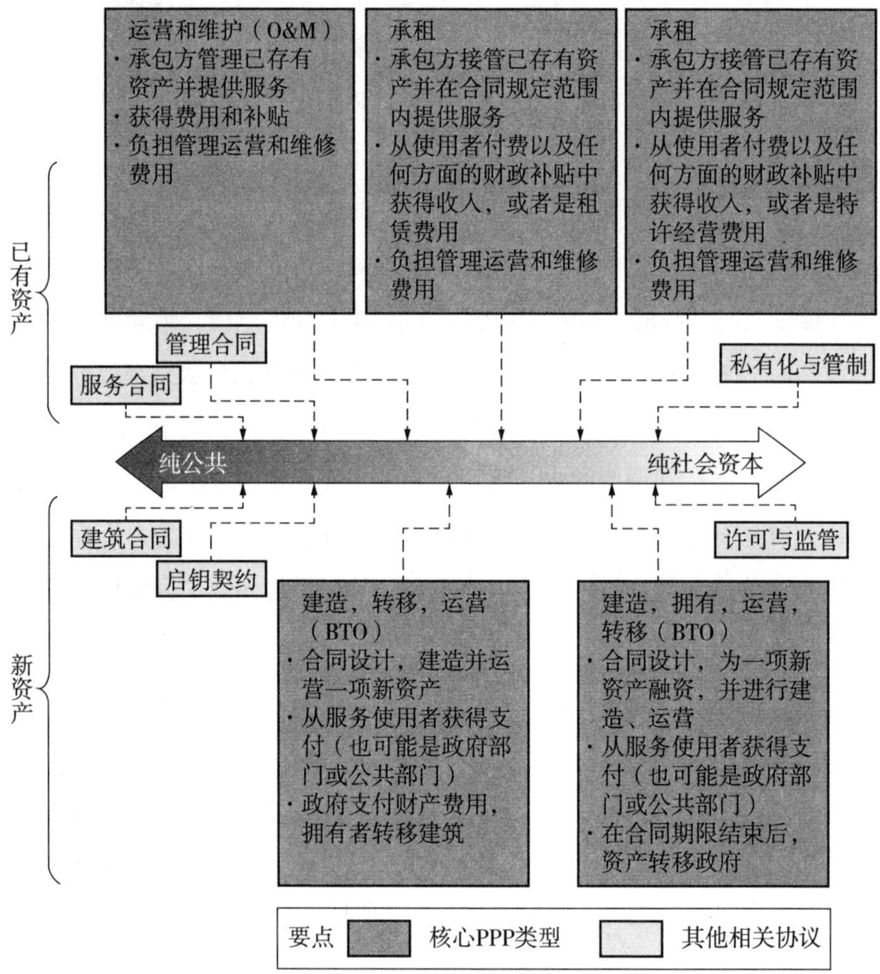

图4.1　PPP部分运作方式中公共部门和私人部门关系图

对于我国 PPP 的运作模型，财政部和国家发改委的文件中均有说明。从财政部文件看，PPP 的运作模式包括：委托运营（O&M）、管理合同（MC）、建设—运营—移交（BOT）、建设—拥有—运营（BOO）、转让—运营—移交（TOT）、改建—运营—移交（ROT）。从发改委文件看，模式包括：建设—运营—移交（BOT）、建设—拥有—经营—转让（BOOT）、建设—拥有—运营（BOO）。对于建设—转移（BT）是否属于 PPP 的运作模式，目前争议较大，财政部和发改委的文件中均不包括。总之，目前国家提倡的 PPP 模式，一般都要包括运营（O）在内。不同的项目运作方式适用于不同的 PPP 项目，发改委文件中对以下三类项目适用的运作模式进行了规范。

经营性项目。对于具有明确的收费基础，并且经营收费能够完全覆盖投资成本的项目，可通过政府授予特许经营权，采用建设—运营—移交（BOT）、建设—拥有—运营—移交（BOOT）等模式推进。

准经营性项目。对于经营收费不足以覆盖投资成本、需政府补贴部分资金或资源的项目，可通过政府授予特许经营权附加部分补贴或直接投资参股等措施，采用建设—运营—移交（BOT）、建设—拥有—运营（BOO）等模式推进。

非经营性项目。对于缺乏“使用者付费”基础、主要依靠“政府付费”回收投资成本的项目，可通过政府购买服务，采用建设—拥有—运营（BOO）、委托运营等市场化模式推进。

PPP 的具体运作方式的选择主要由收费定价机制、项目投资收益水平、风险分配基本框架、融资需求、改扩建需求和期满处置等因素决定。结合我国基础设施建设需求、经济发展状况和 PPP 项目运作实践，适合我国基础设施项目的 PPP 模式如表 4.1 所示：

表 4.1　PPP 模式分类汇总表

<table>
<tr><th>一级分类</th><th>二级分类</th><th>三级分类</th></tr>
<tr><td rowspan="6">外包类（Outsourcing）</td><td rowspan="2">项目式外包（Component Outsourcing）</td><td>服务分包（Service Contract）</td></tr>
<tr><td>管理分包（Management Contract）</td></tr>
<tr><td rowspan="4">整体式外包（Turnkey）</td><td>设计—建设（DB）</td></tr>
<tr><td>设计—建设—主要维护（DBMM）</td></tr>
<tr><td>运营和维护（O&M）</td></tr>
<tr><td>设计—建设—运营（DBO）</td></tr>
<tr><td rowspan="6">特许经营类（Concession）</td><td rowspan="2">移交—运营—移交（TOT）</td><td>购买—更新—运营—移交（PUOT）</td></tr>
<tr><td>租赁—更新—运营—移交（LUOT）</td></tr>
<tr><td rowspan="2">建设—运营—移交（BOT）</td><td>建设—租赁—拥有—转让（BLOT）</td></tr>
<tr><td>建设—拥有—经营—转让（BOOT）</td></tr>
<tr><td rowspan="2">其他</td><td>设计—建设—移交—运营（DBTO）</td></tr>
<tr><td>设计—建设—投资—运营（DBFO）</td></tr>
<tr><td rowspan="4">私有化（Divestiture）</td><td rowspan="2">完全私有化</td><td>购买—更新—运营（PUO）</td></tr>
<tr><td>建设—拥有—运营（BOO）</td></tr>
<tr><td rowspan="2">部分私有化</td><td>股权转让</td></tr>
<tr><td>其他</td></tr>
</table>

PPP 项目的交易结构多种多样，且一些创新的交易结构也不断地涌现，但具体项目在设计和选择交易结构时需考虑诸多因素，如：项目类型、政府的市场化目标以及投资人的投资目标、政府或国企的参与方式、项目建设范围或资产范围、资产权属、项目运营安排、计划实施进度、政府监管体系、价格水平、收费机制等。所以并非所有的交易结构都适合任何一个 PPP 项目，还得具体项目具体分析。以下我们对主要的四类 PPP 项目交易结构进行相关分析和探讨，以期在遇到具体的 PPP 项目时能正确选择交易结构。

1.BOT 模式

BOT 为 Build-Operate-Transfer 的简称，即为“建设—经营—转让”。其具体含义为政府和项目公司之间达成协议，政府给予项目公司特许权，让其在特许权期限内通过自己的资金募集方式，投资建设某一基础设施项目，并对其运营维护以收回成本并盈利。在特许权期限时间之后，无偿转让给政府。

BOT 结构的特点：(1) 投资者自负盈亏，因此必须对经营项目进行详细的评估；(2) 投资者或项目公司一般只拥有项目的经营权，而无所有权；(3) 一般适用于高速公路、机场、铁路、供水、停车场等项目。

BOT 的运作模式可分为四阶段：项目准备阶段、融资建设阶段、项目移交阶段和政府运作阶段。在项目准备阶段，要确定项目、项目招投标、立案确定以及协商谈判；在融资建设阶段，进行组建项目公司、安排融资、融资实施；项目移交阶段，管理项目资产、维护基金和运营管理权。

BOT 模式的主要参与方与运作过程中要签订的合同如表 4.2 和表 4.3。

表 4.2　BOT 模式的主要参与方

主要参与方	参与方负责内容
政府	特许权授予，制定税收、土地政策和非竞争承诺等
项目资助人	资助、组件项目公司
项目公司	融资、建设、管理项目运营
贷款人	提供项目贷款
项目使用方	项目产品服务或购买方、用户
原材料供应商	提供项目生产所需原材料
工程承包商	为项目建设提供土建施工、设备安装等服务工程
保险机构	分担项目建设及运营阶段的部分风险
专业运营管理公司	委托管理项目的日常运营

表 4.3　BOT 模式的签约合同类型

合同类型	合同签约双方	合同类型	合同签约双方
招商谈判协议	政府和投资人	长期销售合同	项目公司和项目使用人
合资合同	投资人和相关主体设立项目公司	土建合同	项目公司和承包商
BOT 特许协议	政府和项目公司	长期供应商合同	项目公司和原材料供应商
工程保险合同	项目公司和保险公司	制造合同	项目公司和设备供应商
项目贷款合同	项目公司和银行		

2.BOO 模式

BOO 为 Build-Own-Operate 的简称，即为“建设——拥有——经营”，是 BOT 的一种衍生模式。其具体含义是由政府或所属机构对基础设施项目的建设和经营提供一种特许权协议作为项目融资的基础，然后由本国公司或外国公司作为项目的投资者和经营者安排融资、承担风险、开发建设并经营该项基础产业项目，但是并不将此项基础产业项目移交给相应的政府或所属机构。BOO 结构所涉及的主要合同与 BOT 基本一致，可参照 BOT 的合同内容。

BOO 模式的运作过程如下：

项目准备阶段：项目确定 BOO 项目、颁布 BOO 特许权、招标；

项目开发阶段：成立项目公司、项目设计、签约特许权协议、各合作参与方签订协议；

项目建设阶段：项目公司通过承包商、顾问咨询机构、工程监管公司组织建设、施工、安排进度、计划、资金运营；

项目运营阶段：项目公司进行运行、维护、管理，收入为项目公司用以偿还贷款及盈利。

3.TOT 模式

TOT 为 Transfer-Operate-Transfer 的简称，即为“移交——经营——移交”。其具体含义为政府把正在运营过程中的公共基础设施项目的经营权，在一定期限内有偿移交给社会投资者，社会投资者获得项目经营权之后，在给定的期限内经营项目，而项目的收益则归属于社会投资者，社会投资者在特许经营期满后，将公共基础设施项目无偿移交回政府。

TOT结构的特点：（1）TOT是通过转让已建成项目的产权和经营权来融资的；（2）政府通过TOT吸引社会资本购买现有的资产。

TOT结构的优势：（1）盘活存量资产，提高资产利用率；（2）扩大社会投资总量；（3）投资风险较低；（4）法律环节少，方便管理；（5）融资对象广泛。

TOT结构的运作阶段：（1）制定TOT方案并审批；（2）项目发起人设立项目公司，将项目所有权转让给公司；（3）TOT项目招标，投资者获得一定期限内全部或部分运营许可权运营；（4）期满移交。

4.ROT模式

ROT为Renovate-Operate-Transfer的简称，即为“改建——经营——移交”。其具体含义为在获得政府特许授予专营权的基础上，对过时、陈旧的项目设施、设备进行改造更新；在此基础上由投资者经营20-30年后再转让给政府。这是BOT模式适用于已经建成，但已陈旧过时的基础设施改造项目的一个变体，其差别在于“建设”变化为“改建”。

ROT结构的运作阶段：（1）可行性研究阶段，及时评估改建方案的财务模式；（2）融资和签订合同；（3）改建实施；（4）运营收益；（5）期满移交。

（四）交易结构

1. 总括

项目交易结构主要包括项目投融资结构、回报机制和相关配套安排。

项目投融资结构主要说明项目资本性支出的资金来源、性质和用途，项目资产的形成和转移等。政府为合作项目提供投资补助、基金注资、担保补贴、贷款贴息等支持，应明确具体方式及必要条件。若需要设定对投融资的特别监管措施，应明确监管主体、内容、方法和程序，以及监管费用的安排等事项。同时，对投融资各方应规定违约责任，对存在违约行为的各方应追究违约责任。

项目回报机制主要说明社会资本取得投资回报的资金来源，包括使用者付费、可行性缺口补助和政府付费等支付方式。使用者付费（User Charge），又称为用户付费，是指由最终消费用户直接付费购买公共产品和服务。可行性缺口补助（Viability Gap Funding），是指使用者付费不足以满足社会资本或项目公司成本回收和合理回报，而由政府以财政补贴、股本投入、优惠贷款和其他优惠政策的形式，给予社会资本或项目公司的经济补助。政府付费（Government Payment），是指政府直接付费购买公共产品和服务，主要包括可用性付费（Availability Payment）、使用量付费（Usage Payment）和绩效付费（Performance Payment）。

三种支付方式的支付模式如下图所示。通常模式是由社会资本承担设计、建运营承担设计、建运营维护基础设施的大部分工作，并通过“使用者付费”，“政府付费”及必要的财政补贴等事先公开的收益约定规则，先公开的收益约定规则，使投资者有长期稳定收益。地方政府要将与社会资本合作项目中的财政补贴等支出按性质纳入相应政府预算管理。

相关配套安排主要说明由项目以外相关机构提供的土地、水、电、气和道路等配套设施和项目所需的上下游服务。

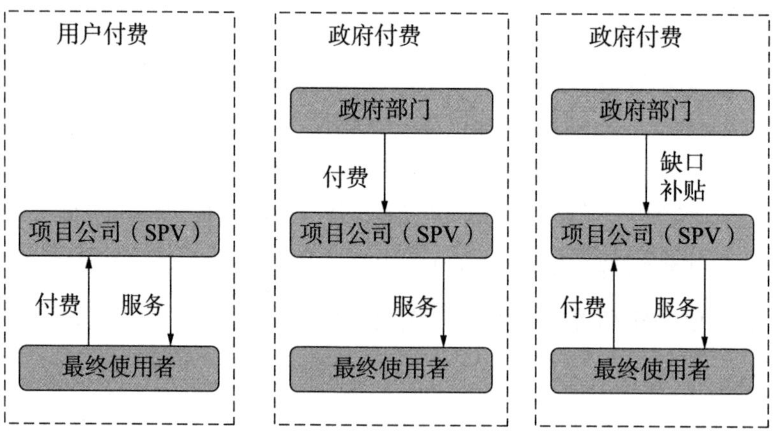

图 4.2　PPP 项目支付模式

2. 付费机制简介

付费机制是政府和社会资本合作的重要基础，关系到 PPP 项目的风险分配和收益回报，因而是政府和社会资本（或项目公司）共同的核心关注，也是 PPP 项目合同中最为关键的条款。根据 PPP 项目的行业、运作方式及具体情况的不同,需要设置不同的付费机制。常见的付费机制主要包括使用者付费、政府付费和可行性缺口补助三种。本部分将对设置不同的付费机制进行简要阐述。

①使用者付费

使用者付费机制是指由最终消费用户直接付费购买公共产品和服务。项目公司直接从最终用户处收取费用，以回收项目的建设和运营成本并获得合理收益。在此类付费项目中，项目公司一般会承担全部或者大部分的项目需求风险。

并非所有 PPP 项目都能适用使用者付费机制，使用者付费机制常见于高速公路、桥梁、地铁等公共交通项目以及供水、供热等部分公用设施项目中。

使用者付费机制的适用条件

具体 PPP 项目是否适合采用使用者付费机制，通常需要结合项目特点和实际情况进行综合评估。适合采用使用者付费机制的项目通常需要具备：项目使用需求可预测、向使用者收费具有实际可操作性、符合法律和政策的规定。

使用者付费的定价机制

首先，要明确使用者付费的定价方式。实践中，使用者付费的定价方式包括三种：根据《价格法》等相关法律法规及政策规定，由双方在 PPP 项目合同中约定以及由项目公司根据项目实施时的市场价格定价。其中，除了最后一种方式是以市场价为基础外，对于前两种方式，均需要政府参与或直接决定有关 PPP 项目的收费定价。

当政府在参与定价时，要考虑到需求量对价格变动的敏感度（需求的价格弹性）、项目公司和项目本身的目标、有关定价是否超出使用者可承受的合理范围以及是否符合法律法规的强制性规定等。在具体制定价格过程中，政府可以通过以下四种方式参与收费定价：政府设定其所辖区域内某一行业的统一价、政府设定其所辖区域内某一行业的最高价、双方在合同中约定具体项目收费的价格以及双方在合同中约定具体项目收费的最高价。此外，在一些 PPP 项目中，双方还有可能约定具体项目收费的最低价，实际上将 PPP 项目的部分建设和运营成本直接转移给使用者承担。

唯一性条款和超额利润限制机制

在采用使用者付费机制的项目中，由于项目公司的成本回收和收益取得与项目的实际需求量直接挂钩，为降低项目的需求风险，确保项目能够顺利获得融资支持和稳定回报，项目公司通常会要求在 PPP 项目合同中增加唯一性条款，要求政府承诺在一定期限内不在项目附近新建竞争性项目。

在一些情形下，使用者需求激增或收费价格上涨，将可能导致项目公司因此获得超出合理预期的超额利润。针对这种情形，政府在设计付费机制时可以考虑设定一些限制超额利润的机制，包括约定投资回报率上限，超出上限的部分归政府所有，或者就超额利润部分与项目公司进行分成等。但基本的原则是无论如何限制，付费机制必须能保证项目公司获得合理的收益，并且能够鼓励其提高整个项目的效率。

②政府付费

政府付费是指政府直接付费购买公共产品或服务。其与使用者付费的最大区别在于付费主体是政府、而非项目的最终使用者。根据项目类型和风险分配方案的不同，政府付费机制下，政府通常会依据项目的可用性、使用量和绩效中的一个或多个要素的组合向项目公司付费。

可用性付费

可用性付费（Availability Payment）是指政府依据项目公司所提供的项目设施或服务是否符合合同约定的标准和要求来付费。可用性付费通常与项目的设施容量或服务能力相关，而不考虑项目设施或服务的实际需求，因此项目公司一般不需要承担需求风险，只要所提供设施或服务符合合同约定的性能标准即可获得付费。大部分的社会公共服务类项目（例如学校、医院等）

以及部分公用设施和公共交通设施项目可以采用可用性付费。一些项目中也可能会与按绩效付费搭配使用，即如果项目公司提供设施或服务的质量没有达到合同约定的标准，则政府付费将按一定比例进行扣减。

使用量付费

使用量付费（Usage Payment），是指政府主要依据项目公司所提供的项目设施或服务的实际使用量来付费。在按使用量付费的项目中，项目的需求风险通常主要由项目公司承担。因此，在按使用量付费的项目中，项目公司通常需要对项目需求有较为乐观的预期或者有一定影响能力。实践中，污水处理、垃圾处理等部分公用设施项目较多地采用使用量付费。

一些项目中，使用量付费也可能与绩效付费搭配使用，即如果项目公司提供的设施或服务未达到合同约定的绩效标准，政府的付费将进行相应扣减。

绩效付费

绩效付费（Performance Payment）是指政府依据项目公司所提供的公共产品或服务的质量付费，通常会与可用性付费或者使用量付费搭配使用。在按绩效付费的项目中，政府与项目公司通常会明确约定项目的绩效标准，并将政府付费与项目公司的绩效表现挂钩，如果项目公司未能达到约定的绩效标准，则会扣减相应的付费。

政府付费的调价机制

在长达20～30年的PPP项目生命周期中，市场环境的波动会直接引起项目运营成本的变化，进而影响项目公司的收益情况。设置合理的价格调整机制，可以将政府付费金额维持在合理范围，防止过高或过低付费导致项目公司亏损或获得超额利润，有利于项目物有所值目标的实现。常见的调价机制包括：公式调整机制、基准比价机制、市场测试机制。

③可行性缺口补助

可行性缺口补助是在政府付费机制与使用者付费机制之外的一种折中选择。对于使用者付费无法使社会资本获取合理收益，甚至无法完全覆盖项目的建设和运营成本的项目，可以由政府提供一定的补助，以弥补使用者付费之外的缺口部分，使项目具备商业上的可行性。但此种付费机制的基本原则是“补缺口”，而不能使项目公司因此获得超额利润。

国际上关于可行性缺口补助的定义、适用范围和补贴方式尚无统一的界定。在我国实践中，可行性缺口补助的形式多种多样，具体包括：

投资补助

在项目建设投资较大，无法通过使用者付费完全覆盖时，政府可无偿提供部分项目建设资金，以缓解项目公司的前期资金压力，降低整体融资成本。通常政府的投资额应在制定项目融资计划时或签订 PPP 项目合同前确定，并作为政府的一项义务在合同中予以明确。投资补助的拨付通常不会与项目公司的绩效挂钩。

价格补贴

在涉及民生的公共产品或服务领域，为平抑公共产品或服务的价格水平，保障民众的基本社会福利，政府通常会对特定产品或服务实行政府定价或政府指导价。如果因该定价或指导价较低导致使用者付费无法覆盖项目的成本和合理收益，政府通常会给予项目公司一定的价格补贴。例如地铁票价补贴。

此外，政府还可通过无偿划拨土地，提供优惠贷款、贷款贴息，投资入股，放弃项目公司中政府股东的分红权，以及授予项目周边的土地、商业等开发收益权等方式，有效降低项目的建设、运营成本，提高项目公司的整体收益水平，确保项目的商业可行性。

（五）合同体系

签订一系列合同来确立和调整彼此之间的权利义务关系，构成 PPP 项目的基本合同体系。根据项目的不同特点，相应的合同体系也会不同。合同体系主要包括项目合同、股东合同、融资合同、履约合同等。项目合同是其中最核心的法律文件。在 PPP 项目合同体系中，各个合同之间并非完全独立，而是紧密衔接、相互贯通的，合同之间存在着一定的“传导关系”。

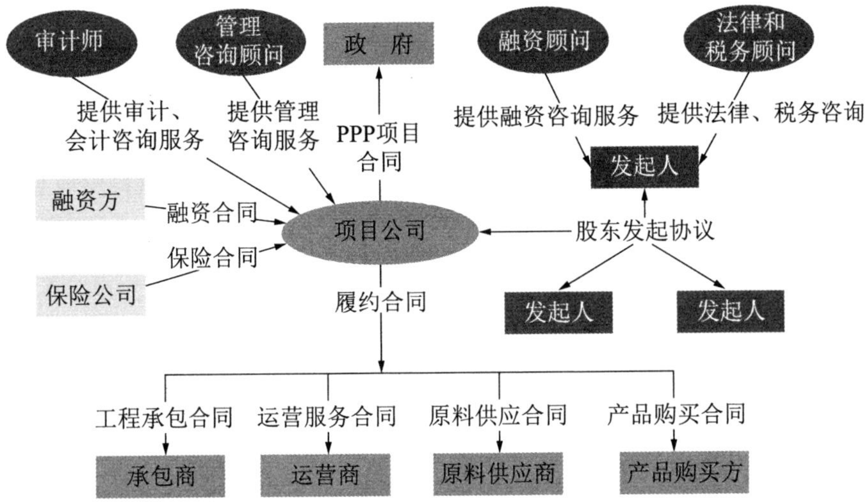

图 4.3 PPP 项目常见基本合同体系及参与方

PPP 项目合同是项目实施机构与中选社会资本签订（若需要成立专门项目公司的，由项目实施机构与项目公司签订）的约定项目合作主要内容和双方基本权利义务的协议。其目的是在项目实施机构与社会资本之间合理分配项目风险，明确双方的权利义务关系，保障双方能够依据合同约定合理主张权利，妥善履行义务，确保项目全生命周期内的顺利实施。PPP 项目合同是其他合同产生的基础，也是整个 PPP 项目合同体系的核心。项目合同的核心内容是项目边界条件，主要包括权利义务、交易条件、履约保障和调整衔接等边界。权利义务边界主要明确项目资产权属、社会资本承担的公共责任、政府支付方式和风险分配结果等。交易条件边界主要明确项目合同期限、项目回报机制、收费定价调整机制和产出说明等。履约保障边界主要明确强制保险方案以及由投资竞争保函、建设履约保函、运营维护保函和移交维修保函组成的履约保函体系。调整衔接边界主要明确应急处置、临时接管和提前终止、合同变更、合同展期、项目新增改扩建需求等应对措施。

股东协议由项目公司的股东签订，用以在股东之间建立长期的、有约束力的合约关系。股东协议通常包括以下主要条款：前提条件、项目公司的设立和融资、项目公司的经营范围、股东权利、履行 PPP 项目合同的股东承诺、股东的商业计划、股权转让、股东会、董事会、监事会组成及其职权范围、股息分配、违约、终止及终止后处理机制、不可抗力、适用法律和争议解决等。

履约合同是项目公司与承包商、运营商等签订的合同，按照签订合约方的不同，履约合同又可分为工程承包合同、运营服务合同、原料供应合同、产品采购合同和保险合同等。

工程承包合同。项目公司一般只作为融资主体和项目管理者而存在，本身不一定具备自行设计、采购、建设项目的条件，因此可能会将部分或全部设计、采购、建设工作委托给工程承包商，签订工程承包合同。项目公司可以与单一承包商签订总承包合同，也可以分别与不同承包商签订合同。承包商的选择要遵循相关法律法规的规定。由于工程承包合同的履行情况往往直接影响 PPP 项目合同的履行，进而影响项目的贷款偿还和收益情况。因此，为了有效转移项目建设期间的风险，项目公司通常会与承包商签订一个在固定价格、固定工期“交钥匙”的合同，将工程费用超支、工期延误、工程质量不合格等风险全部转移给承包商。此外，工程承包合同中通常还会包括履约担保和违约金条款，进一步约束承包商履行合同义务。

运营服务合同。根据 PPP 项目运营内容和项目公司管理能力的不同，项目公司有时会考虑将项目全部或部分的运营和维护事务外包给有经验的运营商，并与其签订运营服务合同。个案中，运营维护事务的外包可能需要事先取得政府的同意。但是，PPP 项目合同中约定的项目公司的运营和维护义务并不因项目公司将全部或部分运营维护事务分包给其他运营商实施而被豁免或解除。

原料供应合同。有些 PPP 项目在运营阶段对原料的需求量很大、原料成本在整个项目运营成本中占比较大，同时受价格波动、市场供给不足等影响，无法保证能够随时在公开市场上以平稳价格获取原材料，继而可能会影响整个项目的持续稳定运营，例如燃煤电厂项目中的煤炭。因此，为了防控原料供应风险，项目公司通常会与原料的主要供应商签订长期原料供应合同，并且约定一个相对稳定的原料价格。在原料供应合同中，一般会包括以下条款：

交货地点和供货期限、供货要求和价格、质量标准和验收、结算和支付、合同双方的权利义务、违约责任、不可抗力、争议解决等。除上述一般性条款外，原料供应合同通常还会包括“照供不误”条款，即要求供应商以稳定的价格、稳定的质量品质为项目提供长期、稳定的原料。

产品或服务购买合同。在PPP项目中，项目公司的主要投资收益来源于项目提供的产品或服务的销售收入，因此保证项目产品或服务有稳定的销售对象，对于项目公司而言十分重要。根据PPP项目付费机制的不同，项目产品或服务的购买者可能是政府，也可能是最终使用者。以政府付费的供电项目为例，政府的电力主管部门或国有电力公司通常会事先与项目公司签订电力购买协议，约定双方的购电和供电义务。此外，在一些产品购买合同中，还会包括“照付不议”条款,即项目公司与产品的购买者约定一个最低采购量，只要项目公司按照该最低采购量供应产品，不论购买者是否需要采购该产品均应按照该最低采购量支付相应价款。

从广义上讲，融资合同可能包括项目公司与贷款方签订的项目贷款合同、担保人就项目贷款与贷款方签订的担保合同、政府与贷款方和项目公司签订的直接介入协议等多个合同。其中，项目贷款合同是最主要的融资合同。在项目贷款合同中一般包括以下条款：陈述与保证、前提条件、偿还贷款、担保与保障、抵销、违约、适用法律与争议解决等。同时，出于贷款安全性的考虑，贷款方往往要求项目公司以其财产或其他权益作为抵押或质押，或由其母公司提供某种形式的担保或由政府作出某种承诺，这些融资保障措施通常会在担保合同、直接介入协议以及PPP项目合同中具体体现。

由于PPP项目通常资金规模大、生命周期长，负责项目实施的项目公司及其他相关参与方通常需要对项目融资、建设、运营等不同阶段的不同类型的风险分别进行投保。通常可能涉及的保险种类包括货物运输险、建筑工程险、针对设计或其他专业服务的专业保障险、针对间接损失的保险、第三人责任险、政治风险保险等。

在PPP项目中还可能会涉及其他的合同，例如与专业中介机构签署的投资、法律、技术、财务、税务等方面的咨询服务合同。

（六）监管架构

监管架构主要包括授权关系和监管方式。授权关系主要是政府对项目实施机构的授权，以及政府直接或通过项目实施机构对社会资本的授权。例如，在北京地铁四号线 PPP 项目中，北京市政府对北京基础设施投资有限公司进行授权。监管方式主要包括履约管理、行政监管和公众监督等。

政府或政府授权机构作为监督方，在建设过程中对项目进度、工程质量、投资成本等方面的监管较为完善，但实践中不乏一些项目可能会出现因监管不到位而引致的建设成本超支、工程进度放缓、工程劣质等情况。因此，在合同履行过程中，政府方应注重对工程项目的监督。就具体监管模式而言，可采用三级监管模式。第一级监管由政府指定或设立专门的监管机构，以法律和合作协议为基础，对项目质量、工期、成本等进行监督；第二级监督可委托监理方进行第三方监管，监理方作为独立第三方，与项目没有直接利益关系，可作为政府监管的良好补充；第三级监管，在一些特定项目中，可设置民监委员会，委员会对项目的质量、成本、安全等进行监管，并向相关部门反映。

三、实施方案审核

在一个 PPP 实施以前，要对 PPP 方案进行审核，以确保项目的可运行性，在一定的支出成本下保障项目收益。对方案进行审核的重点为物有所值评价（VFM）以及财政承受能力验证两方面。对于未通过验证的，调整实施方案，重新验证。二次仍未通过验证的，不再采用 PPP 模式。通过验证的实施方案还须经地方政府进行方案审核，经过审批后才能组织实施。

对于一个项目是否采用 PPP 模式进行运营，一个不可缺少的环节就是进行物有所值评价以及财政承受能力验证，对实施方案进行审核。财政部门（政府和社会资本合作中心）会同行业主管部门，从定性和定量两方面开展物有所值评价工作。定量评价工作由各地根据实际情况开展。定性评价重点关注项目采用政府和社会资本合作模式与采用政府传统采购模式相比能否增加供给、优化风险分配、提高运营效率、促进创新和公平竞争等。定量评价主要通过对政府和社会资本合作项目全生命周期内政府支出成本现值与公共部门比较值进行比较，计算项目的物有所值量值，判断政府和社会资本合作模式是否降低项目全生命周期成本。

同时，为确保财政中长期可持续性，财政部门应根据项目全生命周期内的财政支出、政府债务等因素，对部分政府付费或政府补贴的项目，开展财政承受能力论证，每年政府付费或政府补贴等财政支出不得超出当年财政收入的一定比例。通过物有所值评价和财政承受能力论证的项目，可进行项目准备。在PPP项目正式签订合同时，财政部门（或PPP中心）应当对合同进行审核，确保合同内容与财政承受能力论证保持一致，防止因合同内容调整导致财政支出责任出现重大变化。财政部门要严格按照合同执行，及时办理支付手续，切实维护地方政府信用，保障公共服务地有效供给。

第五章　PPP 项目采购

一、采购方式选择

为规范 PPP 项目的识别、准备、采购、执行、移交等各环节的操作流程，2014 年 11 月 29 日，财政部印发了《政府和社会资本合作模式操作指南（试行）》（财金〔2014〕113 号）；2015 年 12 月 31 日，财政部印发《政府和社会资本合作项目政府采购管理办法》（财库〔2014〕215 号），对政府采购 PPP 项目的流程进行进一步规范。

根据《政府和社会资本合作模式操作指南（试行）》和《政府和社会资本合作项目政府采购管理办法》，PPP 项目采购方式包括公开招标、邀请招标、竞争性谈判、竞争性磋商和单一来源采购五种方式。项目实施机构应当根据 PPP 项目的采购需求特点，依法选择适当的采购方式。根据《政府和社会资本合作模式操作指南（试行）》第十七条第一款规定，“项目采用公开招标、邀请招标、竞争性谈判、单一来源采购方式开展采购的，按照政府采购法律法规及有关规定执行”；对于竞争性磋商的采购方式，《政府和社会资本合作模式操作指南（试行）》第十七条第二款在采购公告发布及报名、资格审查及采购文件发售、采购文件的澄清或修改及响应文件评审等几个环节进行了规定，然而，条款中并未阐述竞争性磋商的采购方式的适用条件以及其他采购环节上的流程。现就以上适用于PPP项目的五种采购方式的一般流程加以阐述。

（一）公开招标和邀请招标

1. 公开招标和邀请招标定义及适用项目情形

公开招标，是指招标采购单位依法以招标公告的方式邀请不特定的供应商参加投标。根据2014年12月31日发布的《政府和社会资本合作项目政府采购管理办法》，在第二章第四条中明确规定了公开招标的适用情况。其规定为，公开招标主要适用于采购需求中核心边界条件和技术经济参数明确、完整、符合国家法律法规及政府采购政策，且采购过程中不作更改的项目。根据《政府采购法》第二十七条、《政府采购货物和服务招标投标管理办法》第四条、《政府采购非招标采购方式管理办法》第四条和《政府采购竞争性磋商采购方式管理暂行办法》第四条等规定，就政府采购的服务项目，各级政府应当制定公开招标的数额标准。达到公开招标数额标准的服务项目，必须采用公开招标的方式进行采购；达到公开招标数额标准的服务项目，拟采用公开招标以外的采购方式的，采购人（即PPP项目的实施机构）应当在采购活动开始前，报经主管预算单位同意后，依法向设区的市、自治州以上人民政府财政部门申请批准。

邀请招标，是指招标采购单位依法从符合相应资格条件的供应商中随机邀请三家以上供应商，并以投标邀请书的方式，邀请其参加投标。邀请招标，也称为有限竞争招标，是一种由招标人选择若干供应商或承包商，向其发出投标邀请，由被邀请的供应商、承包商投标竞争，从中选定中标者的招标方式。邀请招标的使用情况为：具有特殊性，只能从有限范围的供应商处采购的；

采用公开招标方式的费用占政府采购项目总价值比例过大的。采用邀请招标方式采购的，招标采购单位应当在省级以上人民政府财政部门指定的政府采购信息媒体发布资格预审公告，公布投标人资格条件，资格预审公告的期限不得少于 7 个工作日。

2. 公开招标和邀请招标操作流程

根据《招标投标法》、《招标投标法实施条例》、《政府采购法》、《政府采购法实施条例》、《政府采购货物和服务招标投标管理办法》、《政府和社会资本合作模式操作指南（试行）》和《政府和社会资本合作项目政府采购管理办法》、《工程建设项目施工招标投标办法》等规定，通过公开招标及邀请招标方式采购 PPP 项目的具体操作流程如下：

（1）资格审查。《工程建设项目施工招标投标办法》第十七条规定，资格审查分为资格预审和资格后审。PPP 项目应该进行资格预审，《中华人民共和国招标投标法实施条例》第十六条规定资格预审文件的发售期不得少于 5 日。

（2）发布招标公告。向 3 家以上的社会资本发布招标要求书。采购人采用公开招标方式的，应当发布招标公告；采用邀请招标方式的，采购人应当从符合相应资格条件的供货商中，通过随机方式选择 3 家以上的供货商，并向其发出投标邀请书。招标公告应当载明招标人的名称和地址、招标项目的性质、数量、实施地点和时间、投标截止日期以及获取招标文件的办法等事项。采用招标方式采购的，自招标文件开始发出之日起至投标人提交投标文件截止之日，不得少于 20 日。

（3）进行招标文件发售。招标文件的发售期不得少于 5 日，投标文件应对招标文件提出的要求和条件做出实质性响应。

（4）提交招标文件截止及开标。投标文件由商务部分、技术部分、价格部分和其他部分组成。《中华人民共和国招标投标法实施条例》第四十四条规定，招标人应当按照招标文件规定的时间、地点开标。投标人少于 3 个的，不得开标；招标人应当重新招标。《政府采购货物和服务招标投标管理办法》第四十三条规定，投标截止时间结束后参加投标的供应商不足 3 家的，除采购任务取消情形外，招标采购单位应当报告设区的市、自治州以上人民政府财政部门，由财政部门按照以下原则处理：

第一，招标文件没有不合理条款、招标公告时间及程序符合规定的，同意采取竞争性谈判、询价或者单一来源方式采购；

第二，招标文件存在不合理条款的，招标公告时间及程序不符合规定的，应予废标，并责成招标采购单位依法重新招标。

（5）评标。评标是招标投标活动中，由招标人依法组建的评标委员会，根据法律规定和招标文件确定的评标方法和具体评标标准，对开标中所有拆封并唱标的投标文件进行评审，根据评审情况出具评标报告，并向招标人推荐中标候选人，或者根据招标人的授权直接确定中标人的过程。评标是整个招标的中心环节。《政府采购货物和服务招标投标管理办法》规定，在评标期间，出现符合专业条件的供应商或者对招标文件做出实质响应的供应商不足三家情形的，依据《政府采购货物和服务招标投标管理办法》第四十三条的规定变更采购方式或重新招标。

（6）公示中标候选人名单。进行中标候选人公示的公示期不少于 3 日，公示期内无异议的情况下可以进行谈判工作。投标人或者其他利害关系人对依法必须进行招标的项目的评标结果有异议的，应当在中标候选人公示期间提出。招标人应当自收到异议之日起 3 日内做出答复，在做出答复前，应当暂停招标投标活动。

（7）谈判。采购结果确认谈判工作组依排序与候选社会资本谈判，率先达成一致者中标。《政府和社会资本合作项目政府采购管理办法》第十四条中规定，PPP 项目采购评审结束后，项目实施机构应当成立专门的采购结果确认谈判工作组，负责采购结果确认前的谈判和最终的采购结果确认工作。谈判的基本程序可分为成立谈判小组、制定谈判文件、确定邀请参加谈判的供应商名单、谈判以及确定成交供应商等。

（8）签署谈判备忘录。谈判备忘录是在业务磋商过程中的一种提示或记事性文书，是在商务谈判时，经过初步讨论后，记载双方的谅解与承诺，以为进一步洽谈时作参考。谈判备忘录没有约束力，只起提示备忘作用。谈判备忘录中记录的内容不一定是谈判达成的一致意见，而是为了下一次谈判、洽谈或磋商而提示的问题。

（9）发出中标通知书，公示中标结果及拟定合同文本。公示中标结果的公示期不少于 5 个工作日，公示期满无异议可以进行合同审核及签署工作。投标供应商对中标公告有异议的，《政府采购货物和服务招标投标管理办法》第六十三条规定，投标供应商应当在中标公告发布之日起 7 个工作日内，以书面形式向招标采购单位提出质疑。招标采购单位应当在收到投标供应商书面质疑后 7 个工作日内，对质疑内容做出答复。质疑供应商对招标采购单位的答复不满意或者招标采购单位未在规定时间内答复的，可以在答复期满后

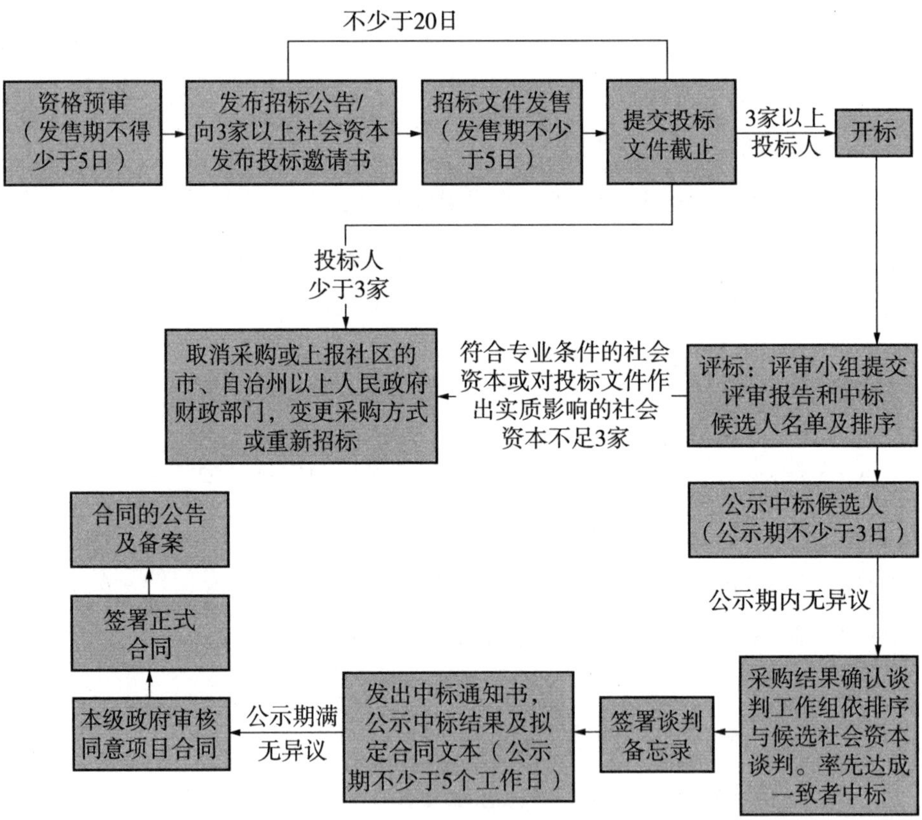

图 5.1　公开招标和邀请招标流程图

15 个工作日内按有关规定，向同级人民政府财政部门投诉。财政部门应当在收到投诉后 30 个工作日内，对投诉事项做出处理决定。处理投诉事项期间，财政部门可以视具体情况书面通知招标采购单位暂停签订合同等活动，但暂停时间最长不得超过 30 日。

（10）合同签署。采购人或者采购代理机构应当自中标通知书发出之日起 30 日内，按照招标文件和中标供应商投标文件的约定，与中标供应商签订书面合同。

（11）合同的公告及备案。采购人或者采购代理机构应当自采购合同签订之日起 7 个工作日内，按照有关规定将采购合同副本报同级人民政府财政部门备案。

（二）竞争性谈判

1. 竞争性谈判定义及适用项目情形

2014 年 2 月 1 日实施的《政府采购非招标采购方式管理办法》第二条对竞争性谈判进行了明确定义：竞争性谈判是指谈判小组与符合资格条件的供应商就采购货物、工程和服务事宜进行谈判，供应商按照谈判文件的要求提交响应文件和最后报价，采购人从谈判小组提出的成交候选人中确定成交供应商的采购方式。《中华人民共和国政府采购法》第三十条以及《政府采购非招标采购方式管理办法》第二十七条规定了竞争性谈判适用于以下 4 种情形：

（1）招标后没有供应商投标或者没有合格标的或者重新招标未能完成的；

（2）技术复杂或者性质特殊，不能确定详细规格或者具体要求的；

（3）采用招标所需时间不能满足用户紧急需求的；

（4）不能事先计算出价格总额的。

2. 竞争性谈判的具体操作流程

（1）确定邀请参加谈判的供货商名单。在进行资格预审之后，谈判小组从符合相应资格条件的供货商名单中确定不少于 3 家的供货商参加谈判，并向其提供谈判文件。在下述情况下，参与采购的供应商最低数量可以为两家：

公开招标的货物、服务采购项目，招标过程中提交投标文件或者经评审实质性响应招标文件要求的供应商只有两家时，采购人、采购代理机构在经财政部门批准后可以与该两家供应商进行竞争性谈判采购。

（2）提交首次响应文件截止日。从谈判文件发出之日起至供应商提交首次响应文件截止之日不得少于 3 个工作日。提交首次响应文件截止之日前，采购人、采购代理机构或者谈判小组可以对已发出的谈判文件进行必要的澄清或者修改，澄清或者修改的内容作为谈判文件的组成部分。澄清或者修改的内容可能影响响应文件编制的，采购人、采购代理机构或者谈判小组应当在提交首次响应文件截止之日 3 个工作日前，以书面形式通知所有接收谈判文件的供应商，不足 3 个工作日的，应当顺延提交首次响应文件截止之日。

（3）谈判。谈判小组所有成员集中与单一供货商分别进行谈判。在谈判中，谈判的任何一方不得透露与谈判有关的其他供货商的技术资料、价格和其他信息。谈判文件有实质性变动的，谈判小组应当以书面形式通知所有参加谈判的供货商。

（4）确定候选人并提交评审报告。谈判结束后，谈判小组应当按照少数服从多数的原则投票推荐 3 家以上供应商的设计方案或者解决方案，并要求其在规定时间内提交最后报价。最后报价是供应商响应文件的有效组成部分。谈判小组按报价由低到高提出 3 家以上的候选人排序并提交评审报告。

（5）确定成交供货商。采购代理机构应当在评审结束后 2 个工作日内将评审报告送采购人确认。采购人应当在收到评审报告后 5 个工作日内，从评审报告提出的成交候选人中，根据质量和服务均能满足采购文件实质性响应要求且最后报价最低的原则确定成交供应商，也可以书面授权谈判小组直接确定成交供应商。采购人逾期未确定成交供应商且不提出异议的，视为确定评审报告提出的最后报价最低的供应商为成交供应商。

（6）签署合同，发出中标通知书，公示中标结果及拟定合同文本。公示的中标结果应当包括采购人和采购代理机构的名称、地址和联系方式，项目名称和项目编号，成交供应商名称、地址和成交金额，主要成交标的名称、规格型号、数量、单价、服务要求，谈判小组成员名单。公示期要不少于5个工作日。

（7）本级政府审核，签署正式合同及合同的公告和备案。在公示期满无异议后，项目要报本级政府进行审核，本级政府审核通过后采购人和供应商签署正式合同，之后要对合同进行公告及备案。

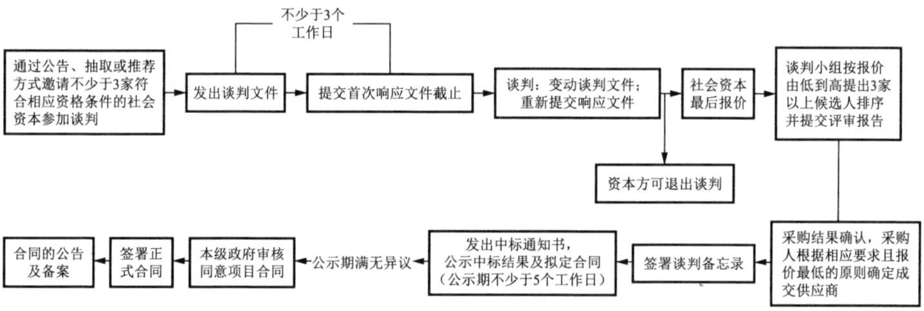

图 5.2 竞争性谈判流程图

（三）竞争性磋商

1. 竞争性磋商定义及适用项目情形

在《政府采购竞争性磋商采购方式管理暂行办法》中对竞争性磋商采购方式进行了明确定义，其中第二条规定，竞争性磋商采购方式，是指采购人、政府采购代理机构通过组建竞争性磋商小组（以下简称磋商小组）与符合条件的供应商就采购货物、工程和服务事宜进行磋商，供应商按照磋商文件的要求提交响应文件和报价，采购人从磋商小组评审后提出的候选供应商名单中确定成交供应商的采购方式。以下五种情形的项目，可以采用竞争性磋商方式开展采购：

（1）政府购买服务项目；

（2）技术复杂或者性质特殊，不能确定详细规格或者具体要求的；

（3）因艺术品采购、专利、专有技术或者服务的时间、数量事先不能确定等原因不能事先计算出价格总额的；

（4）市场竞争不充分的科研项目，以及需要扶持的科技成果转化项目；

（5）按照招标投标法及其实施条例必须进行招标的工程建设项目以外的工程建设项目。

2. 竞争性磋商操作流程

项目采用竞争性磋商采购方式开展采购的，按照下列基本程序进行：

（1）资格审查。

在进行竞争性磋商采购之前，首先应对投标的供应商进行资格预审，从符合条件的供应商之中邀请3家以上的供应商进行磋商。

（2）采购公告发布及报名。

竞争性磋商公告应在省级以上人民政府财政部门指定的媒体上发布。竞争性磋商公告应包括项目实施机构和项目名称、项目结构和核心边界条件、是否允许未进行资格预审的社会资本参与采购活动，以及审查原则、项目产出说明、对社会资本提供的响应文件要求、获取采购文件的时间、地点、方式及采购文件的售价、提交响应文件截止时间、开启时间及地点。提交响应文件的时间自公告发布之日起不得少于10日。

采购人、采购代理机构应当通过发布公告、从省级以上财政部门建立的供应商库中随机抽取或者采购人和评审专家分别书面推荐的方式邀请不少于3家符合相应资格条件的供应商参与竞争性磋商采购活动。在下述情况下，参与采购的供应商最低数量可以为两家：市场竞争不充分的科研项目，以及需要扶持的科技成果转化项目，提交最后报价的供应商可以为两家；在采购过程中符合要求的供应商只有两家的，竞争性磋商采购活动可以继续进行。但是，如采购过程中符合要求的供应商只有1家的，采购人、采购代理机构应当终止竞争性磋商采购活动，发布项目终止公告并说明原因，重新开展采购活动。

（3）采购文件发售。

采购文件售价，应按照弥补采购文件印制成本费用的原则确定，不得以营利为目的，不得以项目采购金额作为确定采购文件售价依据。采购文件的发售期限自开始之日起不得少于 5 个工作日。

（4）采购文件的澄清或修改。

提交首次响应文件截止之日前，项目实施机构可以对已发出的采购文件进行必要的澄清或修改，澄清或修改的内容应作为采购文件的组成部分。澄清或修改的内容可能影响响应文件编制的，项目实施机构应在提交首次响应文件截止时间至少 5 日前，以书面形式通知所有获取采购文件的社会资本；不足 5 日的，项目实施机构应顺延提交响应文件的截止时间。

（5）响应文件评审。

项目实施机构应按照采购文件规定组织响应文件的接收和开启。评审小组对响应文件进行两阶段评审。

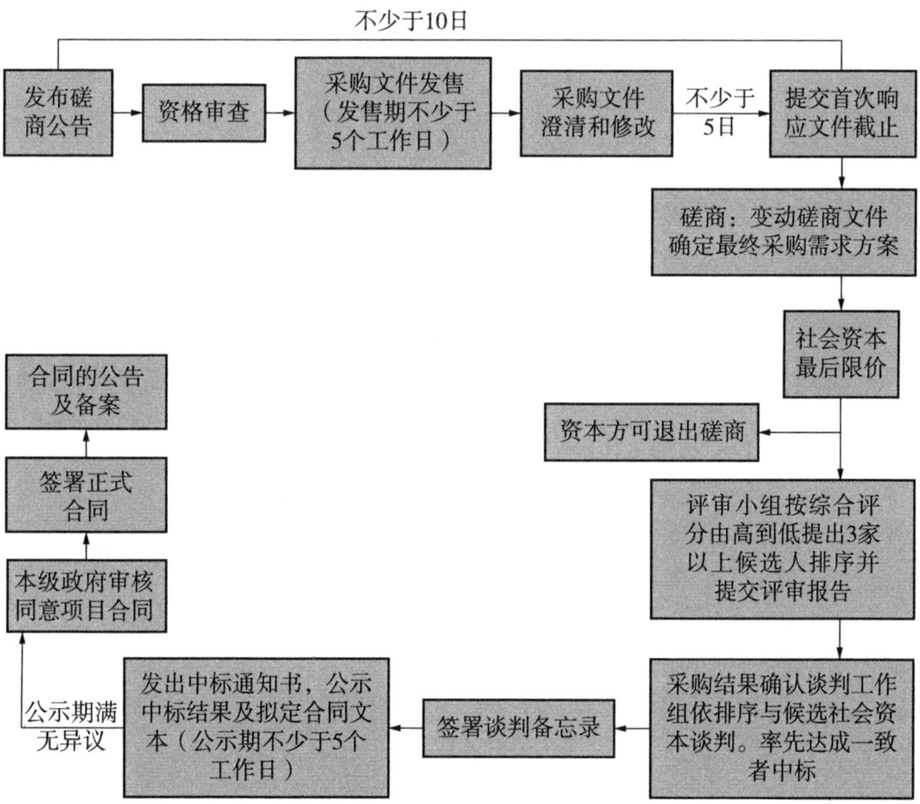

图 5.3　竞争性磋商流程图

（6）签署谈判和同备忘录、发出中标通知书、公示中标结果及拟定合同文本，政府审核、签署合同及进行合同的公告和备案。

采购人或者采购代理机构应当在成交供应商确定后 2 个工作日内，在省级以上财政部门指定的政府采购信息发布媒体上公告成交结果，同时向成交供应商发出成交通知书，并将磋商文件随成交结果同时公告。成交结果公告应当包括采购人和采购代理机构的名称、地址和联系方式；项目名称和项目编号；成交供应商名称、地址和成交金额；主要成交标的名称、规格型号、数量、单价、服务要求；磋商小组成员名单。

（四）单一来源采购

1. 单一来源采购定义及适用项目情形

《政府采购非招标采购方式管理办法》第二条对单一来源采购进行了明确定义：单一来源采购是指采购人从某一特定供应商处采购货物、工程和服务的采购方式。《中华人民共和国政府采购法》第三十一条对单一来源采购的适用情形进行了规定：

（1）只能从唯一供应商处采购的；

（2）发生了不可预见的紧急情况不能从其他供应商处采购的；

（3）必须保证原有采购项目一致性或者服务配套的要求，需要继续从原有供应商处添购的，且添购资金总额不超过原合同采购金额 10% 的。

2. 单一来源采购的具体操作流程

（1）发布单一来源采购公告。采购人、采购代理机构应当在省级以上财政部门指定媒体上公示，并将公示情况一并报财政部门。公示期不得少于 5 个工作日，公示内容应当包括：采购人、采购项目名称和内容；拟采购的货物或者服务的说明；采用单一来源采购方式的原因及相关说明；拟定的唯一供应商名称、地址；专业人员对相关供应商因专利、专有技术等原因具有唯一性的具体论证意见，以及专业人员的姓名、工作单位和职称；公示的期限；采购人、采购代理机构、财政部门的联系地址、联系人和联系电话。

任何供应商、单位或者个人对采用单一来源采购方式公示有异议的，可以在公示期内将书面意见反馈给采购人、采购代理机构，并同时抄送相关财政部门。采购人、采购代理机构收到对采用单一来源采购方式公示的异议后，应当在公示期满后 5 个工作日内，组织补充论证，论证后认为异议成立的，应当依法采取其他采购方式；论证后认为异议不成立的，应当将异议意见、论证意见与公示情况一并报相关财政部门。采购人、采购代理机构应当将补充论证的结论告知提出异议的供应商、单位或者个人。

（2）上报公示情况，财政部门批准单一来源采购。采购人、采购代理机构按照规定上报财政部门获得批准。

（3）商定价格并保障质量，编写协商情况记录。采用单一来源采购方式采购的，采购人、采购代理机构应当组织具有相关经验的专业人员与供应商商定合理的成交价格并保证采购项目质量。

单一来源采购人员应当编写协商情况记录，主要内容包括：公示情况说明；协商日期和地点，采购人员名单；供应商提供的采购标的成本、同类项

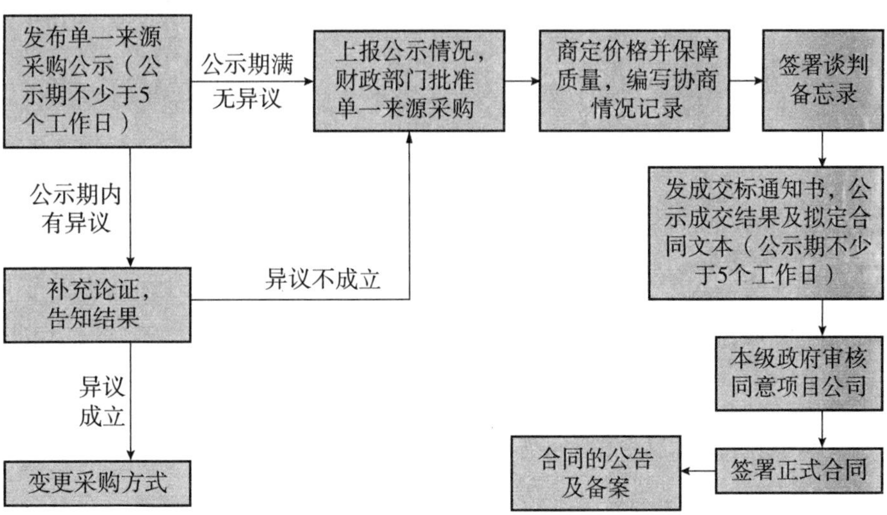

图 5.4　单一来源采购流程图

目合同价格以及相关专利、专有技术等情况说明；合同主要条款及价格商定情况。

协商情况记录应当由采购全体人员签字认可。对记录有异议的采购人员，应当签署不同意见并说明理由。采购人员拒绝在记录上签字又不书面说明其不同意见和理由的，视为同意。

（4）签署谈判备忘录，发布交标通知书，公示成交结果及拟定合同文本，成交结果的公示期不少于5个工作日，在公示期内无异议的情况下，本级政府对项目合同审核同意后，签署正式合同，同时合同要进行公示及备案。

（五）不同PPP项目采购方式的时间预估

某些地方政府亟需社会资本尽快参与PPP项目的投资、开发和建设，在这类项目中，客户通常希望进一步了解不同采购方式的时间预估，以期选择最能满足项目开发进度要求的采购方式。

在PPP项目采购流程中，相关规定对于采购流程中的某一环节存在最低时间限制的事项（即相关规定对于某一环节存在"不少于"或"不得少于"一定期限的限制性表述），现对采购流程中的时间限制进行梳理。在资格预审阶段，最低时间限制的环节的时限总计为15个工作日，即提交资格预审申请文件的时间自资格预审公告发布之日起不得少于15个工作日。招标人发售资格预审文件的发售期不得少于5日，提交资格预审申请文件自其停止发售之日起不得少于5日。在项目资格预审阶段后，以公开招标、邀请招标方式采购PPP项目的环节最为复杂，且在多个环节存在最低时间限制。公开招标、邀请招标采购方式中，存在最低时间限制的环节的时限总计约为30日。采用招标方式采购的，自招标文件开始发出之日起至投标人提交投标文件截止之日止，不得少于20日；其中招标文件发售期不少于5日。评选小组确定中标候选人后，公示中标候选人的公示期不少于3日。发出中标通知书，公示中标结果的公示期不少于5个工作日。竞争性谈判方式采购PPP项目各环节上的最低时间限制最少。竞争性谈判采购方式中，存在最低时间限制的环节的时限总计约为8个工作日。发出谈判文件到提交首次相应文件截止不少于3个工作日。发布中标通知书，公示成交结果，公示期不少于5个工作日。在资格预审后，竞争性磋商的最低时间限制为不少于15个工作日。自发布磋商公告到提交首次响应文件截止不少于10个工作日，其中采购文件发售期不少于5个工作日，对响应文件编制进行澄清或修改的，到提交响应文件的截止时间不少于5日。发布中标通知书，公示成交结果，公示期不少于5个工作日。以单一来源方式采购PPP项目的环节最为简单。发布单一来源采购公示期不得少于5个工作日。发布交标通知书，公示成交结果的公示期不得少于5个工作日。

二、资格预审

根据《政府和社会资本合作项目政府采购管理办法》第五条，PPP项目采购应当实行资格预审。项目实施机构应当根据项目需要准备资格预审文件，发布资格预审公告，邀请社会资本和与其合作的金融机构参与资格预审，验证项目能否获得社会资本响应和实现充分竞争。

一般的政府采购中，资格预审并非采购的必经前置程序，然而，PPP项目中，无论采取5种采购方式中的哪一种，均应由评审小组进行资格预审。这是由于PPP项目作为一种新型的政府采购服务，建立了政府与企业间的长期合作关系，政府希望通过前置的资格预审程序，实现项目实施机构对参与PPP项目的社会资本进行更为严格的筛选和把控，保障项目安全。在进行资格预审中，评审小组成员应当按照客观、公正、审慎的原则，根据资格预审公告和采购文件规定的程序、方法和标准进行资格预审和独立评审。已进行资格预审的，评审小组在评审阶段可以不再对社会资本进行资格审查。允许进行资格后审的，由评审小组在响应文件评审环节对社会资本进行资格审查。

根据《中华人民共和国招标投标法实施条例》、《政府和社会资本合作模式操作指南（试行）》和《政府和社会资本合作项目政府采购管理办法》等规定，PPP 项目资格预审流程如下：

1 发布资格预审公告，发售资格预审文件

资格审查分为资格预审和资格后审。资格预审，是指在投标前对潜在投标人进行的资格审查。资格后审，是指在开标后对投标人进行的资格审查。《政府和社会资本合作项目政府采购管理办法》第五条规定 PPP 项目采购应当实行资格预审。

PPP 项目实施机构应根据项目需要准备资格预审文件，发布资格预审公告，邀请社会资本和与其合作的金融机构参与资格预审，验证项目能否获得社会资本响应和实现充分竞争。资格预审公告应当在省级以上人民政府财政部门指定的政府采购信息发布媒体上发布。招标人发售资格预审文件的发售期不得少于 5 日，收取的发售费用应当限于补偿印刷、邮寄的成本支出，不得以营利为目的。

资格预审公告应当包括项目授权主体、项目实施机构和项目名称、采购需求、对社会资本的资格要求、是否允许联合体参与采购活动、是否限定参与竞争的合格社会资本的数量及限定的方法和标准以及社会资本提交资格预审申请文件的时间和地点。提交资格预审申请文件的时间自公告发布之日起不得少于 15 个工作日。

招标人应当在资格预审文件中载明资格预审的条件、标准和方法。招标人不得改变载明的资格条件或者以没有载明的资格条件对潜在投标人或者投标人进行资格审查。资格预审文件的主要内容有资格预审公告、申请人须知、资格预审办法、资格预审申请文件格式、项目建设概况等。在现行法规中，资格预审方法包括合格制和有限数量制，在潜在投标人数量过多的情况下采用有限数量制。

2 资格预审申请文件递交及截止

招标人应当合理确定提交资格预审申请文件的时间。依法必须进行招标的项目提交资格预审申请文件的时间，自资格预审文件停止发售之日起不得少于 5 日。

资格预审申请文件包括：资格预审申请函、法定代表人身份证明或法定代表人身份证明的授权委托书、联合体协议书、申请人基本情况表、今年完成类似项目情况表、正在承接或新承接的项目情况表、今年发生的诉讼及仲裁情况、其他情况等。

3 资格预审及预审结果公示和备案

资格预审应当按照资格预审文件载明的标准和方法进行。国有资金占控股或者主导地位的依法必须进行招标的项目，招标人应当组建资格审查委员会审查资格预审申请文件。资格审查委员会及其成员应当遵守招标投标法和本条例有关评标委员会及其成员的规定。

项目有 3 家以上社会资本通过资格预审的，项目实施机构可以继续开展采购文件准备工作；项目通过资格预审的社会资本不足 3 家的，项目实施机构应在实施方案调整后重新组织资格预审；项目经重新资格预审合格社会资本仍不够 3 家的，可依法调整实施方案选择的采购方式。

资格预审结果应当告知所有参与资格预审的社会资本，招标人应当向资格预审合格的潜在投标人发出资格预审合格通知书，告知获取招标文件的时间、地点和方法，并同时向资格预审不合格的潜在投标人告知资格预审结果。资格预审不合格的潜在投标人不得参加投标。资格预审合格的社会资本在签订项目合同前资格发生变化的，应及时通知项目实施机构。

资格预审公告应在省级以上人民政府财政部门指定的媒体上发布，并将资格预审的评审报告提交财政部门（政府和社会资本合作中心）备案。

4 其他

招标人可以对已发出的资格预审文件或者招标文件进行必要的澄清或者修改。澄清或者修改的内容可能影响资格预审申请文件或者投标文件编制的，招标人应当在提交资格预审申请文件截止时间至少 3 日前，或者投标截止时间至少 15 日前，以书面形式通知所有获取资格预审文件或者招标文件的潜在投标人。不足 3 日或者 15 日的，招标人应当顺延提交资格预审申请文件或者投标文件的截止时间。

潜在投标人或者其他利害关系人对资格预审文件有异议的，应当在提交资格预审申请文件截止时间 2 日前提出；对招标文件有异议的，应当在投标截止时间 10 日前提出。招标人应当自收到异议之日起 3 日内做出答复。做出答复前，应当暂停招标投标活动。

招标人编制的资格预审文件、招标文件的内容违反法律、行政法规的强制性规定，违反公开、公平、公正和诚实信用原则，影响资格预审结果或者潜在投标人投标的，依法必须进行招标的项目的招标人应当在修改资格预审文件或者招标文件后重新招标。

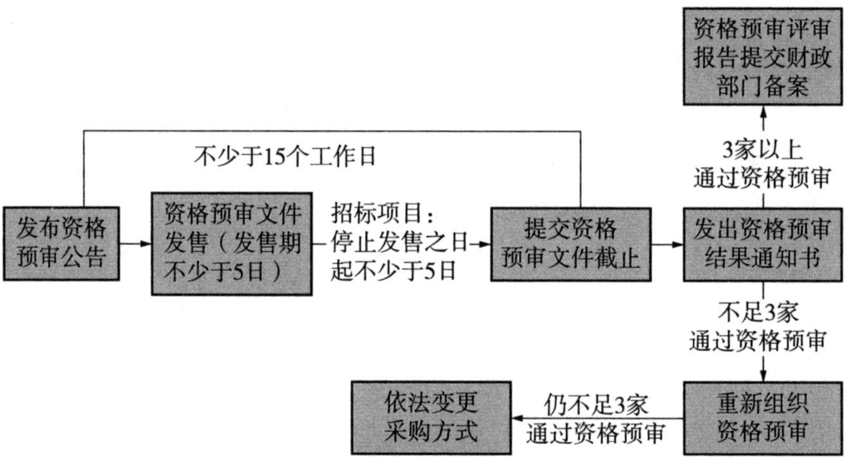

图 5.5　资格预审流程图

案例　佛山市三水区乐平镇环境整治及配套工程 PPP 项目

佛山市三水区乐平镇环境整治及配套工程（项目编号：0809-1544SSG32212）项目，经佛山市三水区发展规划和统计局批复核准，同意采用 PPP 模式（公私合作模式）进行投资建设。佛山市三水海江建设投资有限公司（以下简称采购人）经佛山市三水区乐平镇人民政府（项目授权主体）授权为本项目的实施主体，本项目已具备招标条件，拟通过公开招标方式确定本项目中标人。广东华伦招标有限公司接受佛山市三水海江建设投资有限公司的委托，对佛山市三水区乐平镇环境整治及配套工程PPP项目进行招标采购。在招标人的资格预审阶段，时间流程如下（如下图）：2015年3月4日，发布了资格预审公告，在公告中提到供应商资格预审报名时间为2015年3月4日至2015年3月10日（每天9:00～11:30，14:30～17:00）。资格预审申请人的资格预审申请书须经密封后请于2015年3月25日下午3:00-3:30时送达佛山市三水区乐平镇公共资源交易中心（地址：佛山市三水区乐平镇乐华路30号二楼），迟到的申请书将被拒绝。2015年3月6日发布了资格论证会公告，拟对潜在投标人提供咨询。2015年4月9日，发布了项目补充通知，规定：资格预审报名时间修改为："2015年4月9日至2015年4月15日"，资格预审申请书递交时间修改为："2015年4月30日上午9:30-10:00"。到2015年5月4日发布了资格预审结果公示，公示中规定，各有关当事人对资格预审结果有异议的，可以在资格预审公示发布之日起7个工作日内以书面形式向（广东华伦招标有限公司）或（佛山市三水海江建设投资有限公司）提出质疑，逾期将依法不予受理。

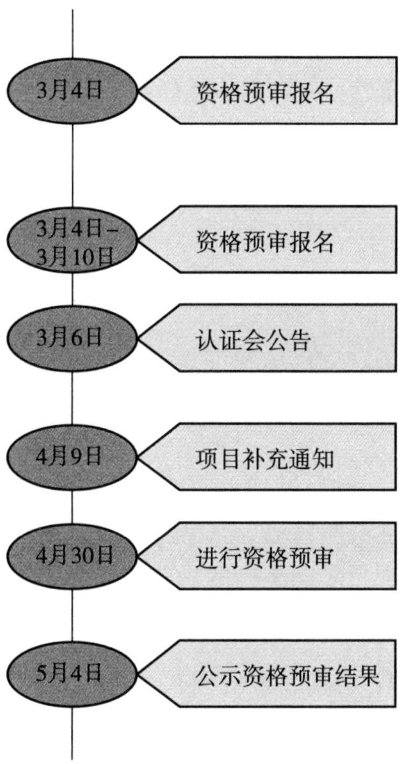

图5.6 资格预审时间流程

三、采购文件编制

采购文件在采购流程之中占据着非常重要的地位，有人把采购文件比作采购活动的“宪法”，此比喻未必恰当，但非常形象地描述出了采购文件的重要性。采购文件内容涉及非常广泛，这就要求编制人员非常熟悉相关的法律法规和政策，熟练掌握招标投标的知识和程序，具有一定的经济和技术知识，以及非常强的责任心和协调能力。

适用于 PPP 项目的采购方式有公开招标、邀请招标、竞争性谈判、竞争性磋商和单一来源采购共五种，招标人分别编制公开招标采购文件、邀请招标采购文件、竞争性谈判采购文件、竞争性磋商采购文件以及单一来源采购文件。在招标采购中，供应商（投标人）依据招标采购文件提交投标文件。在竞争性谈判和竞争性磋商采购中，供应商依据相应采购文件提交报价文件。单一来源采购中，供应商提交响应文件。在以下的阐述中，招标文件和报价文件均使用响应文件来统一表示。

（一）编制项目采购文件

采购文件的程序规定必须合法，不得违反法律关于招标的强制性规定；采购文件的内容要求必须合法，不应该对潜在供应商造成歧视。采购文件的内容要求必须完整，文字表述必须清楚、准确，不能含糊其辞，语言要精练，逻辑性要清晰。

项目采购文件的内容应包括采购邀请、供应商须知（包括密封、签署、盖章要求等）、供应商应提供的资格、资信及业绩证明文件、采购方式、政府对项目实施机构的授权、实施方案的批复和项目相关审批文件、采购程序、响应文件编制要求、提交响应文件截止时间、开启时间及地点、强制担保的保证金交纳数额和形式、评审方法、评审标准、政府采购政策要求、项目合同草案及其他法律文本等。

采用竞争性谈判或竞争性磋商采购方式的，项目采购文件除上款规定的内容外，还应明确评审小组根据与社会资本谈判情况可能实质性变动的内容，包括采购需求中的技术、服务要求以及合同草案条款。下面就以上主要内容分别予以说明。

采购邀请的主要内容包括招标采购单位的名称、地址和联系方式，招标项目的名称、编号、数量或者招标项目的性质、内容，供应商的资格要求，获取采购文件的时间、地点、方式及采购文件售价，递交响应文件截止日期、开标或成交的时间及地点等。

供应商须知的说明、要求和规定主要是告知供应商投标、报价或谈判时的有关注意事项，供应商须知的内容应明确、具体。供应商须知这一部分内容很重要，但在签订合同时不属于合同的一部分。供应商须知的内容基本包括以下六部分：总则、响应文件内容、响应文件的编制、响应文件的递交、开标和评标（单一来源为谈判和评审）、合同授予。

在总则中，应该说明适用范围、资金来源、采购代理机构，合格的供应商条件，此外，采用投标方式的还要说明投标费用等，采用竞争性谈判、竞争性磋商的要说明相关报价费用情况等；响应文件在内容上，要写明响应文件的构成、响应文件的澄清和修改情况；响应文件的编制部分要对响应文件中使用的语言、响应文件的构成、响应文件格式、标价及使用货币、供应商资格证明文件、保证金情况、项目有效期及响应文件的式样和签署等内容进行说明和界定；响应文件的递交部分，要明确响应文件的密封和标记、响应文件的截止期、响应文件迟到、响应文件的修改和撤回、评选委员等情况；开标和评审部分，要写明开标时的注意事项、响应文件的澄清、响应文件的初审说明、评标时采用的评审方法等。单一来源采购文件此部分进行谈判与评审环节，包括谈判程序的说明、响应文件的资格审查、响应文件的澄清以及谈判和谈判终止等；合同授予时，要发出中标通知书及中标结果公告、合同签署、相应费用说明和履约保障等。单一来源采购文件发布成交通知、成交信息公告、合同签署及履约保障等。

此外，采购文件中还要包括对合同条款样式介绍及说明。合同条款中要对重要名词进行定义和解释，注明招标人和投标人的权利和义务，运输、保险、验收程序，付款条件、程序的规定，履约保证金的数量及支付方式，不可抗力因素，延误赔偿和处罚程序，合同终止程序，解决争端的程序和方法，适用法律的规定，有关税收、专利的规定等。对于复杂、执行期长的项目，应该包括合同变更、不可抗力、违约终止等合同主要条款。

值得注意的是，招标人应当在采购文件中规定并标明实质性要求和条件，并约定无效投标条款。法定无效投标条款包括《中华人民共和国政府采购法》第二十二条、《政府采购货物和服务招标投标管理办法》第五十六条的规定以及其他与招标项目有关的法律、法规规定。约定无效投标条款，具体来说，即投标人的投标资质、合同条件（如付款方式和条件、交货期、交货地点、质保期等）、技术要求（重要、一般技术参数允许偏差及偏差范围）、招标项目的其他要求（程序等）。

在约定无效投标条款时应该注意避免排斥潜在的投标人；在评标时，不得增加或减少实质性要求和条件（约定无效投标条款）。约定无效投标条款时不能乱约定，不能构成歧视性。约定无效投标条款应该在采购文件中体现，否则信息不对称对供应商不公平。法定无效投标条款也应该在采购文件中标明。因为供应商和政府采购代理机构不一样，他们不一定了解法定无效投标条款。这不仅是在帮助政府采购代理机构，也是为了保证采购地顺利进行。当然，法定无效投标条款是否在采购文件中约定并不影响其法律效力，对重要条款、条件不进行“标识”是采购文件编制中的重大缺陷。

在标明实质性要求和条件时，如果使用“★”等特殊符号来表示的，还应在采购文件中明确特殊符号所表达的内容。切忌什么也不说便在采购文件中随意用符号，那样会造成供应商的误解。

（二）采购文件的澄清或修改

提交首次响应文件截止之日前，项目实施机构可以对已发出的采购文件进行必要地澄清或修改，澄清或修改的内容应作为采购文件的组成部分。澄清或修改的内容可能影响响应文件编制的，项目实施机构应在提交首次响应文件截止时间至少 5 日前，以书面形式通知所有获取采购文件的社会资本。不足 5 日的，项目实施机构应顺延提交响应文件的截止时间。

四、响应文件评审

通过资格预审的社会资本和与其合作的金融机构，按照项目采购文件要求，准备响应文件（不同采购方式下，又称采购文件、报价文件等）。采购文件中有对响应文件的编制、递交等内容的详细规定，社会资本和与其合作的金融机构按照项目采购文件要求，在规定的时间截止日之前递交响应文件。不同的采购方式对截止日时间的长短进行了不同的规定。采用招标方式进行采购的项目，自招标公告发布之日起到招标文件截止之日不少于 20 日；采用竞争性谈判方式的，从发出谈判文件到报价文件截止之日不少于 3 日；采用竞争性磋商方式的，自公告发布之日起不少于 10 日。迟到的响应文件采购代理机构不予接受。

（一）评审小组

在接收响应文件之后，由项目评审小组进行响应文件评审工作。项目实施机构、采购代理机构应当成立评审小组，负责 PPP 项目采购评审工作。评审小组由项目实施机构代表和评审专家共 5 人以上单数组成，其中评审专家人数不得少于评审小组成员总数的 2/3。评审专家可以由项目实施机构自行选定，但评审专家中应至少包含 1 名财务专家和 1 名法律专家。项目实施机构代表不得以评审专家身份参加项目的评审。需要额外指出的是，竞争性谈判（磋商）小组由采购人代表和评审专家共 3 人以上单数组成；达到公开招标数额标准的货物或者服务采购项目，或者达到招标规模标准的政府采购工程，竞争性谈判小组或者询价小组应当由 5 人以上单数组成。采用竞争性谈判

（磋商）方式采购的政府采购项目，评审专家应当从政府采购评审专家库内相关专业的专家名单中随机抽取。同时，对于技术复杂、专业性强的竞争性谈判采购项目，或是在竞争性磋商项目中，存在市场竞争不充分的科研项目，以及需要扶持的科技成果转化项目，通过随机方式难以确定合适的评审专家的，经主管预算单位同意，可以自行选定评审专家。

在评审中，评审小组和评审专家应依法履行自己的义务和法律职责。评审小组成员应当在评审报告上签字，对自己的评审意见承担法律责任。对评审报告有异议的，应当在报告上签署不同意见，并说明理由，否则视为同意评审报告。评审小组发现采购文件内容违反国家有关强制性规定的，应当停止评审并向项目实施机构说明情况。评审小组在评审过程中发现社会资本有行贿、提供虚假材料或者串通等违法行为的，应当及时向财政部门报告。评审专家应当遵守评审工作纪律，不得泄露评审情况和评审中获悉的国家机密、商业秘密。评审专家在评审过程中受到非法干涉的，应当及时向财政、监察等部门举报。

（二）评分方法

《政府采购货物和服务招标投标管理办法》将货物服务招标采购的评标方法分为最低评标价法、综合评分法和性价比法。其中综合评分法最为普遍和常用。下面就以上 3 种方法进行介绍。

最低评标价法，是指以价格为主要因素确定中标候选供应商的评标方法，即在全部满足招标文件实质性要求前提下，依据统一的价格要素评定最低报价，以提出最低报价的投标人作为中标候选供应商或者中标供应商的评标方法。最低评标价法适用于标准定制商品及通用服务项目。

综合评分法，是指在最大限度地满足招标文件实质性要求前提下，按照招标文件中规定的各项因素进行综合评审后，以评标总得分最高的投标人作为中标候选供应商或者中标供应商的评标方法。

综合评分的主要因素是：价格、技术、财务状况、信誉、业绩、服务、对招标文件的响应程度，以及相应的比重或者权值等。上述因素应当在招标文件中事先规定。

评标时，评标委员会各成员应当独立对每个有效投标人的标书进行评价、打分，然后汇总每个投标人每项评分因素的得分。

采用综合评分法的，货物项目的价格分值占总分值的比重（即权值）为30%～60%；服务项目的价格分值占总分值的比重（即权值）为10%～30%。执行统一价格标准的服务项目，其价格不列为评分因素。有特殊情况需要调整的，应当经同级人民政府财政部门批准。

评标总得分$=F_1\times A_1+F_2\times A_2+\cdots+Fn\times An$

F_1、$F_2\cdots Fn$分别为各项评分因素的汇总得分；

A_1、$A_2\cdots An$分别为各项评分因素所占的权重（$A_1+A_2+\cdots+An=1$，且为正数）。

性价比法，是指按照要求对投标文件进行评审后，计算出每个有效投标人除价格因素以外的其他各项评分因素（包括技术、财务状况、信誉、业绩、服务、对招标文件的响应程度等）的汇总得分，并除以该投标人的投标报价，以商数（评标总得分）最高的投标人为中标候选供应商或者中标供应商的评标方法。

评标总得分$=B/N$

B为投标人的综合得分，$B=F_1\times A_1+F_2\times A_2+\cdots+Fn\times An$，其中：$F_1$、$F_2\cdots Fn$分别为除价格因素以外的其他各项评分因素的汇总得分；A_1、$A_2\cdots An$分别为除价格因素以外的其他各项评分因素所占的权重（$A_1+A_2+\cdots+An=1$，且为正数）。N为投标人的投标报价。

（三）评审程序

五种采购方式的评审流程略有不同，其响应文件评审的一般流程如下：

1. 投标文件初审。初审分为资格性检查和符合性检查。

（1）资格性检查。依据法律法规和招标文件的规定，对投标文件中的资格证明、投标保证金等进行审查，以确定投标供应商是否具备投标资格。

（2）符合性检查。依据招标文件的规定，从投标文件的有效性、完整性和对招标文件的响应程度进行审查，以确定是否对招标文件的实质性要求做出响应。

2. 澄清有关问题。对投标文件中含义不明确、同类问题表述不一致或者有明显文字和计算错误的内容，评标委员会可以书面形式（应当由评标委员会专家签字）要求投标人做出必要的澄清、说明或者纠正。投标人的澄清、说明或者补正应当采用书面形式，由其授权的代表签字，并不得超出投标文件的范围或者改变投标文件的实质性内容。

3. 比较与评价。按招标文件中规定的评标方法和标准，对资格性检查和符合性检查合格的投标文件进行商务和技术评估，综合比较与评价。

4. 推荐中标候选供应商名单。中标候选供应商数量应当根据采购需要确定，但必须按顺序排列中标候选供应商。

（1）采用最低评标价法的，按投标报价由低到高顺序排列。投标报价相同的，按技术指标优劣顺序排列。评标委员会认为，排在前面的中标候选供应商的最低投标价或者某些分项报价明显不合理或者低于成本，有可能影响商品质量和不能诚信履约的，应当要求其在规定的期限内提供书面文件予以解释说明，并提交相关证明材料。否则，评标委员会可以取消该投标人的中标候选资格，按顺序由排在后面的中标候选供应商递补，以此类推。

（2）采用综合评分法的，按评审后得分由高到低顺序排列。得分相同的，按投标报价由低到高顺序排列。得分且投标报价相同的，按技术指标优劣顺序排列。

（3）采用性价比法的，按商数得分由高到低顺序排列。商数得分相同的，按投标报价由低到高顺序排列。商数得分且投标报价相同的，按技术指标优劣顺序排列。

5. 编写评标报告。评标报告是评标委员会根据全体评标成员签字的原始评标记录和评标结果编写的报告，其主要内容包括：招标公告刊登的媒体名称、开标日期和地点，购买招标文件的投标人名单和评标委员会成员名单，评标方法和标准，开标记录和评标情况及说明，包括投标无效投标人名单及原因，评标结果和中标候选供应商排序表，评标委员会的授标建议。

对于采用单一来源采购方式的，第三阶段进行谈判，在谈判过程中，单一来源采购文件若有实质性变动，评审小组将以书面形式通知参加谈判的供应商。谈判双方对价格进行商定，谈判小组有权接受或拒绝报价。

采用竞争性磋商方式的,评审小组对响应文件进行两阶段评审。第一阶段：确定最终采购需求方案。评审小组可以与社会资本进行多轮谈判，谈判过程中可实质性修订采购文件的技术、服务要求以及合同草案条款，但不得修订采购文件中规定的不可谈判核心条件。实质性变动的内容，须经项目实施机构确认，并通知所有参与谈判的社会资本。具体程序按照《政府采购非招标方式管理办法》及有关规定执行。第二阶段：综合评分。最终采购需求方案确定后，由评审小组对社会资本提交的最终响应文件进行综合评分，编写评审报告并向项目实施机构提交候选社会资本的排序名单。具体程序按照《政府采购货物和服务招标投标管理办法》及有关规定执行。

此外，在评标中，不得改变招标文件中规定的评标标准、方法和中标条件。当投标文件属下列情况之一的，应当在资格性、符合性检查时按照无效投标处理：

（1）应交未交投标保证金的；

（2）未按照招标文件规定要求密封、签署、盖章的；

（3）不具备招标文件中规定资格要求的；

（4）不符合法律、法规和招标文件中规定的其他实质性要求的。

五、采购结果确认谈判

《政府和社会资本合作项目政府采购管理办法》第十四条中规定，PPP 项目采购评审结束后，项目实施机构应当成立专门的采购结果确认谈判工作组，负责采购结果确认前的谈判和最终的采购结果确认工作。现行法律法规规定，非 PPP 项目不得进行谈判，采购人应当在收到评审报告后 5 个工作日内，从评审报告提出的成交候选供应商中，按照排序由高到低的原则确定成交供应商，也可以书面授权磋商小组直接确定成交供应商。因此采购结果确认谈判是 PPP 项目所特有的环节。

采购结果确认谈判组成员及数量由项目实施机构确定，但至少应当包括财政预算管理部门、行业主管代表，以及财务法律等方面的专家。涉及价格管理、环境保护的 PPP 项目，谈判工作组还应当包括价格管理部门和环境保护部门代表。评审小组成员可以作为采购结果确认谈判工作组成员参与采购结果确认谈判。

采购结果确认谈判工作组应当按照评审报告推荐的候选社会资本排名，依次与候选社会资本及与其合作的金融机构，就项目合同中可变的细节问题进行项目合同签署前的确认谈判，率先达成一致的候选社会资本即为预成交社会资本。确认谈判不得涉及合同中不可谈判的核心条款，不得重复与排序在前但已终止谈判的社会资本进行重复谈判。

PPP 项目中，对于磋商小组确定的评审结果，应再次成立采购结果谈判工作组，开展谈判工作并确认采购结果，这突破了传统意义上的“评审小组一次评审，中标前不得与采购人进行谈判、采购人确认”的定标模式。

同时，“采购结果谈判工作组应包括法律、财务方面的专家，以及财政、环保、价格管理、行业管理等行政监督部门和执法机关代表”，这一规定有别于传统评标委员会由采购人和专家代表组成的做法。而对于预成交社会资本的选择，以率先达成一致为准，这一规定也与传统的第一中标候选人中标的原则存在本质差异。

六、签署谈判备忘录、合同公示及其他

确认谈判完成后，项目实施机构应与中选社会资本签署确认谈判备忘录，

并将采购结果和根据采购文件、响应文件、补遗文件和确认谈判备忘录拟定的合同文本进行公示，公示期不得少于5个工作日。合同文本应将中选社会资本响应文件中的重要承诺和技术文件等作为附件。合同文本中涉及国家秘密、商业秘密的内容可以不公示。以上“先公示，无异议后再发出中标、成交通知书”的做法，与传统流程中仅有中标、成交结果公告环节，并需同时发出中标、成交通知书的做法不同。

根据《政府和社会资本合作项目政府采购管理办法》第十八条的规定，对于PPP项目，项目实施机构应当在公示期满无异议后2个工作日内，将成交结果在省级以上人民政府财政部门指定的媒体上进行公告。成交结果公告内容应当包括：项目实施机构和采购代理机构、成交社会资本信息、成交标的名称、主要成交条件、磋商小组和采购结果确认谈判工作组成员名单等，其中成交条件是较为特殊的内容。

同时，公示期满无异议的项目合同，应在政府审核同意后，由项目实施机构与中选社会资本签署。需要为项目设立专门项目公司的，待项目公司成立后，由项目公司与项目实施机构重新签署项目合同，或签署关于承继项目合同的补充合同。

对于成交通知书发出阶段，根据《政府采购竞争性磋商采购方式管理暂行办法》第二十九条和《政府和社会资本合作项目政府采购管理办法》第十八条的规定，在进行成交结果公告的同时，采购人或代理机构应向成交供应商（社会资本）发出成交通知书。这一做法与传统的操作模式基本一致。不过值得注意的是，PPP项目在公告前需要经历公示环节。

拓展阅读：PPP项目政府采购方式中，“竞争性谈判”与“竞争性磋商”究竟有哪些区别?

2014年12月31日，财政部为了深化政府采购制度改革，适应推进政府购买服务、推广政府和社会资本合作（PPP）模式等工作需要，根据《中华人民共和国政府采购法》和有关法律法规，专门制定并发布了《政府采购竞争性磋商采购方式管理暂行办法》（财库〔2014〕214号）。

据此，“竞争性磋商”正式登上舞台，但是，“竞争性磋商”一词，与我们所熟知的“竞争性谈判”之间，有什么异同呢？其实，“竞争性谈判”与“竞争性磋商”的最大区别，在成交供应商（社会资本方）的确定方式以及候选成交供应商（社会资本方）的推荐方法及评审标准中，“竞争性谈判”主要看“价格”，“竞争性磋商”主要看“综合”；除此之外，两者之间的适用范围、法定时限等，也是重大的区别；其他的程序性内容，基本上大体相同。

在前文中，已就二者的定义、适用范围、供应商（社会资本方）的数量、程序时限的异同、评审小组等方面进行了说明，下面就二者推荐成交供应商和确定成交供应商两方面进行说明。

在推荐成交候选供应商方面，二者的相同点都是原则上均推荐 3 名以上成交候选供应商，并编写评审报告。另外，在竞争性谈判中，谈判小组应当从质量和服务均能满足采购文件实质性响应要求的供应商中，按照最后报价由低到高的顺序提出成交候选人；当公开招标的货物、服务采购项目，招标过程中提交投标文件或者经评审实质性响应招标文件要求的供应商只有两家时，采购人、采购代理机构报经本级财政部门批准后可以与该两家供应商进行竞争性谈判采购，采购人、采购代理机构应当根据招标文件中的采购需求编制谈判文件，成立谈判小组，由谈判小组对谈判文件进行确认，谈判小组推荐的成交候选人可以为两家。对竞争性磋商而言，在推荐成交供应商方面存在着较大不同。经磋商确定最终采购需求和提交最后报价的供应商后，由磋商小组采用综合评分法对提交最后报价的供应商的响应文件和最后报价进行综合评分。综合评分法评审标准中的分值设置应当与评审因素的量化指标相对应，磋商文件中没有规定的评审标准不得作为评审依据。评审时，磋商小组各成员应当独立对每个有效的响应文件进行评价、打分，然后汇总每个供应商每项评分因素的得分。在项目比重方面，综合评分法货物项目的价格分值占总分值的比重（即权值）为 30% 至 60%，服务项目的价格分值占总分值的比重（即权值）为 10% 至 30%。采购项目中含不同采购对象的，以占项目资金比例最高的采购对象确定其项目属性。综合评分法中的价格分统一采用低价优先法计算，即满足磋商文件要求且最后报价最低的供应商的价格为磋商基准价，其价格分为满分。其他供应商的价格分统一按照下列公式计算：磋商报价得分 =（磋商基准价 / 最后磋商报价）× 价格权值 ×100；项目评审过程中，不得去掉最后报价中的最高报价和最低报价。因艺术品采购、专利、专有技术或者服务的时间、数量事先不能确定等原因不能事先计算出价格总额的项目和执行统一价格标准的项目，其价格不列为评分因素。有特殊情况需要在上述规定范围外设定价格分权重的，应当经本级人民政府财政部门审核同意。磋商小组应当根据综合评分情况，按照评审得分由高到低顺序推荐成交候选供应商。评审得分相同的，按照最后报价由低到高的顺序推荐；评审得分且最后报价相同的，按照技术指标优劣顺序推荐。

竞争性谈判和竞争性磋商都是从评审报告提出的成交候选供应商中选择；并且可以书面授权谈判（磋商）小组直接确定成交供应商。然而，采用竞争性谈判方式的，要根据质量和服务均能满足采购文件实质性响应要求且最后报价最低的原则确定成交供应商；当采购人逾期未确定成交供应商且不提出异议的，视为确定评审报告提出的最后报价最低的供应商为成交供应商。竞争性磋商确定成交供应商时，按照排序由高到低的原则确定成交供应商；采购人逾期未确定成交供应商且不提出异议的，视为确定评审报告提出的排序第一的供应商为成交供应商。

第六章 PPP 项目执行

一、成立项目公司

社会资本可依法设立项目公司，政府可指定相关机构依法参股项目公司。项目实施机构和财政部门（PPP 中心）应监督社会资本按照采购文件和项目合同约定，按时足额出资设立项目公司。

PPP 项目公司的股东构成多元化，更利于降低代理成本、提升项目效率、达到债股平衡。由于 PPP 项目建设、运营期限长，投资风险较大，需要构建具备多种专业能力的发起人组合以满足项目需求，所以由项目实施机构、技术提供商和金融机构等多方共同投资，持有项目公司股权，可以合理分担风险，充分利用各方专业技能，大大降低委托代理风险。

二、项目融资

社会资本或项目公司负责项目融资，包括融

资方案设计、机构接洽、合同签订和融资交割等工作。财政部门和项目实施机构负责监督管理工作，防止企业债务向政府的不当转移。社会资本或项目公司可以通过银行贷款、融资租赁、产业基金、银行间债券市场债务融资、预期收益质押贷款等形式进行融资。财政部联合中国建设银行等 10 家机构，共同发起设立中国政府和社会资本合作融资支持基金，将作为社会资本方重点支持公共服务领域 PPP 项目发展，提高项目融资的可获得性，有些地方设立了 PPP 发展基金，支持 PPP 项目的融资工作。国家发改委出台的《基础设施和公用事业特许经营管理办法》允许对特许经营项目开展预期收益质押贷款，鼓励以设立产业基金等形式入股提供项目资本金，支持项目公司成立私募基金，发行项目收益票据、资产支持票据、企业债、公司债等拓宽融资渠道。

国家发改委与国家开发银行印发的《关于推进开发性金融支持政府和社会资本合作有关工作的通知》提出，国家开发银行在监管政策允许范围内，将给予 PPP 项目差异化信贷政策：一是加强信贷规模的统筹调配，优先保障 PPP 项目的融资需求；二是对符合条件的 PPP 项目，贷款期限最长可达 30 年，贷款利率可适当优惠；三是建立绿色通道，加快 PPP 项目贷款审批；四是支持开展排污权、收费权、集体林权、特许经营权、购买服务协议预期收益、集体土地承包经营权质押贷款等担保创新类贷款业务，积极创新 PPP 项目的信贷服务。

《通知》要求，国家开发银行充分发挥中长期融资优势，积极提供融资顾问及“投资、贷款、债券、租赁、证券”等综合金融服务，并联合其他银行、保险公司等金融机构，以银团贷款、委托贷款等方式，努力拓宽 PPP 项目融资渠道。此外，官方也鼓励各地发展和改革部门引入外资企业、民营企业、中央企业、地方国企等各类市场主体，灵活运用基金投资、银行贷款、发行债券等各类金融工具，推进建立期限匹配、成本适当以及多元可持续的 PPP 项目资金保障机制。

按照项目合同约定的时间和要求，社会资本或项目公司未完成融资的，可给予一定宽限期；但如果在宽限期结束后仍然未能完成融资的，政府可提取履约保函直至终止项目合同。遇系统性金融风险或不可抗力的，政府、社会资本或项目公司各方可根据项目合同约定，协商解决。

三、项目建设

由社会资本成立项目公司，且经过项目融资阶段后，便进入了项目正式建设阶段，该阶段主要有5个方面的流程，包括工程协调管理、工程招标与分包、进度管理、质量管理和其他管理措施。

（一）工程协调管理

PPP 项目的参与人由政府、PPP 项目公司、投资人、银行或金融公司以及承担设计、建设和经营的有关公司组成。政府是 PPP 项目的控制监管主体，对 PPP 项目起到宏观的把控以及决定作用；投资人与政府一同为项目的风险承担主体，投资人以投入的资本承担有限责任；银行或金融公司通常为 PPP 项目的主要债权人，现如今也进一步发展为 PPP 项目提供咨询方案；而 PPP 项目公司是项目的执行主体，在整个项目及所有参与方中处于中心地位，所有关系到 PPP 项目的融资、分包、建设、验收、经营管理体制以及偿还债务和偿付利息都由项目公司负责。

综上，项目公司应当全面负责所承担的 PPP 工程的协调和管理工作，包括为该工程服务的、相关的设计、勘察和关联合同单位等；同时，项目公司应当与工程范围内各有关单位及政府各职能部门进行协调，以保证工程的顺利实施。

（二）工程招标与分包

项目公司不可能独自完成所承揽的 PPP 项目，因此需要通过工程招标与分包的形式，选择有资质、有经验、在工程某一领域有明显专长的企业，协作完成项目的建设。

PPP 项目工程招标和分包有以下特点：

1. 对于非主体和非关键工程，才允许分包。项目的主体部分和关键性工作，是指一个整体项目中，影响其主要功能的或者独立发挥其功能的装置、设备、构建物主体结构的部分及相关的工作，原则上是不允许分包的。

2. 承担对重要的设备、材料的采购及专业施工单位的确定必须按照《中华人民共和国招标投标法》以及工程所属主管单位的要求完成。

3. 项目公司在招标之前必须拟定招标方案报工程所属主管单位。

4. 采取劳务分包形式。在 PPP 项目中，主承包商往往是 PPP 项目公司的成员，主承包商为了免去直接指挥工人的繁琐工作，一般采取包工不包料方式，将施工分包给能提供管理劳务的公司。在劳务分包合同中，应明确双方的责任、义务和权利。

5. 若项目公司进行了工程分包，应当对任何分包商的行为或违约，如同项目公司自己的行为或违约一样承担责任。

（三）进度管理

项目公司应当按合同规定的进度计划进行进度管理，处理好主体工程与附属工程的关系、地下工程与地上工程的关系、场外工程和场内工程的关系等，对工程所包含的各阶段、各事项进行统筹安排，对不符合进度计划的工程进度进行修正和督促，以在确保质量的前提下缩短工期，最大程度地发挥投资效益。

PPP 项目进度管理的主要内容包括：施工进度计划的编制和审核、按计划期编制工程综合计划、对进度计划进行检查和调整、提交进度报告、进度控制总结。

（四）质量管理

工程质量直接决定工程竣工后的使用价值，因此项目工程建设全过程中，都必须非常重视质量的管理。对于PPP项目来说更是如此，因为PPP项目具有一定的经营期限，所以一些项目公司在工程质量的控制上，在材料的选购、施工工艺的质量、机械设备的选型等方面，较多注重短期的利益，往往难以保证经营期满后及项目移交后的工程质量。PPP项目往往是国家的基础设施，其质量好坏关乎公共财产和公民的利益，因此应当尤其注意。

PPP项目中的质量控制缺陷常常表现在项目融资建设成本影响质量、违规分包影响工程质量、管理和监督不力影响工程质量三个方面。PPP项目中，可以通过两个方面的措施加大对工程质量的保证，分别是以法律及合同约束各方的质量行为、加强政府对PPP项目的监督和管理。

（五）其他管理措施

规范和遵守周全的管理措施才能保证BOT项目的顺利开展，其余的管理措施主要包括：安全措施、项目文件管理（施工文件、投资及财务统计报表、技术标准和规章、竣工图纸、操作和维修手册）、职工与劳动管理（人员变动、员工待遇、保障职工职业健康和安全）。

（六）项目竣工验收

项目公司应当在规定的时间内实现PPP项目工程完工，通知建设方进行竣工验收，并按照建设方的要求协调和配合项目的试运行。

1. 竣工验收的条件。PPP项目的建设单位收到建设工程竣工报告后，应当组织设计、施工、监理等单位进行竣工验收，工程竣工验收应当具备下列条件：

（1）项目公司完成建设工程设计和合同约定的各项内容；

（2）有完整的技术档案和施工管理资料；

（3）有工程使用的主要建筑材料、建筑结构配件和设备的进场试验报告；

（4）有勘察、设计、施工、工程监理等单位分别签署的质量合格文件；

（5）有项目公司签署的工程保修书。

2. 竣工验收的程序。PPP 项目竣工验收的一般程序是：

（1）在竣工验收前，项目公司应当完成项目管理工作档案的初步整理工作，应确保内容齐全，符合项目管理工作档案归档的相关要求；

（2）在工程通过竣工验收之后，项目公司应当向建设单位提交一份有关检验结果的证明报告，以及符合国家有关规定的准备通过档案验收的资料；

（3）项目公司在竣工验收合格的特定时间内，向建设方提供竣工备案所需的资料，以方便建设方备案之用；

（4）如果工程或某标段未能通过竣工验收，项目公司应当在修复缺陷后，重复进行未通过标段的竣工验收工作；

（5）当工程根据合同已通过竣工验收，且在竣工档案资料整理完毕后，建设单位应当向项目公司颁发竣工证书。

四、项目试运营

试运营基本条件评估是确保建设与运营单位顺利交接的关键步骤，也是确保运营安全的关键环节。

试运营阶段，项目公司可以参考如下步骤进行：

（一）设定项目试运营时间

中小型项目试运营时间较短，可设定 1-3 年试运营期限；大型项目则可以设定 3-5 年试运营时间。

（二）项目运行情况监测

试运营期间，通过对项目各项功能性设施运作情况进行监测，掌握设施运行安全性、合规性是否符合标准，确保试运营期间项目运转正常。

（三）项目效益情况观察

及时掌握项目试运营期间效益状况，分析收益合理性，并且对未来预计收益做出评估，是否符合项目初始设定。

（四）项目问题及完善措施

试运营期间，应及时发现项目中存在的问题、政策漏洞等，从而进一步完善，同时完善规章制度及组织架构，为后续正式运营做出充分准备。

五、绩效监测与支付

项目建成后，项目公司按照项目协议开展运营和维护，向政府和社会公众提供服务。在运营和维护阶段，各方需要考虑到对 PPP 项目的绩效监测及回报问题。项目实施机构应根据项目合同约定，监督社会资本或项目公司履行合同义务，定期监测项目产出绩效指标，编制季报和年报，并报财政部门（PPP 中心）备案。

财政部《政府和社会资本合作模式操作指南（试行）》中规定了 PPP 项目的 3 种回报机制，分别为用户付费、政府付费、用户付费加可行性缺口补贴。

（一）政府支付

项目实施机构根据项目合同约定，监督社会资本或项目公司履行合同义务，定期监测项目产出绩效指标，编制季报和年报，并报财政部门（PPP 中心）备案。对于项目合同中涉及的政府支付义务，财政部门应结合中长期财政规划统筹考虑，纳入同级政府预算，按照预算管理相关规定执行。财政部门和项目实施机构应建立 PPP 项目政府支付台账，严格控制政府财政风险。

（二）利益分享、奖励和惩处

政府有支付义务的，项目实施机构应根据项目合同约定的产出说明，按照实际绩效直接或通知财政部门向社会资本或项目公司及时足额支付。设置超额收益分享机制的，社会资本或项目公司应根据项目合同约定向政府及时足额支付应享有的超额收益。项目实际绩效优于约定标准的，项目实施机构应执行项目合同约定的奖励条款，并可将其作为项目期满合同能否展期的依据；未达到约定标准的，项目实施机构应执行项目合同约定的惩处条款或救济措施。

六、合同履约管理

（一）合同修订、违约与争议解决

由于履约阶段缺少竞争压力，政府在缺少相称资源和技能的情况下很难对社会资本的履约能力和履约情况进行有效监管；另外，由于缺乏有限的争议解决机制，在政府履约情况不佳时，社会资本也难以采取实际有效的措施保护自身权益。因此，在项目合同执行和管理过程中，项目实施机构应重点关注合同修订、违约责任和争议解决等工作。

合同修订，按照项目合同约定的条件和程序，项目实施机构和社会资本或项目公司可根据社会经济环境、公共产品和服务的需求量及结构等条件的变化，提出合同修订的申请，报政府审核同意后方可执行。

违约责任，项目实施机构、社会资本或项目公司各方未履行项目合同约定义务的，应承担相应违约责任，包括停止侵害、消除影响、支付违约金、赔偿损失直至解除项目合同。

争议解决，在项目实施过程中，按照项目合同约定，项目实施机构、社会资本或项目公司可就发生争议且无法协商达成一致的事项，依法申请仲裁或向法院提起民事诉讼。

（二）债权人直接介入

当项目出现重大经营问题或财务风险，威胁或侵害债权人利益时，债权人可依据与政府、社会资本或项目公司签订合同中有关直接介入的协议或条款，要求社会资本或项目公司改善经营、完善管理。在直接介入协议或条款约定期限内，重大风险解除的，债权人应停止介入。

七、应急管理

社会资本或项目公司违反项目合同约定，威胁公共产品和服务持续稳定安全供给，或危及国家安全和重大公共利益的，政府有权临时接管项目，直至启动项目提前终止程序。

政府可指定合格机构实施临时接管。临时接管项目所产生的一切费用，将根据项目合同约定，由违约方单独承担或由各责任方分担。社会资本或项目公司应承担的临时接管费用，可以从其应获终止补偿中扣减。

八、中期评估

（一）中期评估的必要性

公用事业特许经营项目不是一个时间点的问题，而是一个过程，国内特许经营项目的特许经营期限通常在20至30年之间。同时，特许经营的法律政策环境也在不断完善。特许经营合同的签订是实现融资完成的先决条件，但合同签订后政府主管部门并非就结束了自己的职责。特许经营权授予后，政府的职能主要转变为对特许经营项目的监管。对已成功招商的特许经营项目进行中期评估，辨识并分析项目履约情况、履约风险及其防范措施，可以有效掌握一个城市中与居民生活息息相关的公用事业实施的好坏，有助于项目运行的整体改进和提高。

对于政府方而言，中期评估可以帮助其进一步了解项目进展和运营情况，尤其是面对较为专业和细节的问题，政府方无法及时完成调研和深入了解，第三方中介机构的专业评估就可以发挥重要作用，为其提供有效的参考信息。同时，中期评估也包括对政府监管的检测，有利于政府调整监管的方向和重点，充分发挥监管资源和自身优势。

对项目运作人而言，中期评估是投资者及项目公司从第三方角度了解企业的依据。中期评估中介方完成中期评估报告可以为项目运作方提供企业运营状况的有效记录，为企业自身实现管理和运营的提升打下基础。同时，中期评估搭建了政企沟通的有效桥梁，对项目运作中发现的非本身运营的相关困难双方共同积极寻求解决途径。是双方共同推进特许经营项目健康、更好发展的有利工具，对降低项目风险有着重要意义。

（二）中期评估的主要方式

从已有的中期评估项目看，主要有两种评估方式：一是政府公用事业主管部门组织相关人员对特许经营项目进行中期评估；二是政府公用事业主管部门委托咨询机构作为第三方对特许经营项目进行中期评估。

根据行业内中期评估实施情况的调查，目前江苏省在全面推进公用事业特许经营项目的中期评估方面走得比较靠前。淮安市、连云港市、盐城市、扬中市等先后委托中国现代集团作为第三方对城市供水、城市管道燃气、污水处理行业的特许经营项目进行了中期评估。这在江苏省甚至全国来说，都具有开创性意义，形成了相对全面、科学的中期评估思路与体系。从实施效果看，这为地方政府的特许经营监管工作能正确“把脉”，并开具切实可行的“诊断性报告”。此外，其他省市中，湖南省益阳市市政公用行业主管部门组织有关专家对城市公交和管道燃气进行了中期评估。深圳市通过招标方式聘请第三方咨询机构对深圳市的污水处理特许经营项目进行中期评估工作等。

（三）中期评估的内容

对于中期评估的内容，其确定依据主要来源于两方面：一是相关的政府规定，二是双方签订的特许经营协议中的约定。《市政公用事业特许经营管理办法》的规定是“对获得特许经营权的企业经营情况进行中期评估”。从该规定看，中期评估主要应是对特许经营企业的经营情况进行相关调研评估。

项目实施机构应每 3—5 年对项目进行中期评估，重点分析项目运行状况和项目合同的合规性、适应性和合理性。

评估已发现问题的风险，制订应对措施，并报财政部门（PPP 中心）备案。

（四）中期评估步骤

1. 设计合理评估体系

PPP 项目根据项目建设内容的不同涉及产品质量、服务质量、运营管理等多方面的内容，因此中期评估首先要设计一个合理的评估体系，以反映企业在 PPP 项目执行层面的综合表现。例如，针对城市供水 PPP 项目，可以建立基于关键绩效指标的多维立体评价体系，通过多种调研方法获取客观公正的评估依据，最后利用多种评分方法对 PPP 项目公司进行全方位的综合评价并给出合理化建议。

2. 应用合理调研方法

为保证评估的客观公正，真实地反映 PPP 项目公司经营现状，可以通过市场调查、实地调研和客户访谈等渠道获取资料数据。

3. 确定综合评分方法

评分方法可分为三类：定性评估法、定量评估法和综合评估法。定性评估法主要用于评价服务质量、企业文化、制度建设等指标；定量评估法主要用于评价产品质量、财务状况和生产运行管理等指标；综合评估法用于评价规划执行情况、安全保障及应急机制等指标。

4. 设定评分标准

在确定评估指标体系基础上，对于衡量企业经营绩效好坏的标准界定也非常重要。可以通过以下 3 种评价标准确定：国家和省市的相应规范和标准、省内同类城市的横向比较、企业特许经营前后的纵向对比。

5. 评分确定评估结果

通过第三方评估或专家团，通过实地考察及从 PPP 项目公司、政府主管部门和社会公众获取的相关资料信息，依据评分细则对各项指标进行打分，最终得出本次中期评估的综合评价得分，并给出最终结果。

第七章　PPP 项目移交

项目移交通常是指在项目合作期限结束或者项目合同提前终止后，项目公司将全部项目设施及相关权益以合同约定的条件和程序移交给政府或者政府指定的其他机构。PPP 项目特许经营期满后，项目公司便需要将项目的经营权（或所有权与经营权同时）向政府移交。项目移交的过程主要分为移交准备、项目资产评估、项目性能和功能测试、资产交割、项目绩效评价 5 个阶段。

项目移交的基本原则是，项目公司必须确保项目符合政府回收项目的基本要求。项目合作期限届满或项目合同提前终止后，政府需要对项目进行重新采购或自行运营的，项目公司必须尽可能减少移交对公共产品或服务供给的影响，确保项目持续运营。

一、移交准备

项目移交时，项目实施机构或政府指定的其他机构代表政府收回项目合同约定的项目资产。

项目实施机构或政府指定的其他机构应组建项目移交工作组，根据项目合同约定与社会资本或项目公司确认移交情形和补偿方式，制定资产评估和性能测试方案。

项目合同中应明确约定移交形式、补偿方式、移交内容和移交标准。移交形式包括期满终止移交和提前终止移交；补偿方式包括无偿移交和有偿移交；移交内容包括项目资产、人员、文档和知识产权等；移交标准包括设备完好率和最短可使用年限等指标。

采用有偿移交的，项目合同中应明确约定补偿方案；没有约定或约定不明的，项目实施机构应按照“恢复相同经济地位”原则拟定补偿方案，报政府审核同意后实施。

（一）移交内容

移交的范围通常包括：

1. 项目设施；
2. 项目土地使用权及项目用地相关的其他权利；
3. 与项目设施相关的设备、机器、装路、零部件、备品备件以及其他动产；
4. 项目实施相关人员；
5. 运营维护项目设施所要求的技术和技术信息；
6. 与项目设施有关的手册、图纸、文件和资料（书面文件和电子文档）；
7. 移交项目所需的其他文件。

（二）移交的条件和标准

通常包括以下两类条件和标准：

1. 权利方面的条件和标准。

项目设施、土地及所涉及的任何资产不存在权利瑕疵，其上未设路任何担保及其他第三人的权利。但在提前终止导致移交的情形下，如移交时尚有未清偿的项目贷款，就该未清偿贷款所设路的担保除外。

2. 技术方面的条件和标准。

项目设施应符合双方约定的技术、安全和环保标准，并处于良好的运营状况。在一些 PPP 项目合同中，会对“良好运营状况”的标准做进一步明确，例如在不再维修情况下，项目可以正常运营 3 年等。

二、项目资产评估

项目移交工作组应委托具有相关资质的资产评估机构，按照项目合同约定的评估方式，对移交资产进行资产评估，作为确定补偿金额的依据。

（一）组建与评聘 PPP 项目公司所移交项目的价值评估机构

在 PPP 项目公司移交项目的价值评估工作中，由于所涉及的基础设施建设项目的规模较大、专业性较强，因此应按最初协议的规定由项目公司或所在国政府出面聘用、双方均认同的第三方完成所移交项目的价值评估工作。也可以由项目公司与所在国政府各自分别推举若干专家组成评估机构完成相关的价值评估工作。

无论 PPP 项目公司移交项目的价值评估机构如何组成，PPP 项目公司移交项目价值评估机构都要以公平公正为原则。这样，PPP 项目公司移交项目价值评估机构才能真正站在第三方的角度对所移交项目在移交时的价值做出公允合理的评估结论。但由于评估结论对双方来说都会涉及利益问题，所以，PPP 项目公司移交项目的价值评估机构欲做到公平公正还要克服来自于各方面的压力与诱惑，这就对 PPP 项目公司移交项目价值评估机构提出了具体要求。

（二）确定 PPP 项目公司移交项目价值评估的组织工作

1. 由评估机构制定 PPP 项目公司移交项目价值评估的评估计划；

2. 遴选 PPP 项目公司移交项目价值评估所需资料；

3. 确定 PPP 项目公司移交项目价值评估的范围等；

4. 完成评估报告。

三、项目性能和功能测试

在 PPP 项目移交前，通常需要对项目的资产状况进行评估并对项目状况能否达到合同约定的移交条件和标准进行测试。实践中，上述评估和测试工作通常由政府方委托的独立专家或者由政府方和项目公司共同组成的移交工作组负责。项目移交工作组应严格按照性能测试方案和移交标准对移交资产进行性能测试。

经评估和测试，项目状况不符合约定的移交条件和标准的，政府方有权提取移交维修保函，并要求项目公司对项目设施进行相应的恢复性修理、更新重置，以确保项目在移交时满足约定要求。

四、资产交割

社会资本或项目公司应将满足性能测试要求的项目资产、知识产权和技术法律文件，连同资产清单移交项目实施机构或政府指定的其他机构，办妥法律过户和管理权移交手续。社会资本或项目公司应配合做好项目运营平稳过渡的相关工作。

（一）项目相关合同的转让

项目移交时，项目公司在项目建设和运营阶段签订的一系列重要合同可能仍然需要继续履行，因此可能需要将这些尚未履行完毕的合同由项目公司转让给政府或政府指定的其他机构。为能够履行上述义务，项目公司应在签署这些合同时即与相关合同方（如承包商或运营商）明确约定，在项目移交时同意项目公司将所涉合同转让给政府或政府指定的其他机构。实践中，可转让的合同可能包括项目的工程承包合同、运营服务合同、原料供应合同、产品或服务购买合同、融资租赁合同、保险合同以及租赁合同等。

通常政府会根据上述合同对于项目继续运营的重要性，决定是否进行合同转让。此外，如果这些合同中包含尚未期满的相关担保，也应该根据政府的要求全部转让给政府或者政府指定的其他机构。

（二）技术转让

在一些对于项目实施专业性要求较高的 PPP 项目中，可能需要使用第三方的技术（包括通过技术转让或技术许可的方式从第三方取得的技术）。在此情况下，政府需要确保在项目移交之后不会因为继续使用这些技术而被任何第三方进行侵权索赔。

鉴于此，PPP 项目合同中通常会约定，项目公司应在移交时将项目运营和维护所需要的所有技术，全部移交给政府或政府指定的其他机构，并确保政府或政府指定的其他机构不会因使用这些技术而遭受任何侵权索赔。如果有关技术为第三方所有，项目公司应在与第三方签署技术授权合同时即与第三方明确约定，同意项目公司在项目移交时将技术授权合同转让给政府或政府指定的其他机构。

此外，PPP 项目合同中通常还会约定，如果这些技术的使用权在移交日前已期满，项目公司有义务协助政府取得这些技术的使用权。

五、项目绩效评价

项目移交完成后，财政部门（PPP 中心）应组织有关部门对项目产出、成本效益、监管成效、可持续性、PPP 模式应用等进行绩效评价，并按相关规定公开评价结果。评价结果可作为政府开展 PPP 管理工作决策参考依据。至此，一个 PPP 项目的生命周期正式结束。

03

第三编

PPP 投融资模式与合同管理

第八章　PPP 投融资模式与管理

一、PPP 主要投融资模式

（一）BOT 模式

BOT 是英文“Build-Operate-Transfer”的缩写，意为“建设—经营—转让”，是私营企业参与基础设施建设，向社会提供公共服务的一种方式。我国一般称其为“特许权”，是指政府部门就某个基础设施项目与私人企业（项目公司）签订特许权协议，授予签约方的私人企业来承担该基础设施项目的投资、融资、建设、经营与维护，在协议规定的特许期限内，这个私人企业向设施使用者收取适当的费用，由此来回收项目的投融资、建造、经营和维护成本并获取合理回报；政府部门则拥有对这一基础设施的监督权、调控权；特许期届满，签约方的私人企业将该基础设施无偿或有偿移交给政府部门。

（二）TOT 模式

TOT 是英文“Transfer-Operate-Transfer”的缩写,即“转让—经营—移交”。TOT 方式是国际上较为流行的一种项目融资方式，通常是指政府部门或国有企业将建设好的项目的一定期限的产权或经营权，有偿转让给投资人，由其进行运营管理；投资人在约定的期限内通过经营收回全部投资并得到合理的回报，双方合约期满之后，投资人再将该项目交还政府部门或原企业的一种融资方式。

（三）TBT 模式

TBT 模式就是将 TOT 与 BOT 融资方式组合起来，以 BOT 为主的一种融资模式。在 TBT 模式中，TOT 的实施是辅助性的，采用它主要是为了促成 BOT。

（四）BOO 模式

BOO 是英文“Build-Own-Operate”的缩写，即“建设—拥有—经营”，承包商根据政府赋予的特许权，建设并经营某项产业项目，但是并不将此项基础产业项目移交给公共部门。

（五）BOOT 模式

BOOT 是英文“Build-Own-Operate-Transfer”的缩写，即“建设—拥有—经营—转让”，是私人合伙或某国际财团融资建设基础产业项目，项目建成后，在规定的期限内拥有所有权并进行经营，期满后将项目移交给政府。

二、PPP 投融资分析

（一）BOT 模式分析

我国第一个 BOT 基础设施项目是 1984 年由香港合和实业公司和中国发展投资公司等作为承包商在深圳建设的沙头角 B 电厂。之后，我国广东、福建、四川、上海、湖北、广西等地也出现了一批 BOT 项目。如广深珠高速公路、重庆地铁、地沿高速公路、上海延安东路隧道复线、武汉地铁、北海油田开发等。

1.BOT 的特点

BOT 具有市场机制和政府干预相结合的混合经济的特色。

一方面，BOT 能够保持市场机制发挥作用。BOT 项目的大部分经济行为都在市场上进行，政府以招标方式确定项目公司的做法本身也包含了竞争机制。作为可靠的市场主体的私人机构是 BOT 模式的行为主体，在特许期内对所建工程项目具有完备的产权。这样，承担 BOT 项目的私人机构在 BOT 项目的实施过程中的行为完全符合经济人假设。

另一方面，BOT 为政府干预提供了有效的途径，这就是和私人机构达成的有关 BOT 的协议。尽管 BOT 协议的执行全部由项目公司负责，但政府自始至终都拥有对该项目的控制权。在立项、招标、谈判三个阶段，政府的意愿起着决定性的作用。在履约阶段，政府又具有监督检查的权力，项目经营中价格的制订也受到政府的约束，政府还可以通过通用的 BOT 法来约束 BOT 项目公司的行为。

2.BOT 的主要参与人

一个典型的 BOT 项目的参与人有政府、BOT 项目公司、投资人、银行或财团以及承担设计、建设和经营的有关公司。

政府是 BOT 项目的控制主体。政府决定着是否设立此项目、是否采用 BOT 方式。在谈判确定 BOT 项目协议合同时政府也占据着有利地位。它还有权在项目进行过程中对必要的环节进行监督。在项目特许到期时，它还具有无偿收回该项目的权利。

BOT 项目公司是 BOT 项目的执行主体，它处于中心位置。所有关系到 BOT 项目的筹资、都由 BOT 项目公司负责，同设计公司、建设公司、制造厂商以及经营公司打交道。

投资人是 BOT 项目的风险承担主体。他们以投入的资本承担有限责任。尽管原则上是政府和私人机构分担风险，但实际上各国在操作中差别很大。发达市场经济国家在 BOT 项目中分担的风险很小，而发展中国家在跨国 BOT 项目中往往承担很大比例的风险。

银行或财团通常是 BOT 项目的主要出资人。对于中小型的 BOT 项目，一般单个银行足以为其提供所需的全部资金，而大型的 BOT 项目往往使单个银行感觉力不从心，从而组成银团共同提供贷款。由于 BOT 项目的负债率一般高达 70% ～ 90%，所以贷款往往是 BOT 项目的最大资金来源。

3.BOT 项目实施过程

BOT 模式多用于投资额度大而期限长的项目。一个 BOT 项目自确立到特许期满往往有十几年或几十年的时间，整个实施过程可以分为立项、招标、

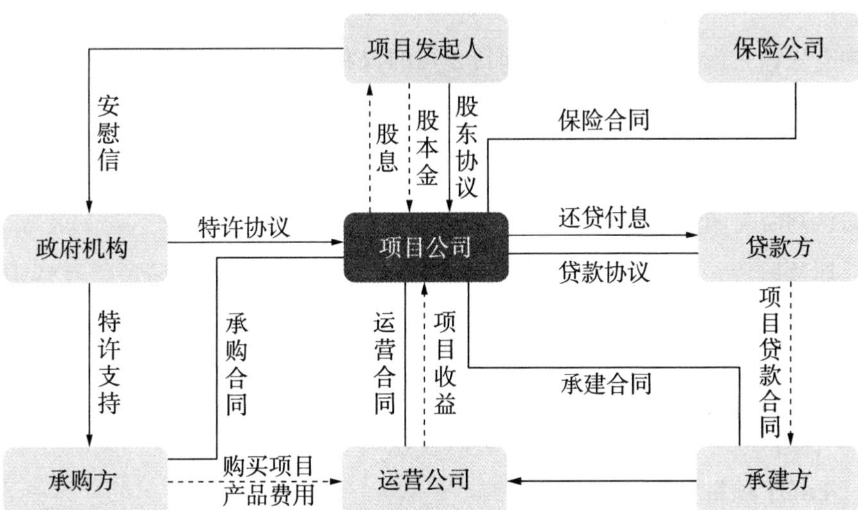

图 8.1 BOT 融资模式结构图

投标、谈判、履约五个阶段。

立项阶段。在这一阶段，政府根据中、长期的社会和经济发展计划列出新建和改建项目清单并公之于众。私人机构可以根据该清单上的项目联系本机构的业务发展方向做出合理计划，然后向政府提出以 BOT 方式建设某项目的建议，并申请投标或表明承担该项目的意向。政府则依靠咨询机构进行各种方案的可行性研究，根据各方案的技术经济指标决定采用何种方式。

招标阶段。如果项目确定为采用 BOT 方式建设，则首先由政府或其委托机构发布招标广告，然后对报名的私人机构进行资格预审，从中选择数家私人机构作为投标人并向其发售招标文件。

对于确定以 BOT 方式建设的项目也可以不采用招标方式而直接与有承担项目意向的私人机构协商。但协商方式成功率不高，即便协商成功，往往也会由于缺少竞争而使政府答应条件过多导致项目成本增高。

投标阶段。BOT 项目标书的准备时间较长，往往在 6 个月以上，在此期间受政府委托的机构要随时回答投标人对项目要求提出的问题，并考虑招标人提出的合理建议。投标人必须在规定的日期前向招标人呈交投标书。招标人开标、评标、排序后，选择前 2 ～ 3 家进行谈判。

谈判阶段。特许合同是 BOT 项目的核心，它具有法律效力并在整个特许期内有效，它规定政府和 BOT 项目公司的权利和义务，决定双方的风险和回报。所以，特许合同的谈判是 BOT 项目的关键一环。政府委托的招标人依次同选定的几个投标人进行谈判。成功则签订合同,不成功则转向下一个投标人。有时谈判需要循环进行。

履约阶段。这一阶段涵盖整个特许期，又可以分为建设阶段、经营阶段和移交阶段。BOT 项目公司是这一阶段的主角，承担履行合同的大量工作。需要特别指出的是：良好的特许合约可以激励 BOT 项目公司认真负责地监督建设、经营的参与者，努力降低成本，提高效率。

4.BOT 项目中的风险

BOT 项目投资大，期限长，且条件差异较大，常常无先例可循，所以

BOT 的风险较大。风险的规避和分担也就成为 BOT 项目的重要内容。BOT 项目整个过程中可能出现的风险有 5 种类型：政治风险、市场风险、技术风险、融资风险和不可抵抗的外力风险。

政治风险。政局不稳定、社会不安定会给 BOT 项目带来政治风险，这种风险是跨国投资的 BOT 项目公司需要特别考虑的。投资人承担的政治风险随项目期限的延长而相应递增，而对于本国的投资人而言，则较少考虑该风险因素。

市场风险。在 BOT 项目长长的特许期中，供求关系变化和价格变化时有发生。在 BOT 项目回收全部投资以前市场上有可能出现更廉价的竞争产品，或更受大众欢迎的替代产品，以致对该 BOT 项目的产出的需求大大降低，此谓市场风险。通常 BOT 项目投资大都期限长，又需要政府的协助和特许，所以具有垄断性，但不能排除由于技术进步等原因带来的市场风险。此外，在原材料市场上可能会由于原材料涨价从而导致工程超支，这是另一种市场风险。

技术风险。在 BOT 项目进行过程中由于制度上的细节问题安排不当带来的风险，称为技术风险。这种风险的一种表现是延期，工程延期将直接缩短工程经营期，减少工程回报，严重的有可能导致项目的放弃。另一种情况是工程缺陷，指施工建设过程中的遗留问题。该类风险可以通过制度安排上的技术性处理以减少其发生的可能性。

融资风险。由于汇率、利率和通货膨胀率的预期外的变化带来的风险是融资风险。若发生了比预期高的通货膨胀，则 BOT 项目预定的价格则会偏低；如果利率升高，由于高的负债率，则 BOT 项目的融资成本大大增加；由于 BOT 常用于跨国投资，汇率的变化或兑现的困难也会给项目带来风险。

不可抗拒的外力风险。BOT 项目和其他许多项目一样要承担地震、火灾、江水和暴雨等不可抵抗而又难以预计的外力风险。

5.BOT 风险的规避和分担

应付风险的机制有两种。一种机制是规避，即以一定的措施降低不利情况发生的概率；另一种机制是分担，即事先约定不利情况发生情况下损失的分配方案。这是 BOT 项目合同中的重要内容。国际上在各参与者之间分担风险的惯例是：谁最能控制风险，其风险便由谁承担。

政治风险的规避。跨国投资的 BOT 项目公司首先要考虑的就是政治风险问题。而这种风险仅凭经济学家和经济工作者的经验是难以评估的。项目公司可以在谈判中获得政府的某些特许以部分抵消政治风险。如在项目国以外开立项目资金账户。此外，美国的海外私人投资公司（OPIC）和英国的出口信贷担保部（ECGD）对本国企业跨国投资的政治风险提供担保。

市场风险的分担。在市场经济体制中，由于新技术的出现带来的市场风险应由项目的发起人和确定人承担。若该项目由私人机构发起则这部分市场风险由项目公司承担；若该项目由政府发展计划确定，则主要由政府负责。而工程超支风险则应由项目公司做出一定预期，在 BOT 项目合同签订时便有备无患。

技术风险的规避。技术风险是由于项目公司在与承包商进行工程分包时约束不严或监督不力造成的，所以项目公司应完全承担责任。对于工程延期和工程缺陷应在分包合同中做出规定，与承包商的经济利益挂钩。项目公司还应在工程费用以外留下一部分维修保证金或施工后质量保证金，以便顺利解决工程缺陷问题。对于影响整个工程进度和关系整体质量的控制工程，项目公司还应进行较频繁的期间监督。

融资风险的规避。工程融资是贯穿 BOT 项目始终的一个重要内容。这个过程全部由项目公司为主体进行操作，风险也完全由项目公司承担。融资技巧对项目费用大小影响极大。首先，工程过程中分步投入的资金应分步融入，否则大大增加融资成本。其次，在约定产品价格时应预期利率和通胀的波动对成本的影响。若是从国外引入外资的 BOT 项目，应考虑货币兑换问题和汇率的预期。

不可抵抗外力风险的分担。这种风险具有不可预测性和损失额的不确定性，有可能是毁灭性损失。而政府和私人机构都无能为力。对此可以依靠保险公司承担部分风险。这必然会增加工程费用，对于大型 BOT 项目往往还需要多家保险公司进行分保。在项目合同中政府和项目公司还应约定该风险的分担方法。

综上所述，在市场经济中，政府可以分担BOT项目中的不可抵抗外力的风险，保证货币兑换，或承担汇率风险，其他风险皆由项目公司承担。

西方国家的BOT项目具有两个特别的趋势值得中国发展BOT项目借鉴。其一是大力采用国内融资方式，其优点之一便是彻底回避了政府风险和当代浮动汇率下尤为突出的汇率风险。其二是政府承担的风险愈来愈少。这当然有赖于市场机制的作用和经济法规的健全。从这个意义上讲，推广BOT的途径，不是依靠政府的承诺，而是深化经济体制改革和加强法治建设。

（二）TOT模式分析

TOT融资模式是一种通过出售现有资产以获得增量资金进行新建项目融资的一种新型融资方式。在这种模式下，首先私营企业用私人资本或资金购买某项资产的全部或部分产权或经营权，之后，购买者对项目进行开发和建设，在约定的时间内通过对项目经营收回全部投资并取得合理的回报，特许期结束后，将所得到的产权或经营权无偿移交给原所有人。

1.TOT方式的运作程序

（1）制定TOT方案并报批。转让方须先根据国家有关规定编制TOT项目建议书，征求行业主管部门同意后，按现行规定报有关部门批准。国有企业或国有基础设施管理人只有获得国有资产管理部门批准或授权才能实施TOT方式。

（2）项目发起人（同时又是投产项目的所有者）设立SPV或SPC（Special Purpose Vehicle, or Special Purpose Corporation），发起人把完工项目的所有权和新建项目的所有权均转让给SPV，以确保有专门机构对两个项目的管理、转让、建造负有全权，并对出现的问题加以协调。SPV常常是政府设立或政府参与设立的具有特许权的机构。

（3）TOT项目招标。按照国家规定，需要进行招标的项目，须采用招标

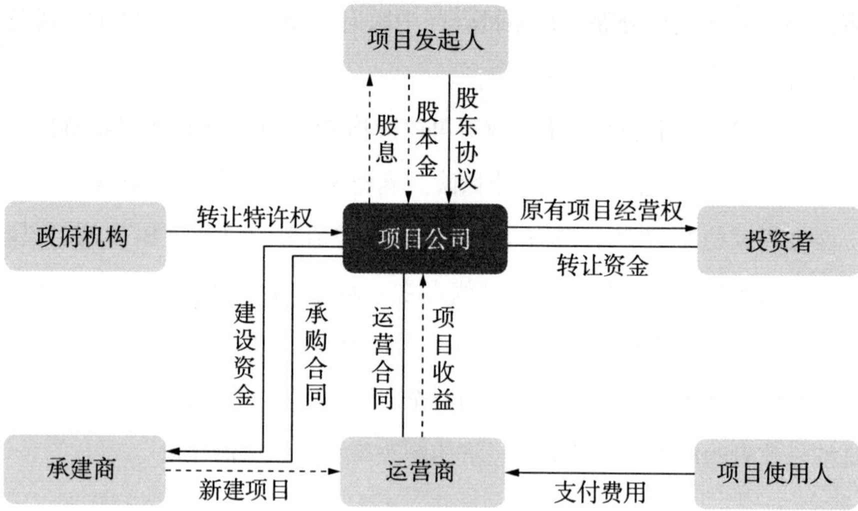

图 8.2 TOT 融资模式结构图

方式选择 TOT 项目的受让方，其程序与 BOT 方式大体相同，包括招标准备、资格预审、准备招标文件、评标等。

（4）SPV 与投资者洽谈以达成转让投产运行项目在未来一定期限内全部或部分经营权的协议，并取得资金。

（5）转让方利用获得资金，用以建设新项目。

（6）新项目投入使用。

（7）项目期满后，收回转让的项目。转让期满，资产应在无债务、未设定担保、设施状况完好的情况下移交给原转让方。当然，在有些情况下是先收回转让项目之后才投入使用的。

2.TOT 模式的好处

开展 TOT 项目融资，其主要好处有：

（1）盘活城市基础设施存量资产，开辟经营城市新途径。随着城市扩容速度加快，迫切需要大量资金用于基础设施建设，面对巨大资金需求，地方财政投入可以说是“杯水车薪、囊中羞涩”。另外，通过几十年的城市建设，城市基础设施中部分经营性资产的融资功能一直闲置，没有得到充分利用，甚至出现资产沉淀现象。如何盘活这部分存量资产，以发挥其最大的社会和经济效益，是每个城市经营者必须面对的问题。TOT 项目融资方式，正是针对这种现象设计的一种经营模式。

（2）增加了社会投资总量，以基础行业发展带动相关产业的发展，促进整个社会经济稳步增长。TOT 项目融资方式的实施，盘活了城市基础设施存量资产，同时也引导更多的社会资金投向城市基础设施建设，从“投资”角度拉动了整个相关产业迅速发展，促进社会经济平稳增长。

（3）促进社会资源的合理配置,提高了资源使用效率。在计划经济模式下，公共设施领域经营一直是沿用垄断经营模式，其他社会主体很难进入基础产业行业。由于垄断经营本身存在一些“痼疾”,使得公共设施长期经营水平低下，效率难以提高。引入 TOT 项目融资方式后，由于市场竞争机制的作用，给所有基础设施经营单位增加了无形压力,促使其改善管理,提高生产效率。同时，一般介入 TOT 项目融资的经营单位，都是一些专业性的公司，在接手项目经营权后，能充分发挥专业分工的优势，利用其成功的管理经验，使项目资源的使用效率和经济效益迅速提高。

（4）促使政府转变观念和转变职能。实行 TOT 项目融资后，首先，政府可以真正体会到“经营城市”不仅仅是一句口号,更重要的是一项严谨、细致、科学的工作。其次，政府对增加城市基础设施投入增添了一项新的融资方法。政府决策思维模式将不仅紧盯“增量投入”,而且时刻注意到“存量盘活”。再次，基础设施引入社会其他经营主体后，政府可以真正履行“裁判员”角色，把工作重点放在加强对城市建设规划,引导社会资金投入方向,更好地服务企业，监督企业经济行为等方面。

3.TOT 模式的优势

和其他融资方式相比，TOT 项目融资方式有其独特的优势，这些优势主要体现在：

（1）与 BOT 项目融资方式比较。BOT 项目融资是“建设—经营—移交”模式的简称。TOT 项目融资方式与之相比，省去了建设环节，使项目经营者免去了建设阶段风险，使项目接手后就有收益。另外，由于项目收益已步入正常运转阶段，使得项目经营者通过把经营收益权向金融机构提供质押担保方式再融资，也变得容易多了。

（2）与向银行和其他金融机构借款融资方式比较。银行和其他金融机构向项目法人贷款其实质是一种借贷合同关系。虽然也有一些担保措施，但由于金融机构不能直接参与项目经营，只有通过间接手段监督资金安全使用。在社会信用体系还没有完全建立起来的阶段，贷款者要承担比较大的风险。由于贷款者"惜贷"心理作用，项目经营者想要通过金融机构筹集资金，其繁琐的手续和复杂的人事关系常常使人止步。TOT 项目融资，出资者直接参与项目经营，由于利益驱动，其经营风险自然会控制在其所能承受的范围内。

（3）与合资、合作融资方式比较。合资、合作牵涉两个以上的利益主体。由于双方站在不同利益者角度，合资、合作形式一般都存在一段"磨合期"，决策程序相对也比较长，最后利润分配也是按协议或按各方实际出资比例分配。实行 TOT 项目融资，其经营主体一般只有一个，合同期内经营风险和经营利益全部由经营者承担，这样，企业内部决策效率和内部指挥协调工作就容易开展了。

（4）与内部承包或实物租赁融资方式比较。承包或租赁虽然也是把项目经营权在一定时期让渡出去，但与 TOT 项目融资相比，仍有许多不同之处。经营承包一般主体为自然人，项目对外法人地位不变，项目所有权完整保留。租赁行为中，虽然经营者拥有自己独立的对外民事权利，但资产所有权权利乃由出租者行使，租赁费用一般按合同约定分批支付或一年支付一次。TOT 项目融资是两个法人主体之间契约行为，经营者在合同期内，仍有独立的民事权利和义务，按合同约定，经营者还可拥有部分财产所有者的权利。经营者取得财产经营权的费用也一次性支付。

（5）与融资租赁方式比较。融资租赁是指出租者根据承租人对供应商和设备的选定，购买其设备交承租人使用，承租人支付租金的行为。融资租赁方式涉及购买和租赁两个不同合同，合同主体也涉及出租人、供应商、承租人三方。其运作实质是"以融物形式达到融资的目的"。TOT 项目融资方式，合同主体只有财产所有人和其他社会经营主体两者。经营者既是出资者，又是项目经营者。所有者暂时让渡所有权和经营权，其目的是通过项目融资，筹集更多的建设资金，投入城市基础设施建设。TOT 项目融资方式，省去了设备采购和建设安装环节，其采购设备调试风险和建设安装风险已由项目所有者承担。合同约定的标的交付后，经营者即可进入正常经营阶段，获取经营收益。

（6）与道路两厢或其他土地开发权作为补偿方式比较。以开发权作为补偿项目其本身一般不具备创收经营权，项目具有纯公益性质。TOT 项目融资，其项目本身必须是经营性资产，有比较固定的收益。与取得其他开发权融资方式比较，省去了建设环节风险和政策不确定性因素风险，其运作方式对项目所有者和经营者都有益处。

4. 实施 TOT 方式应注意的问题

（1）注意新建项目的效益。由于新建项目规模大，耗费资金多，因此一定要避免以前建设中曾经出现的“贪大求洋”、效益低、半途而废等情况。首先，在目前 TOT 融资方式经验不足的情况下，要做好试点工作，并及时总结经验，从小到大，从单项到综合项目逐步展开。其次，在建设前一定要进行全面、详细地评估、论证，要充分估计到 TOT 的负面效应，提出相关预防措施。对于事关国家建设全局的重大项目，要慎之又慎，切忌草率决定，仓促上马。中央有关部门应从国民经济全局的角度出发，严格审核、审批，防止一哄而起，盲目引进外资，防止重复建设。

（2）注意转让基础设施价格问题。第一，由于外方接受的是已建基础设施，避免了建设时期和试生产时期的大量风险，而由我方承担这些风险。因此，经营权的转让价应合理提高，作为对承担风险的“对价”。第二，由于 TOT 项目多为基础设施项目，其价格高低必然会对社会经济造成较大影响。而由于外方承担风险较低，花费费用少，因此，项目产品价格应按国内标准合理制定，要与社会经济承受能力相适应。

（3）加强国有资产评估。受让方买断某项资产的全部或部分经营权时，必须进行资产评估。转让资产如果估价过低，会造成国有资产流失；估价过高则可能影响受让方的积极性和投资热情。因此，要正确处理好资产转让和资产评估的关系。聘请的评估机构应具有相应资质，在评估时最好与转让方和其聘请的融资顾问及时沟通，评估结果应报国有资产管理部门批准。

（4）应明确规定转移经营权的项目的维修改造。为防止外商（受让方）竭泽而渔，在移交回我方时是一个千疮百孔的烂摊子，可以采用一种过渡期的办法。在过渡期内，双方共同管理、共同营运项目，收入按一定比例分享，以利于我方对项目运行的监督管理。此外,还应鼓励外商对项目进行技术改造、设备更新和必要的其他扩建改造。

（5）进一步改善 TOT 方式的投资法律环境问题。尽管 TOT 涉及环节较少，但作为一种利用外资的新形式，仍必须要求有完善的法律环境的保证。政府应通过立法规范 TOT 相关主体的行为，明确各方权利义务，保证转让项目的有偿使用和特许经营权的稳定性，保障投资者合法权益，尽量减少投资的法律风险。因此，有必要依据我国国情和国际惯例，制订出一套适合于 TOT 方式的法律法规，为 TOT 在我国的有效利用创造良好的法律环境。

（三）TBT 模式分析

TBT 的实施过程如下：政府通过招标将已经运营一段时间的项目和未来若干年的经营权无偿转让给投资人；投资人负责组建项目公司去建设和经营待建项目；项目建成开始经营后，政府从 BOT 项目公司获得与项目经营权等值的收益；按照 TOT 和 BOT 协议，投资人相继将项目经营权归还给政府。实质上，是政府将一个已建项目和一个待建项目打包处理，获得一个逐年增加的协议收入（来自待建项目），最终收回待建项目的所有权益。

TBT 模式有两大特点。其一，从政府的角度讲，TOT 盘活了固定资产，以存量换增量，可将未来的收入现在一次性提取。政府可将 TOT 融得的部分资金入股 BOT 项目公司，以少量国有资本来带动大量民间资本。众所周知，BOT 项目融资的一大缺点就是政府在一定时期对项目没有控制权，而政府入股项目公司可以避免这一点。

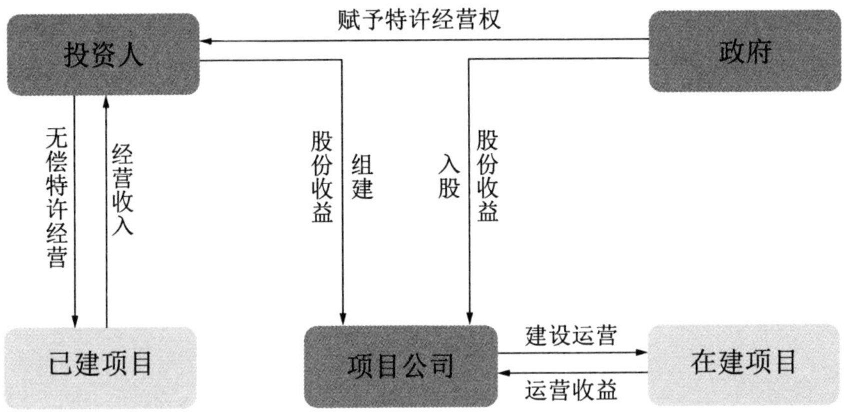

图 8.3 TBT 融资模式结构图

其二，从投资者角度来讲，BOT 项目融资的方式很大程度上取决于政府的行为。而从国内外民营 BOT 项目成败的经验看，政府一定比例的投资是吸引民间资金的前提。在 BOT 的各个阶段政府会协调各方关系，推动 BOT 项目的顺利进行，这无疑减少了投资人的风险，使投资者对项目更有信心，对促成BOT项目融资极为有利。TOT使项目公司从BOT特许期一开始就有收入，未来稳定的现金流入使 BOT 项目公司的融资变得较为容易。

（四）BOO 模式分析

BOO 模式的优势在于，政府部门既节省了大量财力、物力和人力，又可在瞬息万变的信息技术发展中始终处于领先地位，而企业也可以从项目承建和维护中得到相应的回报。

1. 与 BOT 的相同点

BOO 和 BOT 模式最重要的相同之处在于，它们都是利用私人投资承担公共基础设施项目。在这两种融资模式中，私人投资者根据东道国政府或政府机构授予的特许协议或许可证，以自己的名义从事授权项目的设计、融资、建设及经营。在特许期，项目公司拥有项目的占有权、收益权以及为特许项

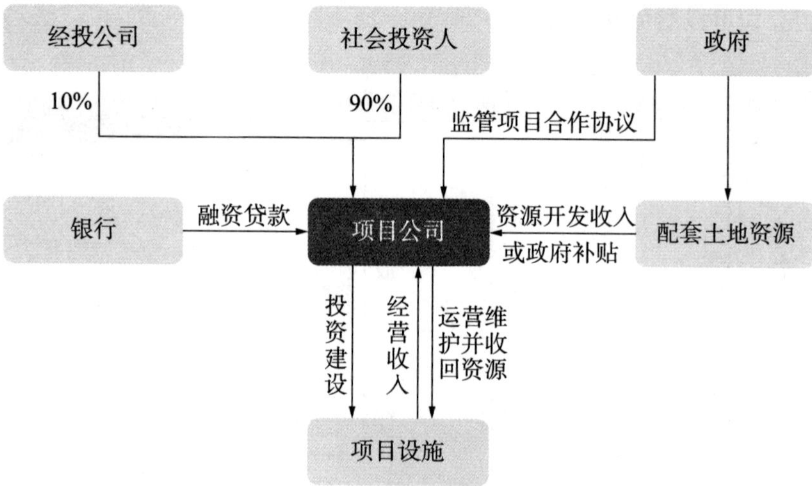

图 8.4　BOO 融资模式结构图

目进行投融资、工程设计、施工建设、设备采购、运营管理和合理收费等权利，并承担对项目设施进行维修、保养的义务。在中国，为保证特许权项目的顺利实施，在特许期内，如因中国政府政策调整因素影响，使项目公司受到重大损失的，允许项目公司合理提高经营收费或延长项目公司特许期；对于项目公司偿还贷款本金、利息或红利所需要的外汇，国家保证兑换和外汇出境。但是，项目公司也要承担投融资以及建设、采购设备、维护等方面的风险，政府不提供固定投资回报率的保证，国内金融机构和非金融机构也不为其融资提供担保。

2. 与 BOT 的不同点

在 BOT 项目中，项目公司在特许期结束后必须将项目设施交还给政府；而在 BOO 项目中，项目公司有权不受任何时间限制地拥有并经营项目设施，这是 BOO 与 BOT 模式最大的不同之处。从 BOT 的字面含义，也可以推断出基础设施国家独有的含义：作为私人投资者在经济利益驱动下，本着高风险、高回报的原则，投资于基础设施的开发建设。为收回投资并获得投资回报，私人投资者被授权在项目建成后的一定期限内对项目享有经营权，并获得经营收入。期限届满后，将项目设施经营权无偿移交给政府。由此可见，项目设施最终经营权仍然掌握在国家手中，而且在BOT项目整个运作过程中，私人投资者对项目自始至终都没有所有权。BOT模式不过是政府利用私人投资者在一定期限内对项目设施拥有经营权，但该基础设施的本质属性没有任何改变。换句话说，运用BOT方式，项目发起者可拥有一段确定的时间以获得实际的收入来弥补其投资，之后，项目交还给政府。而BOO方式，项目的所有权不再交还给政府。

（五）BOOT模式分析

BOOT属于BOT的一种基本形式，但是存在着区别。BOOT与BOT的区别有两方面：

一是所有权的区别。BOT方式，项目建成后，私人只拥有所建成项目的经营权；而BOOT方式，在项目建成后，在规定的期限内，私人既有经营权，也有所有权。

二是时间上的差别。采取BOT方式，从项目建成到移交给政府这一段时间一般比采取BOOT方式短一些。

每一种BOT形式及其变形，都体现了对于基础设施部分政府所愿意提供的私有化程度。BOT意味着一种很低的私有化程度，因为项目设施的所有权并不转移给私人。BOOT代表了一种居中的私有化程度，因为设施的所有权在一定有限的时间内转给私人。最后，就项目设施没有任何时间限制地被私有化并转移给私人而言，BOO代表的是一种最高级别的私有化。换句话说，一国政府所采纳的建设基础设施的不同模式，反映出其所愿意接受的是某一行业私有化的不同程度。由于基础设施项目通常直接对社会产生影响，并且要使用到公共资源，诸如土地、公路、铁路、管道、广播电视网等。因此，基础设施的私有化是一个特别重要的问题。对于运输项目（如收费公路、收费桥梁、铁路等）都是采用BOT方式，因为政府通常不愿将运输网的私有权转交给私人。在动力生产项目方面，通常会采用BOT、BOOT或BOO方式。一些国家很重视发电，因此只会和私人签署BOT或是BOOT特许协议。而在电力资源充足的国家（如阿根廷），其政府并不如此重视发电项目，一般会签署一些BOO许可证或特许协议。最后，对于电力的分配和输送，天然气以及石油来说，这类行业通常被认为是关系到一个国家的国计民生，因此建设这类设施一般都采用BOT或BOOT方式。

三、PPP投融资管理

（一）运作监管

PPP项目的监管主要分两个阶段：一是项目的立项和特许经营者选择时期的准入监管，二是项目建设运营时期的绩效监管（包括质量、价格、服务水平和财务等方面的监管）。准入管理的目的在于剔除不能实现物有所值（Value for Money，VfM）的PPP项目方案和特许经营者，以提高效率；绩效监管的目的在于解决市场失灵、普遍服务和绩效不符要求等重要问题，以保护公众利益。

1. 准入监管

（1）准入监管的内容

准入监管可以进一步分为两个阶段：

一是立项监管，制定基础设施和公共事业的发展规划，考察项目的必要性（可采取我国现有可行性研究制度），以及是否适用于PPP模式（目前我国缺少这个评估制度）；

二是特许经营者选择的监管，通过竞争招标选择一家（或者几家组成的联合体）最优秀的企业授予其特许经营权。

准入监管的核心内容是考察PPP模式及特许经营者能否实现物有所值，即比传统模式效率高。

（2）准入监管办法

各国实践中所采用的办法可以分为两类：公共部门比较因子法（Public

Sector Comparator，PSC）和竞争性投标方法。

A. 公共部门比较因子法

英国、加拿大、德国、澳大利亚、日本、荷兰、南非、中国台湾、中国香港等国家或地区都是基于 PSC 法考察 VfM，如英国于 1999 年和 2004 年出台《VfM 评估指南》，2008 年出台《基于长期价值的基础设施采购法》。

PSC 法的基本原理是对用 PPP 模式和传统模式的全寿命期成本（PSC）进行比较，如果一个 PPP 方案的成本（投标价）低于用传统模式的成本（当然要考虑风险转移的价值），就实现了物有所值。

B. 竞争性投标方法

我国和美国、罗马尼亚、奥地利、比利时、新加坡等国家是采取竞争性投标法来实现 VfM 的。以新加坡为例，PPP 项目的采购流程分为七个阶段，其中实现 VfM 最重要的时段是市场反馈期。投标者们分别与公共部门进行沟通和谈判，不断提出修改初始投标文件的要求和反馈，以提高项目的 VfM。公共部门这段时间也需要根据新的信息修改招标文件，并随时公开发布。最终通过竞争性谈判来决定中标者，而中标者最终的投标文件和之后签订的特许经营协议也会包含谈判期间修改的部分内容。

C. 两种方法的比较分析

PSC 法计算复杂，重视定量化计算和分析，应用难度大，特别是在项目前期，因为缺乏真实准确的数据，因而在投资、折现率、风险分担等方面的假设很重要；此外，仅仅比较 PSC 与投标价似乎过于单一。

而竞争性投标方法相对更有弹性，但我国竞争投标方法的主要缺点是：很多未能真正做到公开透明，走形式（如官员干预 / 腐败，串标 / 围标），招标人与投标人、投标人之间、招标代理机构和投标人之间关系复杂和微妙，学者不愿参与（怕受牵连），项目规模大、复杂、时间长，但评标时间短，难选到合适特许经营者等。

（3）准入监管主体

各国监管机构的主体是政府（见表 8.1），有多种形式：

①有单独设立监管机构的，如中国香港的财政司效率促进组；

②有在综合行政部门中设立相对独立的监管机构，如英国，财政部负责所有 PFI（PPP）项目政策的制定；与此同时，国家审计署（the National Audit Office）和公共事业管理委员会（the Public Accounts Committee）负责对重要的 PFI 政策方面进行调查研究并提出意见，财政部下属合伙经营机关（Partnerships UK plc）为所有的公共管理部门提供 PFI 专业管理，尤其是招投标方面的知识，财政部下属公私合营机构合作署通过建议及指南对地方政府提供 PPP 项目支持，并帮助其制定标准化合同；

③有依托现有行业主管部门，设立分行业的法定机构同时行使监管和提供服务双重职能的混合模式，如新加坡；

④也有让已经单独设立的 PPP Unit（世行 / 亚开行等建议发展中国家最好设立）同时行使部分（宏观的）监管职能。

表 8.1　几个国家 / 地区 PPP 监管体系比较

国家 / 地区	澳大利亚	中国香港	南非	英国
PPP 主管部门	国民基础设施部 / 地方财政部	政务司效率促进组	国民财政部 PPP 小组 / 地方政府部门	财政部 / 国家审计署和公用事业管理委员会
组织类型	中央部门 / 地方部门	中央专项小组	中央专项小组 / 地方	中央部门 / 下属机构
职能	发布政策和指导文件 / 发布地方管理办法和实施监管	发布指导文件 协助政府其他部门	发布政策、指导文件 / 政府实施监管	发布政策、指导文件，并实施监管
政策体系	中央政策、指导文件 + 地方特殊要求	中央政策、指导文件	指导文件	中央政策、指导文件

续表

国家 / 地区	澳大利亚	中国香港	南非	英国
文件类型	技术文档、案例模型、FAQ	技术文档、案例模型	案例模型	技术文档、案例模 型、Excel 模型
主要文件	1.National PPP Policy,Dec 2008 2. National PPP Guidelines,Dec 2008（Volume 4: Public Sector Comparator Guidance） 维多利亚州： 1.PSC Technical Note, 2001 2.PSC Supplementary Technical Note, 2003 3.Partnerships Victoria Statement,Feb. 2009 4.Partnerships Victoria Requirements, Feb.2009（PSC Development FAQs）	1.An Introductory Guide to Public Private Partnerships, Aug. 2003（Chapter 8 The Public Sector Comparator） 2.An Introductory Guide to Public Private Partnerships（2nd Edition）, Mar. 2008（Chapter 4 Making a Business Case - Annex D Constructing a Public Sector Comparator 12 Steps）	Municipal Service Delivery and PPP Guidelines（Module 4: Feasibility Study - Stage 6:Value Assessment）	1.The Green Book 2.The Green Book Guidance: A Toolkit Guide 3.Supplementary Green Book Guidance（Adjusting for Taxation in PFI vs PSC Comparisons） 4.Value for Money Assessment Guidance,Nov. 2006 5.Quantitative Assessment User Guide, Mar. 2007

以上国家或地区都有单一的中央部门负责 PPP 项目的政策制定和准入监管。此外，政府还聘请、授权或与第三方合作，并让公众和媒体，以及放贷方等也参与监管，世行、亚开行等国际多边机构也会对其放贷或援助项目的

招投标、财务状况和环境影响等进行监管。

一般而言，监管机构应具备如下特征：

①独立性：可以独立地执行监管政策而不受利益相关方的干扰，特别是作为项目公司股东的政府的不必要干涉。

②合法性：监管机构的设立、职权范围和基本政策都是通过法律法规确定的。

③广泛性：监管机构的监管领域十分广泛，覆盖项目的各个方面。

④专业性：独立监管机构成员一般由行业管理专家、技术专家、经济学家、法学家、用户代表等组成。

⑤公正性：监管机构的独立性、专业性和权威性等，确保监管机构的公正监管。

2. 绩效监管

PPP 项目应通过基于产出 / 结果的绩效要求（Output/Outcome-based Performance Specification）促使特许经营者确保所提供的产品 / 服务的质量并提高效率，政府监管的重点是产品 / 服务的质量和数量，而不必干涉特许经营者通过什么方法满足绩效要求，以发挥他们的能动性和创造性。

（1）产品 / 服务质量监管

A. 美国

美国的《PPP 项目立项（Establish a P3 Program）》中认为各方的监管责任分配见表 8.2。

B. 英国

英国的《标准化 PFI 合同指南（Standardised PFI Contracts）》中指出，绩效监管应与付款机制（Payment Mechanism）相结合，技术要求和监管方法应在主要的招标文件中列明，以便各方明确自身职责。包括英国在内的欧洲国家，绩效监管主要在 3 个层面进行：

①项目内部的质量管理（由特许经营者负责）；

②对项目内部质量管理的审查（由公共部门负责）；

③用户反馈（作为用户的权益，有途径向公共部门举报）。

表 8.2 绩效监管职责分配

部门	职责
特许经营者	•制定管理 •搜集监管数据 •编写监管报告
公共部门	•制定技术标准 •审查特许经营者的管理计划和监管报告，审计财务 •评估与奖惩
第三方	•独立审计 •数据搜集 •争议处理

监管的结果要通过报告形式体现，且监管的费用一般由政府和项目公司分担，但如果结果不符合要求，需要再次检测的费用，则由项目公司承担。

C. 中国香港

中国香港的《PPP 指南（PPP Guide 2008）》中指出，服务水平协议（Service Level Agreement）中的基于产出 / 结果的绩效要求很大程度上影响最终的服务提供水平，因此，为了促进合同管理：

①特许经营者要定期向政府业主部门就几个关键绩效指标的监控结果进行汇报；

②除了日常的监管之外，还要接受抽查和第三方的独立审查 / 审计。

上述各个国家或地区对绩效监管的思路和做法基本一致，主要包括，先明确监管做法：

①政府说明所需要产品 / 服务的绩效要求；

②特许经营者负责如何满足这些绩效要求；

③政府不干涉特许经营者的设计、建设和运营过程，以及后者所采取的解决方案。

再建立保证措施：

①企业建立质量保证体系，确保过程合规；

②验证和确认绩效：企业自我确认结果（包括对其分包商的绩效负责）；政府或授权独立第三方根据情况定期 / 随机监控过程和结果；绩效关联的支付机制。

所涉及的监测费用，一般由政府和项目公司分担：

①政府承担由其提出的首次或例行的监测费用；

②但由于项目公司的绩效不达标而引起政府对同一内容进行第二次监测的费用则由项目公司承担。

项目公司对其分包商绩效的监测费用则由项目公司和其分包商协商承担。

（2）价格监管与调节机制

因为特许经营期长达十几甚至几十年，要求任何一方准确预测和独立承担特许期内所有的风险是不现实的，也是不公平的，特别是没有完全控制能力的风险。例如，在特许经营期内，特许经营者会面临通胀、汇率、需求、材料价格 / 质量、利息等风险，因此除了应关注起始收费高低，还应设计动态调节 / 调价机制（区别对待固定成本和变动成本）以降低风险，甚至设立重新谈判触发机制。总之，政府应根据不同的制度环境、风险和监管目标，除了采取不同的定价方式,更要设立动态调节 / 调价机制。常用的收费调节机制（指数调整法）有：

①与消费指数挂钩以降低通货膨胀的影响；

②与汇率挂钩以降低汇率波动的影响；

③与需求挂钩以降低需求变化的影响；

④与原材料价格 / 质量挂钩以降低价格 / 质量起伏的影响，等等。

此外，还有标杆评定法和市场测定法，主要是项目公司对分包商提出调价要求而进行价格评估的方法，政府有时也可在招投标时明确首次行使价格标杆评定的时间和期限。对电厂、水厂、污水 / 垃圾处理等项目，一般还采用组合收费法，分析对成本的主要影响因素及比例，然后分别设立调节 / 调价机制，以保证政府和企业之间的长期动态公平。

以污水处理厂调价公式为例：

$P_n = P_{n-t} K$

其中，Pn 为第 n 年的污水处理基本单价，Pn-t 为第 n-t 年（上一调价年，调价周期为 t）的污水处理基本单价，K 为调价系数。

上述调价机制是针对支付给特许经营者的价格而言。面向用户的价格要根据社会需求来确定。两者之间如果存在偏差，差价应由政府财政补贴。

（3）财务监管

为了避免投资企业投机，以及防止企业抽逃资本金和未经政府同意抵 / 质押项目资产 / 合同权益去融资，还应对企业的资本金设最短退出年限和最低持有额 / 比例。

另外，在 PPP 项目公司中设有“政府股”和“公开招募股”并公开项目财务是依据产权保证社会参与 PPP 项目，进行财务监管的主要有效方式。

A. 政府股

①政府股对项目公司的一般正常经营活动并不进行干涉；

②政府不必派出自己的董事，只是在政府股所附带明确的特定条件下与权利范围内对项目公司进行干预；

③把政府对项目公司的有效干预和保证项目公司的独立地位与独立经营妥善地结合起来。

B. 公开招募股

①公开招募股类似于英国 2012 年 12 月提出的 PFI 升级版 PF2 中的私营部门 II 类股；

②公开招募股通过市场公开募集，而非项目公司主办人选定。

这样，就通过更透明地社会实质参与对项目公司进行监管，有利于保护项目公司和公众利益。

（4）绩效监管的主体

综上，可以看到绩效监管的主体包括特许经营者、公共部门和第三方机构（负责审计的会计师事务所，仲裁法庭等负责争议处理的机构，放贷方等）。

绩效监管与绩效要求及与绩效挂钩的支付和调节 / 调价机制密切相关，因此技术经验、项目数据的积累至关重要，需要有专门的部门负责数据库的搭建和数据的积累，帮助公共部门制定合同范本。

（二）相关立法

1. 政府采购法

《中华人民共和国政府采购法》是为了规范政府采购行为，提高政府采购资金的使用效率，维护国家利益和社会公共利益，保护政府采购当事人的合法权益，促进廉政建设而制定，是针对政府采购的专门性法规。

《政府采购法》分为总则、政府采购当事人、政府采购方式、政府采购程序、政府采购合同、质疑与投诉、监督检查、法律责任、附则等 9 章，共 88 条。根据政府采购管理办法及我国具体情况，《政府采购法》主要包括以下两大方面的内容：第一，规范政府采购的资金来源渠道与程序；第二，要解决财政拨付的政府采购资金的合理使用问题。政府采购法的基本目的是要解决政府采购资金的合理使用，即要保证以最少的资金支出采购到最好的“货物”，同时要防止采购活动中的腐败问题。

就 PPP 适用情况而言，在适用项目属性方面，《政府采购法》强调财政使用情况，但对 PPP 适用范围有限。《政府采购法》第二条规定，本法所称政府采购，是指各级国家机关、事业单位和团体组织，使用财政性资金采购依法制定的集中采购目录以内的或者采购限额标准以上的货物、工程和服务的行为。这同时也就限制了政府采购范围。有些 PPP 项目的支付模式采用使用者付费，显然这不适用于《政府采购法》。

在政府扮演角色方面，《政府采购法》更加有利于政府发挥主导作用。《政府采购法》更加规范政府的行为。《政府采购法》第十四条规定，政府采购当事人是指在政府采购活动中享有权利和承担义务的各类主体，包括采购人、供应商和采购代理机构等。但在当事人中，采购人（政府）起主导作用，承担主要责任；同时，在第六章质疑与投诉和第七章监督检查中，采购人是主要的被监视对象。在PPP项目中，政府发起项目选择投资者，在甄选阶段应起主导作用；同时，项目是提供社会公众基础性设施或服务，其受益人为公众，政府代表公众组织项目的开展，应承担主要责任。由此看来，《政府采购法》更有利于政府在PPP项目的招标阶段掌握主动权，对整个项目进行控制。

在选择投资者方式上，从招标方式、招标方法与应用范围上做了规定，但更加侧重对公开招标方式的选择。《政府采购法》第二十六条中则规定了政府采购的6种方式：公开招标、邀请招标、竞争性谈判、单一来源采购、询价及国务院政府采购监督管理部门认定的其他采购方式。《政府采购法》将公开招标作为主要方式，且规定任何单位和个人不得将依法必须进行招标的项目（应当以公开招标方式采购的货物或者服务）化整为零或者以其他任何方式规避招标。同时《政府采购法》对招标方法做了规定，如公开招标需发布招标文件，禁止就投标价格、投标方案等实质性内容进行谈判；投标人（供应商）不足三家的应予废标，出现影响公正、违法违规行为的应负法律责任且废标等。另外，条文中还规定，采用公开招标方式的，其具体数额标准，应由国务院或相应级人民政府规定。对于不适用公开招标的项目，《政府采购法》第二十九条至第三十二条分别具体给出了邀请招标方式采购、竞争性谈判方式采购、单一来源方式采购和询价方式采购的适用情况。《政府采购法》规定的竞争性谈判方式采购、单一来源方式采购和询价方式采购更加灵活，为PPP项目的政企合作质量的提升创造了条件，有利于政府与投资者对项目实施方案进行细化，就利益、风险的分配进行商讨。使双方在签署合同协议之前达成最大共识，降低后续项目过程中产生分歧的可能性。但《政府采购法》对每种采购方式的应用范围做出了严格的限定，相当于对各类PPP项目的投资者的选择模式做出了相应限制。基础设施与公共事业PPP项目多带有一定的垄断性，如市政地下管网，城镇供水设施，燃气、供热管网等，政府只能从有限范围的供应商处采购，则可以采用邀请招标方式。另一些带有一定技术革新、城市升级的性质，如污水和垃圾处理及再生利用设施，智能节能环保产品等，由于技术复杂或者性质特殊，只有唯一或极少数供应商能提供，则可以采用竞争性谈判方式或单一来源方式采购。然而，更多的 PPP 项目是技术较为普及、特殊性并不是很强的，如公路、桥梁、医疗和教育等，这些项目则更适合于采取公开招标进行采购。

在作用时效方面，《政府采购法》更侧重长远期。《政府采购法》第四十二条规定，采购文件的保存期限为从采购结束之日起至少保存 15 年。采购文件包括采购活动记录、采购预算、招标文件、投标文件、评标标准、评估报告、定标文件、合同文本、验收证明、质疑答复、投诉处理决定及其他有关文件、资料。同时，《政府采购法》侧重从长远期着手选择投资者，强调项目全寿命周期内的政企合作质量。例如，《政府采购法》的第六章质疑与投诉中明确了供应商以及群众对于采购人或采购行为监督和质疑的权利，也规定了采购人回应的义务；第七章监督检查中指出了监督管理部门的职能；第八章明确了各政府采购当事人的法律责任。这样的法律基础对于 PPP 项目长期合作尤为重要，也为后续项目协议、合同的签署做好铺垫。另外，《政府采购法》第三十三条规定，负有编制部门预算职责的部门在编制下一财政年度部门预算时，应当将该财政年度政府采购的项目及资金预算列出，报本级财政部门汇总。因此，《政府采购法》考虑了中长期的预算规划，具备推行跨年度预算制度的基础。

2. 招标投标法

《招标投标法》是一部规范我国招标投标活动的基本法律。招标投标是市场竞争的一种重要手段，规范招标投标活动的招标投标法是规范市场经济活动的重要法律，是市场经济法律体系的重要组成部分。《招标投标法》第一章为总则，规定了《招标投标法》的立法宗旨、适用范围，强制招标范围，以及招标投标活动中应遵循的基本原则；第二至四章根据招标投标活动的具体程序和步骤，规定了招标、投标、开标、评标和中标各阶段的行为规则；第五章规定了违反上述规则应承担的法律责任，上述几章构成了本法的实体内容；第六章为附则。

对于 PPP 适用情况，《招标投标法》结构清晰，方式明确。适用项目的属性上，侧重工程建设项目。《招标投标法》第三条规定，大型基础设施、公用事业等关系社会公共利益、公众安全的项目；全部或者部分使用国有资金投资或者国家融资的项目；使用国际组织或者外国政府贷款、援助资金的项目的工程建设项目适用《招标投标法》。《招标投标法》强调工程建设项目，有些 PPP 项目并非工程建设项目，故不应适用《招标投标法》。在角色界定上，权责明确，主体评定。在《招标投标法》中，各主体角色基本平等，框架较为清晰，标准容易界定。招标人、投标人，以及招标人组建指定的招标委员会和评标委员会，都有其明确的责任与义务，且明文规定各方应做什么、禁止做什么，以及相应的法律责任。选择投资者的方式侧重公开招标。《招标投标法》第十条中规定，招标分为公开招标和邀请招标。同样，《招标投标法》将公开招标作为主要招标方式，对于不适用公开招标的项目，《招标投标法》第十一条指出，国务院发展计划部门确定的国家重点项目和省、自治区、直辖市人民政府确定的地方重点项目不适宜公开招标的，经批准，可以进行邀请招标。另外，《招标投标法》的公开招标或邀请招标，禁止开标后进行实质性谈判，且整个招标过程严格要求。《招标投标法》更加侧重对招标进度的完结。《招标投标法》第四十六条规定，招标人和中标人应当自中标通知书发出之日起三十日内，按照招标文件和中标人的投标文件订立书面合同，至此招投标整个工作已结束。

3. 建筑法

《中华人民共和国建筑法》分为总则、建筑许可、建筑工程发包与承包、建筑工程监理、建筑安全生产管理、建筑工程质量管理、法律责任、附则共 8 章 85 条。《中华人民共和国建筑法》的颁布以解决建筑活动中出现的严重问题，加强对建筑活动的监督管理，维护建筑市场秩序，保证建设工程的质量和安全，保护建筑活动当事人的合法权益，促进我国建筑业健康、有序地发展。

在主要内容方面，《建筑法》第二条明确规定了法律的适用范围，本法所称建筑活动，是指各类房屋建筑及其附属设施的建造和与其配套的线路、管道、设备的安装活动。因此在内容上缩小了适用范围，这也就表明了《建筑法》不会完全的适用于PPP项目，只在房屋建筑范围内对其起到规范约束作用。

从法律规范以及法律出发点考虑，《建筑法》更加侧重对建筑安全和质量的重视。《建筑法》第二章对建筑许可证进行了规定，包括建设工程施工许可和从业者许可，明确规定了建设工程施工许可的条件以及从事建筑活动的单位的资质审查制度和有关人员的资格审查制度等。实行建筑许可制度，旨在有效地保障建设工程质量和安全。为提高建设工程质量，《建筑法》第三章规定了建设工程发包与承包应当遵循的基本原则及行为规范，如实行招标发包和直接发包的范围；不得违法肢解发包；总包单位分包时须经建设单位认可等等，严格实行建设工程发包与承包制度。为保证建设工程质量和建筑安全生产，《建筑法》规定了建筑工程监理制度，对推行建设工程监理制度做出了规定，明确了工程监理单位的资质审查、建设工程监理的任务及应当实行建设工程监理的范围和原则等。建筑工程质量和安全，是《建筑法》的核心部分。《建筑法》在建筑活动的各个阶段、各个环节中，都紧扣建设工程的质量和安全并加以规范，分设两章规定了建筑活动各有关方面在保证建设工程质量和安全中的责任。

4. 合同法

《中华人民共和国合同法》分为总则、分则和附则3部分，共23章428条。《合同法》对合同的订立、效力、履行、变更和转让、权利义务终止、违约责任、买卖合同、供用电、水、气、热力合同、赠与合同、借款合同、租赁合同、融资租赁合同、承揽合同、建设工程合同、运输合同、技术合同、保管合同、仓储合同、委托合同、行纪合同、居间合同等均作了具体规定。

从整体上看，合同法对各类型的合同均作了具体规定，在样式上更加有依据，但从内容上将，对于PPP适用性不强。PPP作为长期项目，需要政府遵循契约精神，合同法从其对合同的规定上并不能满足PPP的需求。《合同法》首先承认口头形式和其他形式的合同的效力，但PPP更需要书面合同来加以保障。《合同法》对格式合同条款进行了必要的限制，规定了双方应遵循平等原则。《合同法》明确规定，采用格式条款订立合同的，提供格式条款的一方应当遵循公平原则确定当事人之间的权利和义务。同时《合同法》还对典型的合同在形式上做了详细的规定，这对PPP复杂合同体系在样式上做了规定，使其更加有依据。

5. 公司法

《中华人民共和国公司法》是为了规范公司的组织和行为，保护公司、股东和债权人的合法权益，维护社会经济秩序，促进社会主义市场经济的发展而制定的。

《公司法》共十三章、二百一十八条，各章的内容分别为：第一章为总则，说明了设置公司法的目的以及公司设立、变更、投融资等情况的介绍；第二、三章具体介绍有限责任公司的设立和组织机构以及股权转让；第四、五章介绍股份有限公司的设立和组织机构以及股份有限公司的股份发行和转让；第六章为公司董事、监事、高级管理人员的资格和义务；第七章为公司债券；第八章为公司财务、会计；第九章为公司合并、分立、增资、减资；第十章为公司解散和清算；第十一章为外国公司的分支机构，说明了国外公司分支机构设立、经营活动性质等；第十二章为法律责任，说明了违反公司法规定应承担的法律责任；第十三章为附则，解释了相关用语的含义。

在PPP项目中，由取得特许经营权的投资者或联合体依据公司法组建项目公司，从项目公司的成立、变更，公司内高层人员的资格和义务，公司上市后的债券发布和公司的增减资以及解散等都要受到公司法的约束。在通常情况下，项目公司采用有限责任公司的形式，因此在成立项目公司的时候要遵循对有限责任公司的规定，例如股东人数50人以下、不公开募集资本、固定人数符合法定人数等。

6. 会计法

《会计法》是我国会计法律制度中层次最高的法律规范，是制定其他会计法规的依据，是指导会计工作的最高准则。

《会计法》共七章、五十二条，分别由总则，会计核算，公司、企业会计核算的特别规定，会计监督，会计机构和会计人员，法律责任以及附则构成。第一章的总则中对本法制定的目的、履行单位、对履行单位和个人的要求等情况进行了说明；第二章的会计核算列举了应当办理会计手续的业务事项，说明了对会计凭证、会计账簿和会计报告的要求等，这是会计法的核心部分；第三章是特别规定，主要写明了会计核算的违规行为；第四章是会计监督，规定了内部会计监督制度的要求，违规处理情况，监督单位的监督事项等；第五章写明了对会计机构和会计人员的要求；第六章是违法行为和处置办法。

会计法对 PPP 项目的约束主要体现在对 PPP 项目联合公司内会计核算以及监管上。《会计法》第二章的会计核算以及第四章的会计监督中的具体条例适用于 PPP 联合公司的会计事项；同时，会计法中的其他章节，例如对会计人员的要求、违规处理办法等同样适用于 PPP 项目。

7. 税收征收管理法

《税收征收管理法》是调整、规范税收征收管理的法律规范的总称。《税收征收管理法》共六章、九十四条，分别由总则、税务管理、收款征收、税务检查、法律责任和附则构成。总则写了本法颁布的目的等；第二章税务管理主要写明了税务登记情况，账簿、凭证管理以及纳税申报等。第三章税款征收对纳税人、扣缴义务人缴纳税款的情况进行介绍。另外还介绍了税务机关的权利与义务；第四、五章分别对税务检查以及违规的法律责任进行了说明。

PPP 项目公司通常采用有限责任制，《税收征收管理法》第十五条规定，自领取营业执照之日起 30 日内申报办理税务登记；第二十条规定从事生产、经营的纳税人的财务、会计制度或者财务、会计处理办法和会计核算软件，应当报送税务机关备案。因此 PPP 项目公司的财务、会计制度及处理办法等应当报送税务机关备案。第三十五条规定了税务机关在一定情形下可以核定 PPP 项目公司（纳税人）应纳税额。第五十四条规定了税务机关可以对项目公司进行税务检查的情形。第五章规定了违规处理办法等。

8. 商业银行法

《中华人民共和国商业银行》是为了保护商业银行、存款人和其他客户的合法权益，规范商业银行的行为，提高信贷资产质量，加强监督管理，保障商业银行的稳健运行，维护金融秩序，促进社会主义市场经济的发展而制定的法律。

《商业银行法》共九章、九十五条，分别由总则、商业银行的设立和组织机构、对存款人的保护、贷款和其他业务的基本规则、财务会计、监督管理、接管和终止、法律责任以及附则构成。第一章总则对本立法目的、商业银行经营范围以及交易原则等进行了说明与规定。第二章商业银行的设立和组织机构；对商业银行的设立条件、需提交材料、变更、合并等进行了规定；第三章是对贷款人的保护，第四章贷款和其他业务的基本规则，规定了对贷款人贷款的要求以及商业银行对贷款人的管理办法等。第五章财务会计对商业银行的会计年度、上报时间等进行了限定。第六章监督管理规定了对商业银行的监管办法。第七章接管和终止对商业银行的终止以及接管做了详细的规定。第八章对商业银行的违规行为做出了明确的法律规定。

《商业银行法》第四章贷款和其他业务的基本规则，涉及对贷款人的要求，PPP 项目成立后，需要筹集资金，进行项目融资、贷款等，在对商业银行贷款时要遵从第四章的条款。例如第三十六条规定，借款人应当提供担保。第四十二条规定，借款人应当按期归还贷款的本金和利息等。

9. 仲裁法

《中华人民共和国仲裁法》是为保证公正、及时地仲裁经济纠纷，保护当事人的合法权益，保障社会主义市场经济健康发展而制定的法律。

《仲裁法》共八章、八十条，分别由总则、仲裁委员会和仲裁协会、仲裁协议、仲裁程序、申请撤销裁决、执行、涉外仲裁的特别规定、附则构成。第一章总则规定了立法目的以及仲裁原则、本法不适用范围等；第二章仲裁委员会和仲裁协会规定了仲裁委员会设定的条件及其构成等；第三章仲裁协议规定了仲裁协议的内容、无效条款等；第四章仲裁程序写明了仲裁申请与受理的条件、仲裁庭的组成、开庭与裁决程序；第五章申请撤销裁决规定了申请仲裁的情形；第六章为仲裁的执行；第七章为对外仲裁的情形；第八章为辅助性内容。

目前对PPP项目协议的民事性质与行政性质依然存在争议，PPP项目复杂，因此在PPP项目合同履行过程中所发生的涉及项目建设、运营、移交过程中产生的纠纷（即不属于行政管理领域的纠纷），应属于平等主体之间发生的合同纠纷和其他财产权益纠纷，可以通过约定的仲裁条款，纳入仲裁的受案范围；而涉及行政管理领域的纠纷，则不能通过约定的仲裁条款将该纠纷纳入仲裁的受案范围。

10. 价格法

中华人民共和国价格法是为了规范价格行为，发挥价格合理配置资源的作用，稳定市场价格总水平，保护消费者和经营者的合法权益，促进社会主义市场经济健康发展而制定的法律。

《价格法》共七章、四十八条，分别由总则、经营者的价格行为、政府的定价行为、价格总水平调控、价格监督检查、法律责任、附则构成。总则写了本法的制定目的、使用范围、定价说明等，第二章经营者的价格行为规定了经营者定价的规则与不正当行为等，第三章政府的定价行为规定了政府可以指导价格的商品、规则等，第四章价格总水平调控规定了价格调控方式与调控原则，第五章和第六章分别监督检查与违法的法律责任，第七章为附则。

PPP项目主要集中于基础设施建设，其定价要适度合理，既不能产生暴利也不能让企业产生亏损，在制定价格时政府要对其指导定价，同时经营者在制定价格时要遵循第二章的相应条款，监管部门有权对PPP项目部门的价格进行监督检查，经营者的定价发生违规行为时要承担相应法律责任。

第九章　PPP 合同管理

目前，在中央到地方的 PPP 新政热潮下，市场主体对 PPP 投融资模式仍然缺少统一认识，本章对 PPP 项目全生命周期视角下的一些重要 PPP 投融资模式类型进行分析，对社会金融资本方介入 PPP 交易架构提出建议，以期对社会各界理解和适用 PPP 模式给予实操方法上的指导，基于 PPP 合同管理，更好地促进政府和社会资本的广泛和深度合作。

从世界银行对 PPP 的分类来看，主要包括外包类、特许经营类和私有化类。

一、我国 PPP 法规与政策文件规定

在我国，关于 PPP 模式的法规与政策分类，主要在以下重要文件中规定：

（一）《国务院办公厅转发财政部发展改革委人民银行关于在公共服务领域推广政府和社会资本合作模式指导意见的通知》（2015 年 5 月 19 日）

适用范围：围绕增加公共产品和公共服务供

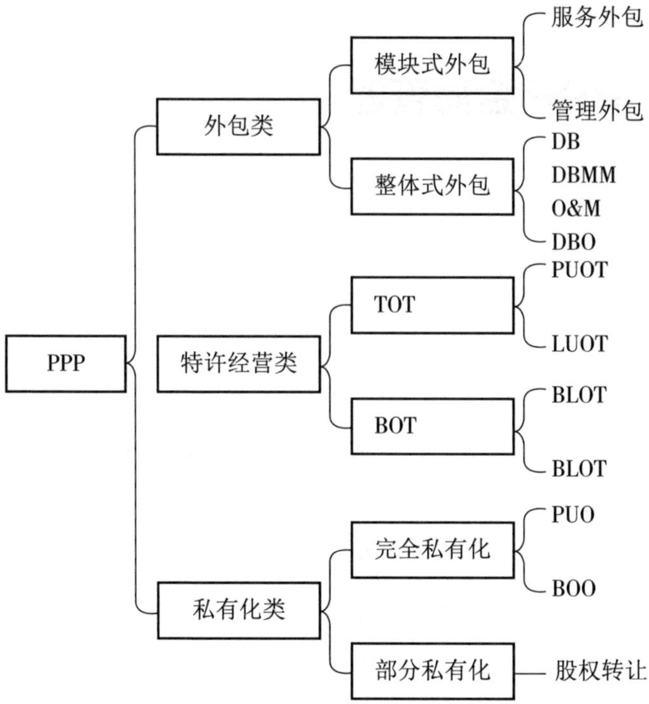

图 9.1　PPP 模式分类

给，在能源、交通运输、水利、环境保护、农业、林业、科技、保障性安居工程、医疗、卫生、养老、教育、文化等公共服务领域，广泛采用政府和社会资本合作模式。

具体 PPP 投融资类型包括：

特许经营；

转让—运营—移交（TOT）；

改建—运营—移交（ROT）；

建设—运营—移交（BOT）；

建设—拥有—运营（BOO）；

其他 PPP 投融资类型。

（二）《基础设施和公用事业特许经营管理办法》（2015 年 4 月 25 日）

基础设施和公用事业特许经营可以采取以下方式：

在一定期限内，政府授予特许经营者投资新建或改扩建、运营基础设施和公用事业，期限届满移交政府（即BOT、ROT）。

在一定期限内，政府授予特许经营者投资新建或改扩建、拥有并运营基础设施和公用事业，期限届满移交政府（即BOO、ROO）。

特许经营者投资新建或改扩建基础设施和公用事业并移交政府后，由政府授予其在一定期限内运营（即BTO）。

国家规定的其他方式。

（三）《关于开展政府和社会资本合作的指导意见》（2014年12月2日）（附：政府和社会资本合作项目通用合同指南）

项目适用范围：PPP模式主要适用于政府负有提供责任又适宜市场化运作的公共服务、基础设施类项目。

操作模式选择：

1. 经营性项目，可通过政府授予特许经营权，采用建设—运营—移交（BOT）、建设—拥有—运营—移交（BOOT）等模式推进。

2. 准经营性项目，可通过政府授予特许经营权附加部分补贴或直接投资参股等措施，采用建设—运营—移交（BOT）、建设—拥有—运营（BOO）等模式推进。

3. 非经营性项目，可通过政府购买服务，采用建设—拥有—运营（BOO）、委托运营等市场化模式推进。

4. 积极开展创新，灵活运用多种PPP模式，切实提高项目运作效率。

（四）《财政部关于印发政府和社会资本合作模式操作指南（试行）的通知》（2014年11月29日）（附：政府和社会资本合作项目操作流程图）

适用范围：本《指南》适用于规范政府、社会资本和其他参与方开展政府和社会资本合作项目的识别、准备、采购、执行和移交等活动。本《指南》有效期3年。

PPP项目运作方式主要包括：

1. 委托运营（O&M），指政府将存量公共资产的运营维护职责委托给社会资本或项目公司，社会资本或项目公司不负责用户服务的政府和社会资本合作项目运作方式。

2. 管理合同（MC），指政府将存量公共资产的运营、维护及用户服务职责授权给社会资本或项目公司的项目运作方式，通常作为转让—运营—移交的过渡方式。

3. 建设—运营—移交（BOT）。

4. 建设—拥有—运营（BOO）。

5. 转让—运营—移交（TOT）。

6. 改建—运营—移交（ROT）。

7. 其他 PPP 投融资类型。

综上可知，我国 PPP 新政文件中对 PPP 投融资模式的一些类型做出了列举，同时国家鼓励社会各界创新，结合项目实际，灵活创设具体的 PPP 项目投融资模式。2015 年 4 月 25 日，国家发展和改革委员会、财政部、住房和城乡建设部、交通运输部、水利部、中国人民银行公布了《基础设施和公用事业特许经营管理办法》，决定用制度创新激发民间投资活力，该《办法》被认为是 PPP 推进的基本法。《关于在公共服务领域推广政府和社会资本合作模式指导意见》给出了 PPP 最新定义：政府和社会资本合作模式是公共服务供给机制的重大创新，即政府采取竞争性方式择优选择具有投资、运营管理能力的社会资本，双方按照平等协商原则订立合同，明确责权利关系，由社会资本提供公共服务，政府依据公共服务绩效评价结果向社会资本支付相应对价，保证社会资本获得合理收益。政府和社会资本合作模式有利于充分发挥市场机制作用，提升公共服务的供给质量和效率，实现公共利益最大化。

在新的时代背景下，PPP 模式在我国的发展将是大势所趋，是我国解决地方政府性债务、吸纳民间资本、推进体制改革的重要举措，从中央到地方都在积极颁布和推行与 PPP 相关之法规和政策。PPP 模式的目的是在社会基础设施的设计、建造和运营中，引进资源、改善服务和创新经济模型，发挥资源和资金的最大价值，提供完善的服务设施和创造优良的社会效益。PPP

模式，不仅仅是一种项目融资方式，它更是一种提高政府对整个社会资源管理效率的方式，其核心是合同管理，是基于相对完备的 PPP 合同上的社会契约精神，要求政府与企业作为平等的合同双方，分配风险、分担责任和分享利益。

PPP 模式合作的程序是资源控制权的转移，社会资本建设项目，政府定义项目运营特征，社会资本在一定期限内提供公共服务，项目所有权最终归于政府。根据《财政部关于印发政府和社会资本合作模式操作指南（试行）的通知》，政府和社会资本合作项目（PPP）合作模式操作流程，分为项目识别（项目发起、项目筛选、物有所值评价、财政承受能力论证），项目准备（管理架构组建、实施方案编制、实施方案审核），项目采购（资格预审、采购文件编制、响应文件评审、谈判与合同签署），项目执行（项目公司设立、融资管理、绩效检测与支付、中期评估），项目移交（移交准备、性能测试、资产交割、绩效评价）等多个环节。PPP 模式的结构形式非常灵活广泛，几乎包含了介于完全由政府直接供给与完全由社会资本提供公共产品之间的所有公共服务供给模式。总体而言，PPP 合同可以分为：服务合同、管理合同、委托经营合同或租赁合同，建设—运营—移交（BOT）及类似安排，特许经营权，合资企业等基本类型。

PPP 并不是一个具体、确定的投融资模式。当听到一个项目采用 PPP 模式时，没有明确该项目的具体架构安排。只有明示该 PPP 项目的实质内容，如为 BOT、BT、TOT 等，我们才能知道该项目的准确内核。此外，BOT 会有 BOOT、BOO、BT、BLO、BTO 等各种变化和变种，结合我国国情与法律政策，可将 PPP 模式分为合同承包、特许经营和私有化 3 大类。

二、PPP 主要条款设计

PPP 结构的每个选项都有不同特点，本章针对共性问题，分析 PPP 合同核心条款设计。

（一）背景条款

具体包括合同相关术语的定义和解释、合同签订的背景和目的、声明和保证、合同生效条件、合同体系构成等。这是对PPP结构选择与特点以及项目目的的核心陈述，决定了项目的后续全过程设计和处理，具有重要意义，为项目合同的必备篇章。

（二）原则条款

在所选PPP结构下，项目合同各方需就订立合同的主体资格及履行合同的相关事项加以声明和保证，并明确项目合同各方因违反声明和保证应承担相应责任；明确关于合同正文、合同附件、补充协议和变更协议等效力优先次序，以及履约原则和违约处理原则。

（三）主体条款

1. 包括政府主体、社会资本主体，重点明确项目合同各主体资格（如签订项目合同的政府主体，应是具有相应行政权力的政府，或其授权的实施机构；签订项目合同的社会资本主体，应是符合条件的国有企业、民营企业、外商投资企业、混合所有制企业，或其他投资、经营主体）并概括性地约定各主体的主要权利和义务（如政府方依法监管权力和行使项目合同约定的权利，遵守项目合同、及时提供项目配套条件、项目审批协调支持、维护市场秩序等义务；社会资本主体按约定获得政府支持的权利和按约定实施项目、获得相应回报的权利等，按约定提供项目资金，履行环境、地质、文物保护及安全生产等义务，承担社会责任等）。

2. 主体条款部分还应当明确项目公司的设立及其存续期间的法人治理结构及经营管理机制等事项，如政府参股项目公司的，还应明确政府出资人代表、投资金额、股权比例、出资方式等；政府股份享有的分配权益；政府股东代表在项目公司法人治理结构中的特殊安排等。

（四）标的条款

1. 在 PPP 合同的这个部分，应主要约定政府和社会资本合作关系的重要事项，包括合作内容、合作期限、排他性约定及合作的履约保证等，为项目合同的必备篇章。

2. 在合作内容方面，着重明确合作项目的边界范围。如涉及投资的，应明确投资标的物的范围；涉及工程建设的，应明确项目建设内容；涉及提供服务的，应明确服务对象及内容等，以及政府为合作项目提供的主要条件或支持措施。

3. 明确社会资本主体在合作期间获得回报的具体途径以及合作各阶段项目有形及无形资产的所有权、使用权、收益权、处置权的归属。

4. 如有必要，可做出合作期间内的排他性约定以及项目合同各方的履约担保事项。

（五）执行条款

该部分内容是有效履行 PPP 项目合同的核心，应当详尽约定执行规划、方案以及流程。

1. 项目前期工作

（1）重点约定项目公司设立、管理架构组建，技术、商业、财务和经济等方面的各项准备，实施方案编制和审核以及合作项目前期工作内容、任务分工、经费承担及违约责任等事项。

（2）对于政府开展前期工作的经费需要社会资本主体承担的，应明确费用范围、确认和支付方式以及前期工作成果和知识产权归属。

（3）项目合同应明确各方在前期工作中违约行为的认定和违约责任。可根据影响将违约行为划分为重大违约和一般违约，并分别约定违约责任。

2. 工程建设

（1）重点约定合作项目工程建设条件，进度、质量、安全要求，变更管理，实际投资认定，工程验收，工程保险及违约责任等事项。

（2）如涉及土地整理事项，项目合同应约定征地、拆迁、安置的范围、进度、实施责任主体及费用负担，并对维护社会稳定、妥善处理后续遗留问题提出明确要求。

（3）在该部分，项目合同还应约定工程完工之后的保修安排和质保金、保修期保函的设置和使用。

（4）若需要，可对项目建设招标采购、工程投资、工程质量、工程进度以及工程建设档案资料等事项安排特别监管措施，应在合同中明确监管的主体、内容、方法和程序以及费用安排。

（5）项目合同应明确各方在工程建设工作中违约行为的认定和违约责任。可根据影响将违约行为划分为重大违约和一般违约，并分别约定违约责任。

3. 绩效检测与支付

项目实施过程中，加强工程质量、运营标准的全程监督，确保公共产品和服务的质量、效率和延续性，鼓励推进第三方评估，评价结果向社会公示，作为合同调整的重要参考依据，并据此作为价费标准、财政补贴等的支付依据。

（六）资金条款

1. 根据投资概算等约定项目投资规模、投资计划（分年度）、投资控制与超支责任、融资方案和资金筹措、融资条件、投融资监管及违约责任等事项。

2. 如政府为合作项目提供投资补助、基金注资、担保补贴、贷款贴息等支持，应明确具体方式及必要条件以及设定对投融资的特别监管措施，各方投融资违约行为的认定和违约责任。

（七）验收条款

项目验收应遵照国家及地方主管部门关于基本建设项目验收管理的规定执行，通常包括专项验收和竣工验收。项目合同应约定项目验收的计划、标准、费用和工作机制等要求。如有必要，应针对特定环节做出专项安排。

（八）运营条款

1. 运营包括试运营和正式运营，重点约定合作项目运营的外部条件、运营服务标准和要求、更新改造及追加投资、服务计量、运营期保险、政府监管、运营支出及违约责任等事项，适用于包含项目运营环节的合作项目。

2. 项目合同应约定项目运营维护与设施修理事项，详细内容可在合同附件中描述。

3. 项目合同应约定在运营过程中产生的主副产品的权属和处置权限，以及运营期间由于政府特殊要求造成社会资本主体支出增加、收入减少的补偿方式、补偿金额、支付程序及协商机制。

（九）核算条款

在 PPP 合同中，应对项目的投资规模、投资计划与资金到位方案等进行系统、科学地核算和评估，约定合作项目收入、回报模式，价格确定和调整方式，财务监管及违约责任等事项。

（十）移交条款

1. 政府移交资产：重点约定政府向社会资本主体移交资产的准备工作、移交范围、履约标准、移交程序及违约责任等。

2. 社会资本方移交项目：重点约定社会资本主体向政府移交项目的过渡期、移交范围和标准、移交程序、质量保证及违约责任等。

3. 项目合同应明确各方在移交工作中违约行为的认定和违约责任。可根据影响将违约行为划分为重大违约和一般违约，并分别约定违约责任。

（十一）担保条款

1. 如有必要，可以约定项目合同各方的履约担保事项，明确履约担保的类型、提供方式、提供时间、担保额度、兑取条件和退还等。

2. 对于合作周期较长的项目，可分阶段安排履约担保。

（十二）保险条款

1. 项目合同应约定工程建设期需要投保的险种、保险范围、保险责任期间、保额、投保人、受益人、保险赔偿金的使用等。

2. 项目合同应约定运营期需要投保的险种、保险范围、保险责任期间、保额、投保人、受益人、保险赔偿金的使用等。

（十三）信息披露与保密条款

1. 为维护公共利益、促进依法行政、提高项目透明度，合同各方有义务按照法律法规和项目合同约定，向对方或社会披露相关信息。详细披露事项可在合同附件中明确。

2. 项目合同应约定保密信息范围、保密措施、保密责任。保密信息通常包括项目涉及国家安全、商业秘密或合同各方约定的其他信息。

（十四）廉政与反贿赂条款

项目合同应约定各方恪守廉洁从政、廉洁从业和防范腐败的责任。

项目合同应约定反不正当竞争和商业贿赂条款，保证项目过程的法治与公平。

（十五）合同的变更、修订与转让条款

项目合同应对合同内容变更或修订的触发条件、变更程序、处理方法等进行约定。

项目合同应约定合同权利义务是否允许转让；如允许转让，应约定需满足的条件和程序。

（十六）特许经营权条款

从本质上讲，特许经营模式是将政府的角色从服务提供者变成服务价格和质量的规范者。

特许经营权是政府允许社会资本运营商在指定区域内负责全面提供公共服务，同时负责所有资本投资，但在项目合同中必须强化监管措施，防止垄断损害公共利益。

（十七）不可抗力和法律变更

项目合同应约定不可抗力事件的类型和范围，根据不可抗力事件对合同履行造成的影响程度，分别约定不可抗力事件的处理。

项目合同应约定如在项目合同生效后发布新的法律、法规或对法律、法规进行修订，影响项目运行或各方项目收益时，变更项目合同或解除项目合同的触发条件、影响评估、处理程序等原则和事项。

（十八）解约条款

按照公平合理的原则，重点约定合同的退出机制，即明确合同解除事由、解除程序以及合同解除后的结算、项目移交等事项。

结合项目特点和合同解除事由，可分别约定在合同解除时项目接管、项目持续运行、公共利益保护以及其他处置措施等。

（十九）违约条款

1. 其他章节关于违约的未约定事项，在本章中予以约定；或者对于合同中涉及违约的各种情形在合同中予以集中约定，并对相应的违约责任进行明确细化。

2. 项目合同应明确各方在各个环节中违约行为的认定和违约责任，可根据影响将违约行为划分为重大违约和一般违约，并分别约定违约责任。

（二十）纠纷解决条款

1. 重点约定争议解决方式，如协商、调解、仲裁或诉讼。

2. 项目合同应当约定争议期间的合同履行，除法律规定或另有约定外，任何一方不得以发生争议为由，停止项目运营服务、停止项目运营支持服务或采取其他影响公共利益的措施。

（二十一）兜底条款

约定项目合同的其他未尽事项，包括合同适用的法律、语言、货币等事项。

上述是对PPP合同核心条款设计的21项重点提示。在此，提醒读者注意，除PPP交易架构中最核心的政府与社会资本合作合同（PPP主合同）外，PPP交易架构与关联的其他各种各样的交易安排，也应属于广义PPP投融资体系的内容，这些内容须遵守和围绕《PPP主合同》发挥其作用。

三、运用PPP模式需遵循的主要原则

PPP模式的合作，是政府与社会资本之间的一种长期合约关系，政府与社会资本通过合同结成稳定的契约关系。运用PPP模式需遵循以下主要原则：

风险最优分配原则。PPP模式致力于在政府和社会资本之间实现最优的风险分配，在受制于法律约束和社会公共利益的前提下，将风险分配给对政府而言能够以最小成本、最有效管理它的一方承担，并给予风险承担方选择如何处理和最小化该类风险的权利。

项目产出导向原则。PPP项目的目的是实现在项目建设完成后，项目资产需要达到一定标准或要求的各项物理、技术、经济指标和各项服务的交付范围、绩效水平。

合同主体的地位平等原则。在PPP项目下，合同各方应是平等主体，以市场机制为基础建立互惠合作关系，通过合同条款约定并保障各方的权利

义务。

切实履约原则。PPP 模式的项目目标的实现，建立在各利益相关方对 PPP 相关协议的切实履行的基础上，包括实际履行、全面履行和善意履行。

公开透明原则。针对项目采购、建设和运营的关键环节，明确政府的监管职责，发挥专业机构作用，提高信息公开程度，确保项目的阳光运行。

合理回报原则。鼓励社会资本在确保公共利益的前提下，降低项目运营成本，提高资源配置效率，获取合理的投资回报。

强调质量和效率原则。政府通过引入社会资本和市场机制，促进重点领域和公共服务领域的有效供给和服务质量，提高公共资源的配置和运行效率。

合法合规合约原则。PPP 项目合同及项目经营等文件和程序，要与相关的法律法规和政策、技术规范和标准相匹配，确保合规合法、内容全面、结构合理和具有可操作性。

强调国际经验与国内实践相结合原则。在 PPP 项目中，要广泛借鉴国外先进经验，及时总结国内各类实践，促进各类项目的健康、有效发展，促进社会公共服务。

鼓励创新原则。PPP 并不是一个具体、确定的投融资模式，要把握 PPP 项目的实质内容，积极探索、务实创新，适应当前深化投融资体制改革的现实需要。

我国 PPP 新政热潮下，市场主体对 PPP 投融资模式缺少统一认识。PPP 模式的一个典型结构是公共部门与中标单位组成的特殊目的公司签订特许合同，由特殊目的公司负责融资、建设及经营。这种融资形式的实质是政府通过给予私营公司长期的特许经营权和收益权来换取基础设施建设，以解决政府的财政困境。根据《财政部关于推广运用政府和社会资本合作模式有关问题的通知》、《国家发展和改革委员会关于开展政府和社会资本合作的指导意见》，财政部和国家发改委均对 PPP 项目的识别、准备、采购、执行和移交提出了细化要求。在 PPP 方案设计和招投标阶段，项目公司设立，建设、融资和运营等环节均有原则性规定。但在 PPP 新政下须考虑绩效考核、中期评估、项目透明化等新规定的影响。

国家发展和改革委员会在2014年12月2日公布《国家发展改革委关于开展政府和社会资本合作的指导意见》之附件《政府和社会资本合作项目通用合同指南》，2014年12月30日，财政部根据《关于推广运用政府和社会资本合作模式有关问题的通知》和《关于印发政府和社会资本合作模式操作指南（试行）的通知》，为科学规范推广运用政府和社会资本合作模式，现就规范PPP合同管理工作，发布《关于规范政府和社会资本合作合同管理工作的通知》之附件《PPP项目合同指南（试行）》。

根据前述PPP模式的主要原则和国家法律法规之规定，按照风险分配优化、风险收益对等和风险可控等原则，综合考虑政府风险管理能力、项目回报机制和市场风险管理能力等要素，在政府和社会资本间合理分配项目风险，以实现社会治理和经济发展的目的。

四、PPP项目的主要风险

（一）政治风险

基于政治、政府和官员的风险，足以导致项目失败、合同的变更或失效，主要有以下几点：

1. 审批延误风险

审批延误风险主要是指由于项目的审批程序过于复杂，导致立项周期过长和项目成本过高，且批准之后对项目的性质和规模进行必要的商业调整非常困难，给项目的正常运作带来威胁，比如某些行业里一直存在的成本价格倒挂现象。

2. 政治决策失误风险

政治决策失误是指由于政府的决策程序不规范、官僚作风、缺乏PPP项目运作经验和能力、前期准备不足和信息不对称等导致项目决策失误的风险。

3. 政治反对风险

政治反对风险是指由于各种原因导致公众利益得不到保护或受损，从而引起指正甚至公众反对项目建设所造成的风险。

4. 政府信用风险

政府信用风险是指政府不履行或拒绝履行合同约定的责任和义务而给项目带来直接或间接危害的风险，以及项目相关的基础设备、配套设备不到位引发的风险。

5. 政府官员腐败风险

政府官员腐败风险是指政府或官员或其代表利用其权力、影响力要求或索取不合法的财物，直接增加项目公司在关系维持方面的成本，并加大了政府在将来的违约风险。

（二）法律风险

基于法律体系不完善或法律法规变更所带来的风险，主要包括：

1. 法律及监管体系不完善

PPP 项目涉及的法律法规比较多，我国 PPP 项目还在起步阶段，现有的 PPP 立法，层次较低、效力较差、相互之间存在某些冲突、可操作性差、部门利益之争等原因造成的风险。

2. 法律变更风险

由于执行、颁布、修订、法律解释、政策改变等导致项目的合法性、市场需求、收费、合同的有效性等变化，从而危害到项目的正常建设和运行，甚至导致项目终止或失败。

3. 民事、行政、刑事责任风险

在项目中的一些不法行为所导致的法律风险，比如环境污染、滥用职权、安全事故等。

（三）市场风险

在市场层面，由于项目的周期性，也会存在一定的风险，导致相应合同问题，主要是：

1. 项目唯一性风险

指政府或其他投资人新建或改建其他相似项目，导致对该项目形成实质性商业竞争而产生的风险，从而引发市场需求变化风险、市场收益风险、信用风险等一系列后续风险。

2. 融资风险

指由于融资结构不合理、金融市场不健全、融资的可及性等因素引起的风险，其中最主要的表现形式是融资困难，如逾期未能完成融资，可能导致中标资格被取消等后果。

3. 市场收益不足风险

指项目运营后的收益不能收回投资或不能达到预定水平的风险。

4. 市场需求变化风险

指由于经济环境、社会环境、人口变化、法律法规调整等因素使市场需求发生变化，导致市场预测与实际需求之间出现差异而产生的风险。

5. 收费变更风险

指由于 PPP 产品或服务的收费价格过高、过低或者收费调整不弹性、不自由导致项目公司的运营收入不如预期而产生的风险。

6. 不可抗力风险

指合同一方无法控制，在签订合同前无法合理防范，情况发生时又无法回避或克服的事件或情况，如自然灾害或事故、战争、禁运等。

7. 税收、利率、外汇、通货膨胀、环保等社会管理风险

指包括中央或地方政府的税收政策变更、市场利率变动的不确定性、外汇汇率变化和兑换风险、物价上升或货币购买力下降、政府或社会团体对项目的环保要求提高等导致的风险。

上述是对PPP项目的主要风险的简要列举，这些类型的风险足以带来一系列的PPP合同问题，且一个PPP项目不仅是一份PPP合同，一个项目的失败往往不是单一风险作用的结果。从微观分析，PPP项目的风险，贯穿于PPP项目的设计、融资、建造、运营、维护至移交的全生命周期，广泛存在于项目识别、项目准备、项目采购、项目执行、项目移交的完整周期和过程之中。

五、PPP合同面临的主要问题

基于前述PPP项目之风险分析，PPP合同管理对于运用PPP模式需要特别注意的问题包括以下六大方面：

（一）主体稳定性问题

PPP项目的合作主体是政府与社会资本，由于项目周期与监管问题、市场风险与不可抗力因素等可能导致履约主体的能力变更或者主体退出，势必影响PPP合同的稳定性和执行力，国家发展和改革委员会《关于开展政府和社会资本合作的指导意见》对此已有规定：依托各类产权、股权交易市场，为社会资本提供多元化、规范化、市场化的退出渠道。

在PPP合同内容与合同管理方面，必须对主体稳定性及相关问题作出明确约定。

（二）政府债务问题

PPP项目通常包含政府对社会资本的长期付费承诺或因分担项目风险而产生的显性或隐性担保责任，尽管政府财政预算机制与政府资产负债管控措施逐渐开展，但并未有效建立，且存在政治风险无法避免的情况，PPP项目仍然可能突破财政承受能力而导致政府债务风险。在PPP合同中应当对实际履约能力作出明确的可执行的操作模式。

（三）项目选择问题

PPP 项目通常由政府发起，其对于 PPP 融资功能的依赖容易导致对项目前景过于乐观的估测，在风险分担的项目中，社会资本也无足够动力对项目进行严谨地分析，从而导致项目选择的错误。此外，PPP 项目的规划和筛选有可能受到腐败或政治利益考虑的影响。

（四）有效竞争问题

公共资产和公共服务的提供通常具有排他性，在一些行业或领域存在垄断属性，导致 PPP 项目的竞争压力通常来自于社会资本准入阶段，但由于 PPP 类项目的多样性、复杂性和长期性特点，不同社会资本提供的价值、承担的风险和要求的回报难以在选择阶段进行有效的直接比较，政府无法通过现有的政府采购程序有效甄选出最具竞争力的社会资本方。

（五）履约管理问题

当签署 PPP 项目协议后，政府和社会资本即进入项目履约阶段。一方面，由于履约阶段缺少竞争压力，政府在缺少相称资源和技能的情况下很难对社会资本的履约能力和履约情况进行有效监管；另一方面，由于缺乏有限的争议解决机制，在政府履约情况不佳时，社会资本也难以采取实际有效措施保护自身权益。

（六）定分止争机制问题

PPP 模式不仅是一种项目融资方式，更是一种提高政府对整个社会资源管理效率的方式，具有投资额巨大、投资周期长、价格受监管、投资回报期长等特点，其合同内容的可执行性、项目实施的可控性、财物核算与纠纷解决机制非常重要，这定了项目运作的价值和成败。

PPP 模式是基于完备合同下的契约精神，要求政府和社会资本应作为平等的合作双方，共同分配风险、分担责任和分享利益。PPP 模式比较复杂，涉及多方利益，协调利益分配是实施 PPP 项目的关键，PPP 项目的核心是合同管理。

成功推广 PPP 模式，促进民间资本进入公共品与服务领域，需要建立一个行之有效的保障机制。PPP 项目提供法律服务，主要集中在两个阶段：其一，为 PPP 项目前期筹备阶段。其二，PPP 项目建设阶段、运营阶段、移交阶段，需要着重解决以下几个方面：

首先，制定法律、法规，保障社会资本的利益。

公共产品与服务项目通常前期投资额高，回报周期长，影响项目的因素多，收益不确定性大，社会资本在参与这些项目时会考虑进入后的风险。如果没有相应法律、法规保障社会资本方的利益，PPP 模式就难以有效推广。通过立法等形式，对社会资本的利益予以保障，方能吸引更多民间资本进入，符合现在国家允许 PPP 项目公司通过基金、私募等方式筹集资本金，并允许项目公司发行公司债、企业债、各种非金融性融资产品等原则。

其次，完善风险分担机制。

政府部门对政治风险、法律变更的承受能力强，而融资、经营等风险，与企业经营活动直接相关，根据项目具体情况在政府和社会资本之间分配风险，建立合理公平的风险分担机制。

最后，协调好参与方利益。

在 PPP 项目中，政府主要任务是授权和监管，对社会资本的经营和利润进行调节，代表公众利益的同时保证社会资本方能够得到合理收益。在签订合同时，制定好收益分配规则，均衡各方收益。如果社会资本从 PPP 项目获得利润较低时，政府根据合同对其进行补贴以保证合作继续，反之，若社会资本从 PPP 项目中获得超额利润时，政府可根据合同控制其利润水平。

未来，国家政策层面应细化、完善现有“中期评估、项目变更、项目退出、监督审计、公众利益保护”等机制，为地方政府和社会各界设计、创新 PPP 投融资模式提供政策依据并规范行为边界。PPP 模式项目，必须执行公正、公平、公开的合作原则。国际组织和各国政府在PPP模式合作中的共同经验表明，成功PPP模式合作的先决条件是：（1）坚实的法律框架；（2）明确的政府职能；（3）能干的执行团队；（4）透明的规定程序；（5）科学的操作方法。随着政府层面和社会资本层面对PPP的法律健全和认识加深，中国必将迎来PPP项目发展繁荣并推进政治和经济体制改革的新时代。

六、PPP项目之参考合同范本

政府和社会资本合作（Public-Private Partnership，PPP）项目合同是指政府方（政府或政府授权机构）与社会资本方（社会资本或项目公司）依法就PPP项目合作所订立的合同。在PPP项目中，除项目合同外，项目公司的股东之间，项目公司与项目的融资方、承包商、专业运营商、原料供应商、产品或服务购买方、保险公司等其他参与方之间，还会围绕PPP项目合作订立一系列合同来确立和调整彼此之间的权利义务关系，共同构成PPP项目的合同体系。PPP项目合同是整个合同体系的基础和核心，政府方与社会资本方的权利义务关系以及PPP项目的交易结构、风险分配机制等均通过PPP项目合同确定，并以此作为各方主张权利、履行义务的依据和项目全生命周期顺利实施的保障。

PPP从行为性质上属于政府向社会资本采购公共服务的民事法律行为，构成民事主体之间的民事法律关系。同时，政府作为公共事务的管理者，在履行PPP项目的规划、管理、监督等行政职能时，与社会资本之间构成行政法律关系。因此，我国PPP项目合同相关法律关系的确立和调整依据，主要是现行的民商法、行政法、经济法和社会法，包括《民法通则》、《合同法》、《预算法》、《政府采购法》、《公司法》、《担保法》、《保险法》、《行政许可法》、《行政处罚法》、《行政复议法》、《民事诉讼法》、《仲裁法》、《行政诉讼法》、《会计法》、《招标投标法》、《土地管理法》、《建筑法》、《环境保护法》等，并涉及部分《公务员法》、《刑法》、《刑事诉讼法》之规定。

根据上述法律规定以及《国务院关于加强地方政府性债务管理的意见》（国发〔2014〕43 号）、《国务院关于深化预算管理制度改革的决定》（国发〔2014〕45 号）、《国务院关于创新重点领域投融资机制鼓励社会投资的指导意见》（国发〔2014〕60 号）、《国家发展和改革委员会关于开展政府和社会资本合作的指导意见》（发改投资〔2014〕2724 号）、《财政部关于推广运用政府和社会资本合作模式有关问题的通知》（财金〔2014〕76 号）、《财政部关于印发政府和社会资本合作模式操作指南（试行）的通知》（财金〔2014〕113 号）、《关于规范政府和社会资本合作合同管理工作的通知》（财金〔2014〕156 号）有关要求，参考国家发展和改革委员会在 2014 年 12 月 2 日发布的《政府和社会资本合作项目通用合同指南》和财政部 2014 年 12 月 30 日发布的《PPP 项目合同指南（试行）》，结合国内外各方 PPP 项目实践，编制本 PPP 项目合同参考范本，以帮助 PPP 项目各参与方全面系统地认识 PPP 项目合同，指导合同的订立和履行。

本章作者在 PPP 项目合同参考范本的编制过程中坚持了几点编制原则：

1. 合同各方主体地位平等原则

PPP 项目合同的各方当事人均是平等主体，以市场机制为基础建立互惠合作关系，通过合同条款约定并保障权利、义务。

2. 合法、合规原则

在 PPP 框架下，项目合同要与相关法律法规和技术规范做好衔接，确保内容全面、结构合理、具有可操作性，并能够有效促进 PPP 项目合同的各环节的执行。

3. 提高公共服务质量和效率原则

政府基于 PPP 架构，通过引入社会资本和市场机制，促进重点领域建设，增加公共产品和公共服务的有效供给，提高公共资源配置效率和社会价值。

4. 公开透明原则

在 PPP 模式下，基于法律法规和政策规定，针对项目建设和运营的关键环节，明确政府监管职责，发挥专业机构作用，提高信息公开程度，确保项目在阳光下运行。

5. 社会资本获得合理回报原则

充分利用社会资本在国家建设和公共服务中的积极价值，鼓励社会资本在确保公共利益的前提下，降低项目运作成本、提高资源配置效率、获取合理投资回报。

6. 风险最优分配原则

PPP 模式致力于在政府和社会资本之间实现最优的风险分配，在受制于法律约束和社会公共利益的前提下，根据公平公正原则，将风险分配给对政府而言能够以最小成本、最有效管理它的一方承担，并给予风险承担方选择如何处理和最小化该类风险的权利。

7. 国际经验与国内实践相结合原则

在 PPP 项目中，要广泛借鉴国外先进经验，及时总结国内各类实践，促进各类项目地健康、有效发展，促进社会公共服务。

8. 鼓励创新原则

PPP 并不是一个具体、确定的投融资模式，要把握 PPP 项目的实质内容，以 PPP 项目合同体系的视野，积极探索、务实创新、灵活约定，推进深化投融资体制改革的现实需要。

本章作者对 PPP 项目合同参考范本的设计内容简介如下：

PPP 项目合同参考范本，由合同正文和合同附件组成，对 PPP 项目合同通常所包含的具有共性的条款和机制作原则性介绍，主要反映合同的一般要求，采用模块化的编写框架，共设置 21 个模块、115 项条款，说明各主要参与方在 PPP 项目中的角色及订立相关合同的目的，阐述 PPP 项目合同的主要内容和核心条款，分析合同条款中的风险分配原则、基本内容和权利义务安排。适用于不同模式合作项目的投融资、建设、运营和服务、移交等阶段，具有较强的通用性，并不能适用所有 PPP 项目的特点和个性需求。

原则上，所有模式项目合同的正文都应包含 10 个通用模块：总则、合同主体、合作关系、项目前期工作、收入和回报、不可抗力和法律变更、合同解除、违约处理、争议解决以及其他约定。同时本参考范本还从付费机制和行业领域两个方面，剖析不同类型 PPP 项目合同中的核心要素和特定条款。

PPP 项目兼具长期性、复杂性与多样性，项目所处地域、行业、市场环境等情况的不同，各参与方合作意愿、风险偏好、谈判能力等方面的差异，最终表现为合同内容上的千差万别。实践中，PPP 项目各参与方应当结合项目客观需要和谈判结果，充分借助专业力量，因地制宜地订立 PPP 项目合同。各行业可参考本《PPP 项目合同参考范本》分别研究制定相应行业的标准合同范本，并及时总结开展政府和社会资本合作中的经验教训，不断细化、完善合同文本。鉴于我国 PPP 工作尚处于起步阶段，法律制度、机构能力和实践经验等方面均有待进一步加强和丰富，今后将及时对本参考范本进行修订和完善，以飨读者。

04

第四编

PPP 实战案例分析

第十章　交通设施 PPP 案例分析

一、北京地铁 4 号线 PPP 项目

（一）项目总体概况

北京地铁 4 号线是北京市道路交通网络中一条贯穿市区南北的轨道交通主干线，正线全长约 28.2 公里，项目总投资额约 153 亿元。整个项目分为 A、B 两部分，A 部分主要为土建工程部分，投资额约 107 亿元，占总投资的 70%，由已成立的 4 号线公司（北京基础设施建设投资有限公司全资子公司）负责投资建设；B 部分主要包括车辆、信号、自动售检票系统等机电设备，投资额约为 46 亿元，占总投资的 30%，由京港地铁有限公司（香港地铁公司、北京首都创业集团和代表政府出资的北京市基础设施建设投资有限公司共同组建）负责投资建设。

（二）项目合作模式

北京市政府授权京港地铁有限公司负责地铁 4 号线的运营管理，特许经营期 30 年。京港地铁有限公司的支出包括：建造 B 部分，向 4 号线公司租赁 A 部分资产，负责对全部设施（包括 A 和 B 部分）的维护和除洞体外的资产更新。京港地铁有限公司收入包括：地铁票款收入及站内商业经营收入。北京市政府以京港地铁有限公司租赁 A 部分资产的租金作为调节机制，当客流低于预测，导致地铁票款减少时，调低租金，弥补京港地铁有限公司收入；反之，则调高租金，避免京港地铁有限公司产生超额利润。特许经营 30 年期满后，京港地铁有限公司将 A 部分项目设施归还给 4 号线公司，将 B 部分项目设施完好、无偿地移交给市政府指定部门。

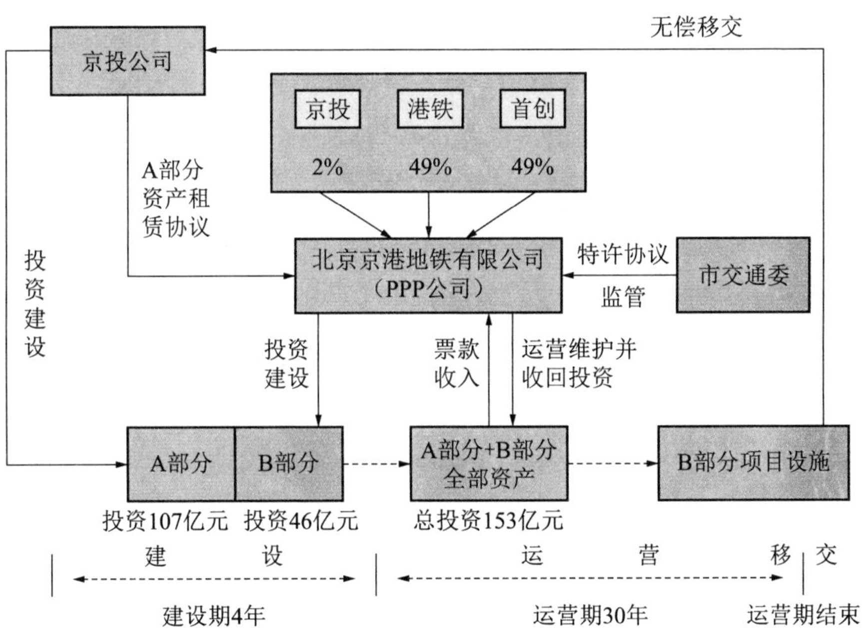

图 10.1 北京地铁 4 号线的 PPP 模式

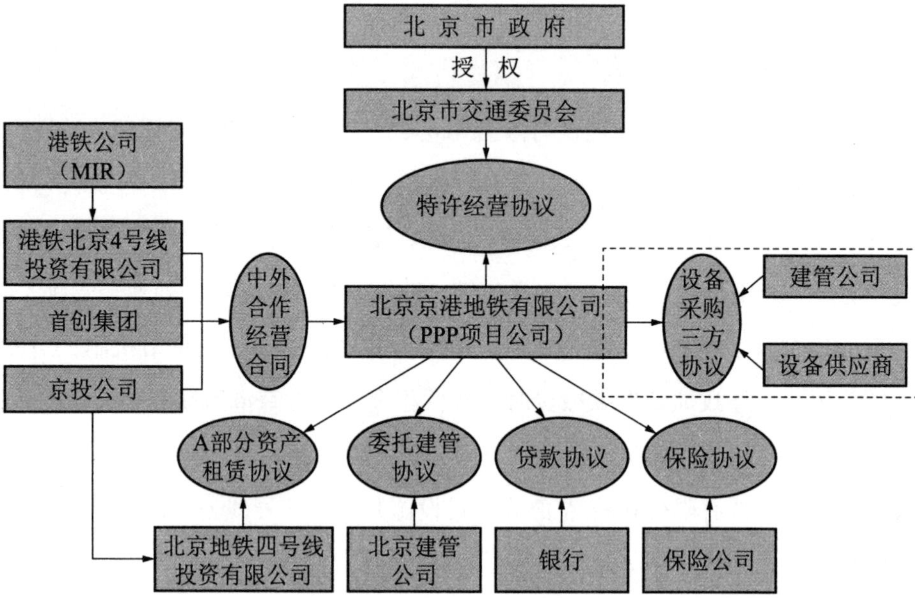

图 10.2　4 号线 PPP 项目合同结构图

（三）项目借鉴价值

一是建立有力的政策保障体系。北京地铁 4 号线 PPP 项目的成功实施，得益于政府方的积极协调，为项目推进提供了全方位保障。在整个项目实施过程中，政府由以往的领导者转变成了全程参与者和全力保障者，并为项目配套出台了《关于本市深化城市基础设施投融资体制改革的实施意见》等相关政策。为推动项目有效实施，政府成立了由市政府副秘书长牵头的招商领导小组；发改委主导完成了 4 号线 PPP 项目实施方案；交通委主导谈判；京投公司在这一过程中负责具体操作和研究。

二是构建合理的收益分配及风险分担机制。北京地铁 4 号线 PPP 项目中政府方和社会投资人的顺畅合作，得益于项目具有合理的收益分配机制以及有效的风险分担机制。该项目通过票价机制和客流机制的巧妙设计，在社会投资人的经济利益和政府方的公共利益之间找到了有效平衡点，在为社会投资人带来合理预期收益的同时，提高了北京市轨道交通领域的管理和服务效率。

票价机制方面，4 号线运营票价实行政府定价管理，实际平均人次票价不能完全反映地铁线路本身的运行成本和合理收益等财务特征。因此，项目采用“测算票价”作为确定投资方运营收入的依据，同时建立了测算票价的调整机制。

以测算票价为基础，特许经营协议中约定了相应的票价差额补偿和收益分享机制，构建了票价风险的分担机制。如果实际票价收入水平低于测算票价收入水平，市政府需就其差额给予特许经营公司补偿。如果实际票价收入水平高于测算票价收入水平，特许经营公司应将其差额的 70% 返还给市政府。

客流机制方面，票款是 4 号线实现盈利的主要收入来源，由于采用政府定价，客流量成为影响项目收益的主要因素。客流量既受特许公司服务质量的影响，也受市政府城市规划等因素的影响，因此，需要建立一种风险共担、收益共享的客流机制。

4 号线项目的客流机制为：当客流量连续 3 年低于预测客流的 80%，特许经营公司可申请补偿，或者放弃项目；当客流量超过预测客流时，政府分享超出预测客流量 10% 以内票款收入的 50%、超出客流量 10% 以上的票款收入的 60%。4 号线项目的客流机制充分考虑了市场因素和政策因素，其共担客流风险、共享客流收益的机制符合轨道交通行业特点和 PPP 模式要求。

三是建立完备的PPP项目监管体系。北京地铁4号线PPP项目的持续运转，得益于项目具有相对完备的监管体系。清晰确定政府与市场的边界、详细设计相应监管机制是 PPP 模式下做好政府监管工作的关键。

4 号线项目中，政府的监督主要体现在文件、计划、申请的审批，建设、试运营的验收、备案，运营过程和服务质量的监督检查 3 个方面，既体现了不同阶段的控制，同时也体现了事前、事中、事后的全过程控制。4 号线的监管体系在监管范围上，包括投资、建设、运营的全过程；在监督时序上，包括事前监管、事中监管和事后监管；在监管标准上，结合具体内容，遵守了能量化的尽量量化，不能量化的尽量细化的原则。

（四）项目注意事项

地方官员如何理解和执行 PPP 很重要，地方财政采取什么样的方式进行补贴支持，如何监管效益，这都是对传统政府项目的管理提出考验。

北京地铁 4 号线项目初始，港铁聘请了专业的客流预测机构（MVA）对地铁人流进行了测算，以此与政府约定，在 2010 ～ 2014 年期间，若地铁人流连续 3 年低于预测人流，政策就需要补贴相应的费用，若人流持续高于预测人流，则政府能够从中分享一定的超额收益。

这种安排让政府对于公共项目的补贴效益有了透明监管的可能。从这样一个小细节上，能看到 PPP 不仅解决了融资难题，更重要的是，引进的港铁在 4 号线运营和管理上的先进机制，客观上促成了投资的效率提升。

二、济青高铁（潍坊段）征收拆迁 PPP 项目

（一）项目总体概况

济青高铁是国家“四纵四横”铁路网太青客专的重要组成部分，也是山东省快速铁路网中的“脊梁骨”项目。济青高铁线路全长 327 公里，按行政区划划分，可分为济南、青岛、淄博、潍坊、滨州五段，项目总投资预计约 600 亿，其中潍坊段占 147 公里，预计总投资 260 亿元。目前，项目已中标签约的部分为济青高铁（潍坊段）沿线市区的征收和拆迁 PPP 项目。该项目预计总投资 43 亿元。整个项目建设拟在 2015 年内完成。

（二）项目合作模式

项目采用PPP合作模式，按照拆迁（征地）—运营—移交的BOT模式运作。由政府采购甄选的社会资本与政府指定机构合资成立项目公司（SPV），政府方负责沿线的征地、拆迁工作和资金使用监管工作，社会资本负责征地拆迁

补偿资金的筹集以及项目的运营管理，济青高铁公司按项目工程量对价给予SPV对应股权，SPV按照所持股权获取济青高铁的运营收益。也就是说，社会资本承担筹资、运营风险，政府承担项目推进风险；社会资本享受高铁运营分红和财政可行性缺口补贴，政府享受未来股权优先运作权。具体如下表所示：

表10.1　济青高铁（潍坊段）征收拆迁PPP项目合作模式

项目投资	40亿元
运作模式	BOT
项目期限	SPV合作期15年
回购方式	自合作之日起至少5年后进入回购期，社会资本股权优先由政府制定机构按成本价回购
投资收益	不高于6.69%每年，收益来源为济青高铁的运营效益，不足的由政府安排运营弥补
保障措施	对于济青高铁项目的政府运营补贴等支出由财政列入年度预算以及中长期财政规划

（三）项目借鉴价值

此项目作为中国首单运作成功的高铁PPP项目，充分激发了社会资本投资热情和潜力，吸引了15家社会资本报名，意向投资420亿元，创造了10倍社会资本追捧的奇迹，成为济青高铁、中国高铁建设投融资的典型，打造了PPP绿色投融资机制。其成功的原因主要有以下几点：

一是省政府重视及给予优惠。山东省委、省政府高度重视济青高铁项目建设。书记、省长等省领导同志多次主持召开会议专题研究并做出重要批示，同时亲自带队赴北京与有关部门就铁路网规划和济青高铁项目等举行会商，洽谈重要事项，明确合作模式，确定山东省与中国铁路总公司共同出资建设济青高铁的方式等。山东省有关部门和单位，认真贯彻省委、省政府决策部署，成立专门工作小组，紧盯国家各部委和铁路总公司各个环节，加快推进各项支持性文件的报批工作；与国内外机构投资者广泛洽谈会商，积极开展土地综合开发和融资工作，积极筹措落实济青高铁建设资金等前期条件。

在优惠政策方面，首先，在客流稳定之后，将参考广深铁路提高票价。其次，通过直供电的形式，为济青高铁提供优惠的用电价格，降低用电成本。最后，计划对济青高铁站场周边土地进行综合开发，通过一些第三产业收入来弥补高铁项目建设和运营的资金缺口。

二是高铁未来股权具有较高的升值空间。该项目资格预审公告许诺给社会资本的投资收益率为每年不高于 8%，而中标的邮储银行的收益率甚至低至每年不高于 6.69%，即使铁路收益分红不高，社会资本还是蜂拥而至，究其原因是社会资本看好高铁未来股权的价值上升空间。

其中京沪高铁在建成 3 年后实现盈利，这对高铁融资来说是个非常积极的信号，也给了社会资本很大的信心。以潍坊市占济青高铁 10% 股权计算，随着铁路营利性的增强，企业手中的股权也越来越值钱，他们都是投资和资本市场的专业人士，可以将手中的股权设计成 ABS（资产支持证券）、ABN（资产支持票据）等多种金融产品在市场上交易。尤其是随着股票发行注册制改革的推进，企业上市不再需要审批，济青高铁未来上市可能性较大。上市后，这些股权价值将更大，这也是社会资本看中的赢利点。

（四）项目注意事项

PPP 不仅是一种融资模式，更是一种运营管理模式。在未来济青高铁潍坊段 PPP 项目的运营中，仍面临几个显著的挑战：第一，不管是投标资本还是中标资本，都基本是银行资金，虽然可以提供金融支持，但并没有高铁项目的运营经验，不利于实现 1+1 > 2。第二，政府在此项目中仍然通过承诺补贴的方式提供了隐性担保，如果项目未来收益出现缺口，就会形成政府的隐性负债。第三，政府的隐性担保和未来的回购安排实际上给社会资本提供了“有底线，无上限”的收益，似乎并不符合风险共担的原则。

三、杭州湾大桥 PPP 项目

（一）项目总体概况

PPP 在运用过程中也有失败的教训，杭州湾大桥 PPP 项目便是典型的失败案例。出于对预期效益的乐观评估，杭州湾跨海大桥一度吸引了大量民间资本，17 家民营企业以 BOT 形式参股杭州湾大桥发展有限公司，让这一大型基础工程成为国家级重大交通项目融资模板。然而现在投资入股的民企又纷纷转让股份，退出大桥项目，地方政府不得不通过国企回购赎回了项目 80% 的股份。通车 5 年后，项目资金仍然紧张，2013 年全年资金缺口达到 8.5 亿元。而作为唯一收入来源的大桥通行费收入全年仅为 6.43 亿元。按照 30 年收费期限，可能无法回收本金。

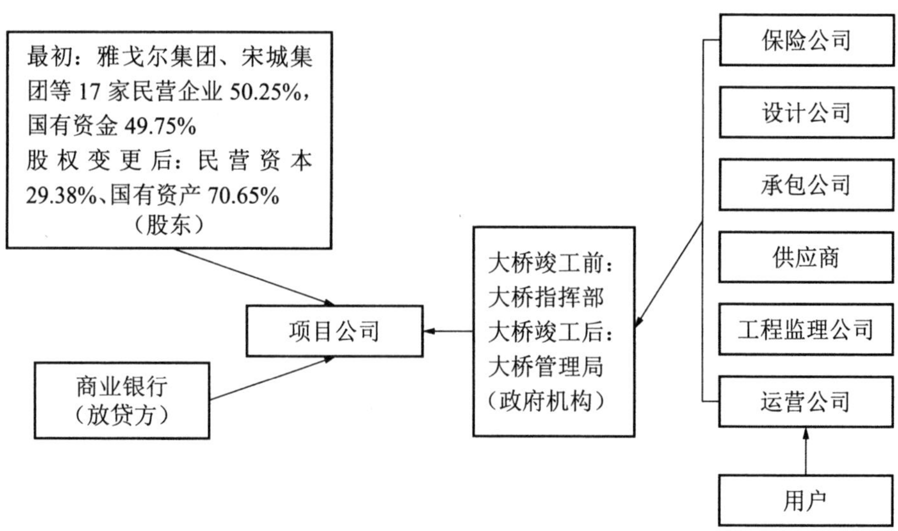

图 10.3　杭州湾跨海大桥项目 PPP 模式结构图

（二）项目失败原因

第一，《杭州湾跨海大桥工程可行性研究》预测到 2010 年大桥的车流量有望达到 1867 万辆，但 2010 年实际车流量仅有 1112 万辆，比预期少了 30% 以上。严重的预期收益误判导致民企决策错误。第二，大桥项目从规划到建成的 10 年间多次追加投资，从规划阶段的 64 亿元到 2011 年的 136 亿元，投资累计追加 1 倍还多，参股的民企已先期投入，只能继续追加，最终被“套牢”。第三，2013 年嘉绍大桥通车对杭州湾大桥是“雪上加霜”，接下来，杭州湾第三跨海工程钱江通道在 2014 年年底也将通车，另外宁波杭州湾大桥、舟山—上海跨海高速、杭州湾铁路大桥等项目也已纳入地方或国家规划，未来车流量将进一步分流，合同与规划的严重冲突令项目前景更加黯淡。

（三）项目借鉴价值

第一，在项目选择上，政府方不宜过度推广 PPP 模式。在筛选和发起项目时应综合评估项目建设的必要性及合规性、PPP 模式的适用性、财政承受能力等因素，确保 PPP 项目“物有所值”。其中，准经营性项目双方应侧重对项目盈利和补偿机制达成共识；经营性项目应具有明确的收费机制以确保合理的投资回报率；公益性项目要准确评估当期和预测未来政府的财政实力，确保政府购买能力。

第二，在伙伴选择上，应充分理解 PPP 模式“强调市场机制、促进资源优化配置”的内涵。政府方应公平择优选择具有较强专业能力和融资实力的社会资本方作为合作伙伴，以有效减轻政府债务压力，提高项目运营效率。社会资本方应选择履约意愿和履约能力较强的政府方进行合作。

第三，在合同订立方面，双方均需重视通过合同正确表达意愿、合理分配风险、妥善履行义务、有效主张权利。合同内容要在风险分担和利益分配方面兼顾公平与效率，同时要预留调整和变更空间。其中，准经营性项目合同的订立要充分体现市场因素变化所导致的社会资本收益率降低的弥补机制，保证社会资本能够取得合理的回报率；经营性项目的合同应重点关注收费机制、项目唯一性等方面违约的补偿机制；公益性项目的合同订立中应重点关注政府购买的资金来源、偿付机制及违约处罚机制。

第四，在合同履行方面，政府方和社会资本方均应遵循契约精神。值得关注的是，政府方往往占据强势地位，尤其应注重转变观念，避免单方面拒绝履行合同、变更合同条款及政府更迭引致的履诺风险。

（四）项目注意事项

对社会资本方而言，尽管经营性 PPP 项目具有较强的市场化运作特征，但其依赖市场化运作实现投资回报的前提往往是政府政策支持，包括特许经营期限、收费机制、项目唯一性等，社会资本方需在合同订立中做出约定，并就违约补偿与政府方达成共识，以保障项目盈利。

杭州湾大桥项目中，项目运营初期，投资回报率较高（2009 年营业毛利率为 63.93%）。但运营 5 年后，杭甬客运专线和杭州湾第二通道（嘉绍跨江大桥，相隔仅 50 公里左右）分别于 2013 年 7 月 1 日和 2013 年 7 月 19 日建成通车，对杭州湾大桥形成较强分流，致使通行费收入下降，投资回报率下降（2013 年营业毛利率降为 50.44%），并最终引致部分社会资本退出，由政府方授权机构宁波交投回购其股权。

杭州湾大桥项目主要风险为项目唯一性风险，即政府或其他投资人新建或改建其他类似项目，导致对该项目形成实质性商业竞争而产生的风险。由于在合同订立环节，社会资本方未就项目唯一性及违约补偿与政府方达成一致，最终导致 PPP 模式难以为继。

第十一章　水利工程 PPP 案例分析

一、江西峡江水利枢纽工程项目

（一）项目总体概况

江西峡江水利枢纽工程位于赣江中游峡江县，控制流域面积约 62710 平方公里，是赣江干流上一座以防洪、发电、航运为主，兼有灌溉等综合利用的水利枢纽工程。水库正常蓄水位 46.0 米，防洪高水位 49.0 米，总库容 11.87 亿立方米，防洪库容 6.0 亿立方米，电站装机 36 万千瓦，船闸设计为 1000 吨级。工程建成后，南昌市的防洪标准可由 100 年一遇提高到 200 年一遇，赣东大堤防洪标准可由 50 年一遇提高到 100 年一遇，每年可增加 11.4 亿度清洁电能，改善枢纽上游 77 公里航运条件，并为下游 33 万亩农田提供可靠的灌溉水源。

（二）项目合作模式

2009 年，江西省水利厅在江西省峡江水利枢纽工程管理局的基础上组建江西省峡江水利枢纽工程建设总指挥部，作为项目法人，负责工程建设管理。

江西省峡江水利枢纽工程水电站出让采用邀请招标方式。省水利厅同时向江西省投资集团公司、中国电力投资集团公司、中国华能集团公司、中国葛洲坝集团股份有限公司、大唐国际发电有限责任公司、新华水利水电投资有限公司、华润电力控股有限公司、中国国电集团公司等 8 家有投资意向的发电企业发出了《江西省峡江水利枢纽工程水电站出让洽谈邀请函》，邀请上述投资商与省水利厅就峡江水利枢纽水电站出让进行投资洽谈。中国电力投资集团公司以最高报价 39.16 亿元获得水电站经营权。

2010 年，经江西省政府授权，江西省水利厅与中国电力投资集团公司江西分公司、江西省水利投资集团公司签署《江西省峡江水利枢纽工程水电站出受让合同》，出让水电站经营权 50 年，受让方出资 39.16 亿元在工程建设期内支付。受让方依法成立项目公司——江西中电投峡江发电有限公司，其股东单位包括:（1）中国电力投资集团公司江西分公司，持有项目公司 80% 的股权;（2）江西省水利投资集团公司，持有项目公司 20% 的股权。项目法人与项目公司按照机组投产时间逐台签署《机组交接书》，负责收取水电站出让款和水电站资产移交事宜；项目公司与江西电力公司签署《购售电合同》，负责结算售电收入。

为了解决资金缺口问题，经江西省政府同意，将水电站从枢纽工程中剥离出来，通过出让水电站经营权为整个工程项目筹措建设资金。2009 年，省水利厅制定了《江西省峡江水利枢纽工程水电站出让方案》，出让水电站经营权 50 年。

（三）项目借鉴价值

一是以工程经营性功能和设施积极吸引社会资本。水利工程往往兼具公益性和经营性，为促进社会资本获得合理投资回报，可充分利用工程的经营性功能和设施，积极吸引社会资本投入，弥补整个工程建设的资金缺口。该工程通过将经营性较强的电站经营权部分剥离出来，科学确定了社会资本的参与范围，有助于更好地吸引社会资本参与工程建设运营。

二是采用特许经营方式筹集项目建设资金。出让水电站经营权的方式对社会资本具有较强的吸引力，与政府作为项目法人贷款融资方式相比，这一融资模式不仅能够较好地解决峡江水利枢纽工程建设资金不足问题，同时也大大减轻了政府在偿还建设期贷款利息、财政贴息等方面的支出压力。

三是通过邀请招标择优选择社会投资主体。选择好项目投资主体是建立政府与社会资本合作（PPP）机制的关键。江西省水利厅在招标过程中，向多家有投资意向的发电企业发出邀请函，通过投资洽谈、竞争性报价等方式选择中标企业，体现了高效、经济、公平的特点。

四是签订多项合同文本明确权责利关系。规范、严谨的合同文本是规范双方权利义务、建立激励约束机制的有效形式。该项目在推进过程中，有关利益主体之间签订了水电站出、受让合同、发电机组交接书、购售电合同书等多项合同，明确了利益主体间的权责利关系，有助于项目的顺利实施和运营。

（四）项目注意事项

水利枢纽工程兴建的重点和难点是移民。整个工程涉及吉安市的吉水、峡江、吉安、吉州、青原 5 个县（区）、18 个乡镇、73 个行政村，涉及的庞大而艰巨的移民搬迁安置工作任务在全省水利史上都是前所未有的。江西提出“三减少一保障”，即减少移民数量、减少外迁安置、减少耕地淹没、保障移民的合法权益。水利部门按这一要求，实施防护工程和抬田工程等措施，把淹没耕地面积和搬迁人口降到了 2.9 万亩和 2.4 万人。这其中，抬田起到了关键作用。峡江水利枢纽抬田工程主要是将水库浅淹没区域的耕地高程抬高至高于水库正常蓄水位 0.5 至 1 米，并对抬高后的耕地配套田间工程，完善农田灌排条件，使被抬高后的耕地满足农业生产要求。峡江水利枢纽“抬田”

工程面积共 3.75 万亩，如此大面积、集中连片实施抬田工程，为国内同类水利工程首创。在水利枢纽建设中实施“抬田”工程，也属于江西省首创。

二、陕西南沟门水利枢纽工程项目

（一）项目总体概况

陕西南沟门水利枢纽工程位于延安市黄陵县境内，水库坝址位于北洛河支流葫芦河河口上游约 3 公里处，距延安市约 120 公里，距西安市约 180 公里。该项目及其配套供水工程主要向延安南部重点能源化工项目供水。该项目被列入延安市“十一五”、“十二五”重点建设项目，是延安市“引水兴工，产业转型”发展战略的重要支撑，对延安经济社会发展意义重大。

陕西南沟门水利枢纽工程为大（Ⅱ）型工程，由南沟门水库和引洛入葫工程组成。南沟门水库由大坝、溢洪道、导流泄洪洞、引水发电洞、电站等五部分组成，最大坝高 65 米，总库容 2 亿立方米。引洛入葫工程由马家河低坝引水工程和输水隧洞两部分组成，每年从洛河向南沟门水库调水 4424 万立方米，可有效解决葫芦河水量不足问题。

项目建成后，年均可供水 1.2 亿立方米，可有效解决制约延安南部经济社会发展的水资源瓶颈问题。同时，年可利用供水发电约 800 万度，有效提高水资源利用率。

该工程于 2011 年全面开工建设。截至目前，该工程前期供电工程、道路工程、导流泄洪洞工程已投入使用。大坝工程于 2014 年 6 月完成大坝填筑（坝高 65 米），8 月通过大坝安全鉴定，12 月顺利下闸蓄水。引水发电洞、溢洪道、电站、引洛入葫输水隧洞、马家河低坝引水枢纽等工程基本完工。

（二）项目合作模式

该项目采用“股东资本金出资 + 股东担保贷款”的模式。2004 年，该项目由陕西省交由延安市负责，原计划由延安市财政出资建设。但因项目投资过大，资金落实困难，延安市政府研究同意引入社会投资人共同投资建设。2008年，延安市政府先后邀请相关企业商洽该项目合作事宜，经多轮谈判，与陕西延长石油投资有限公司、华能国际电力开发公司签订了《项目合作意向书》。

该项目概算总投资19.21亿元，其中资本金54，540万元、贷款137，560万元。为解决项目建设资金问题，延安市于2009年批准成立延安水务投资建设有限责任公司，作为政府投资主体，与陕西延长石油投资有限公司和华能国际电力开发公司按40%∶30%∶30%比例出资54，540万元资本金，组建延安南沟门水利枢纽工程有限责任公司作为项目法人，负责南沟门水利枢纽工程建设运营管理。银行贷款由项目公司的三方股东按40%：30%：30%比例担保，其中延安水务投资建设有限责任公司55，024万元、陕西延长石油投资有限公司41，268万元、华能国际电力开发公司41，268万元。

（三）项目借鉴价值

南沟门水利枢纽工程的成功建设运营，有效解决了延安经济社会发展水资源瓶颈问题，作为准公益性项目，为投资方带来一定收益的同时，能够保证投资人关联企业用水。该项目地顺利实施，对如何引入社会资本参与水利工程建设，提升建设运营水平具有一定参考价值。

一是采用“资本金＋担保贷款”的模式解决资金缺口。该项目使用社会投资经营主体的自有资金和担保贷款，替代了部分政府财政出资，解决了资金缺口问题。这一模式对于以供水为主经营性较强的水利项目具有较强示范价值。

二是通过竞争性谈判择优选择社会投资主体。考虑该项目资金需求量大且具有较好的财务收益，当地政府邀请多方投资主体进行洽商谈判，采用竞争方式择优与社会投资主体签订了合作以及项目投资运营协议等。

三是完善法人治理结构提高经营管理水平。该项目由三方股东按《公司法》要求组建，完全按照现代企业模式运行，建立了较为完善的法人治理结构，在项目建设管理、运行管理、产品服务中均严格制定有关规章制度、技术标准等，不仅可以有效保障投资者权益，同时也有助于提高工程建设运营效率，保障工程顺利建设和安全运营。

四是通过各投资方优势互补推进项目顺利进行。政府投资主体在项目前期工作中积极发挥了协调作用，确保了项目建设前期工作的顺利推进。陕西延长石油投资有限公司、华能国际电力开发公司等企业发挥资金优势，确保资本金和银行贷款足额到位，同时又作为用水需求主体，在项目建成后得到了充足的供水保证。

（四）项目注意事项

长期以来，延安南沟门水库建设高度重视“精细化”管理。结合工作实际，制定了《南沟门水利枢纽工程精细化管理实施方案》，从明确岗位职责入手，规范工作程序，控制质量进度，确保安全生产，以“精”、“准”、“严”、“细”为原则全面促进各项工作的开展。通过深入开展“精细化”管理活动，该工程各项工序、各个环节都体现出较好的发展势头。为加强工程档案管理，该工程建设管理处主动组织相关人员参加上级工程档案培训，不断提高档案管理人员专业素养。为加强库区安全工作，在水库周边及主要路口设立了安全警示牌，每天下午播放安全警示广播，有效防止了事故发生。

三、南宁市竹排江上游植物园段（那考河）流域治理 PPP 项目

（一）项目总体概况

南宁市竹排江上游植物园段（那考河）流域治理 PPP 项目是南宁市和广西首个采用“PPP 模式”的试点项目。该项目作为 2015 年南宁市重点工程，项目位于兴宁区天狮岭路北面与 G75 兰海高速南面之间，与中海国际社区为

邻。工程河道整治范围为南起规划的茅桥湖北岸，北至环城高速路。治理主河道长 5.2 千米，支流河道 1.2 千米，全长 6.4 千米。项目包括：河道整治工程、截污工程、污水处理工程、河道生态工程、河道沿岸景观工程、海绵城市示范工程和信息监控工程,共 7 个子项工程内容。按照建设海绵城市的要求，该项目预计于 2015 年年底完成河道疏浚、水工设施、两座污水处理厂土建施工并开始设备安装，2016 年年底全面实现总体目标。

（二）项目合作模式

那考河项目由南宁市政府授权南宁市城市内河管理处按照采用竞争性磋商方式采购，最终由北京城市排水集团有限责任公司中标，作为中选投资人与南宁市城市内河管理处签订 PPP 协议。

污水处理业务为流域综合治理提供前端保障。污水处理厂在前端可净化污水、从源头阻止污水进入河道（中间湿地保障、末端曝气修复）；可针对污水排放采用深度处理、使出水达到地表四类水并生态补水。

（三）项目借鉴价值

本项目是国内首个集流域治理、海绵城市于一体的 PPP 项目，整治河道全长 6.635 公里，主要内容包括河道整治、河道截污、河道生态、沿岸景观、污水处理、海绵城市、信息化监控工程等，总投资 10 亿元，对于创新环境治理模式具有重要的示范意义。

项目成功经验包括全面统筹 + 纳入污水厂提标改造 + 发挥社会资本优势。成功要素有以下三点：一是以往采取单一河道部分河段治理，现对流域内多条主河道及支流展开治理，实现全面统筹。二是除传统截污清淤、生态补水、堤防稳固等河道治理工程外，那考河 PPP 项目纳入统筹范围的污水处理及市政排水管网工程建设，对已建污水处理厂实施提标改造、促进中水回用；此外对城区排水管网的雨污分流管道进行改造，提高污水收集率及处理率。三是该项目中政府主要负责解决工业点源污水和农业面源污染，从源头控制污染产生，而河道治理、污水处理及市政排水管网工程投资建设及运营管理交由社会资本负责，政府根据社会资本服务质量付费。

（四）项目注意事项

流域综合治理适用于具备实力企业操作。一是具备雄厚背景及资源优势的企业在流域综合治理中能够获得谈判地位，在跨流域综合治理中更加具备协调各省水利厅（或环保厅乃至更高层）的实力（尽管协调工作非常之难，跨流域存在移民等诸多壁垒，但未来水环境综合治理是大势所趋）；二是实力企业更加容易获得财政状况良好的地方的流域水环境咨询方案以及后续治理项目。从目前来看，由于上下游支付协调、地方政府财力差异、移民等原因，上市公司许多流域综合治理项目尚停留在顶层设计阶段，实力企业拿到的项目很多都是流域水环境咨询方案，后续占项目金额绝大多数比例的水环境治理业务尚需国家支持以及环保投融资创新等。流域综合治理 PPP 项目的社会资本应当具备足够谈判及协调实力以及技术、融资、管理能力。

第十二章　市政公用事业 PPP 案例分析

一、固安工业园区新型城镇化项目

（一）项目总体概况

固安工业园区地处河北省廊坊市固安县，与北京大兴区隔永定河相望，距天安门正南 50 公里，园区总面积 34.68 平方公里，是经国家公告（2006 年）的省级工业园区。

2002 年 6 月，通过公开竞标，固安县人民政府与华夏幸福基业股份有限公司（简称“华夏幸福公司”）签订协议，正式确立了政府和社会资本（PPP）合作模式。按照工业园区建设和新型城镇化的总体要求，采取“政府主导、企业运作、合作共赢”的市场化运作方式，倾力打造“产业高度聚集、城市功能完善、生态环境优美”的产业新城。目前，双方合作范围已拓展至固安新兴产业示范区和温泉休闲商务产业园区。

（二）项目合作模式

固安工业园区在方案设计上充分借鉴了英国道克兰港口新城和韩国松岛新城等国际经典 PPP 合作案例的主要经验，把平等、契约、诚信、共赢等公私合作理念融入固安县政府与华夏幸福公司的协作开发和建设运营之中。

固安县政府与华夏幸福公司签订排他性的特许经营协议，设立三浦威特园区建设发展有限公司（简称“三浦威特”）作为双方合作的项目公司（SPV），华夏幸福公司向项目公司投入注册资本金与项目开发资金。项目公司作为投资及开发主体，负责固安工业园区的设计、投资、建设、运营、维护一体化市场运作，着力打造区域品牌；固安工业园区管委会履行政府职能，负责决策重大事项、制定规范标准、提供政策支持以及基础设施及公共服务价格和质量的监管等，以保证公共利益最大化。

通过特许协议，固安县政府将特许经营权授予三浦威特，双方形成了长期稳定的合作关系。三浦威特作为华夏幸福公司的全资公司，负责固安工业园区的项目融资，并通过资本市场运作等方式筹集、垫付初期投入资金。此外，三浦威特与多家金融机构建立融资协调机制，进一步拓宽了融资渠道。

基于政府的特许经营权，华夏幸福公司为固安工业园区投资、建设、开发、运营提供一揽子公共产品和服务，包括土地整理、基础设施建设、公共设施建设、产业发展服务以及咨询、运营服务等。截至 2014 年华夏幸福公司在固安工业园区内累计投资超过 160 亿元，其中，基础设施和公共服务设施投资占到近 40%。

双方合作的收益回报模式是使用者付费和政府付费相结合。固安县政府对华夏幸福公司的基础设施建设和土地开发投资按成本加成方式给予 110% 补偿；对于提供的外包服务，按约定比例支付相应费用。两项费用作为企业回报，上限不高于园区财政收入增量的企业分享部分。若财政收入不增加，则企业无利润回报，不形成政府债务。

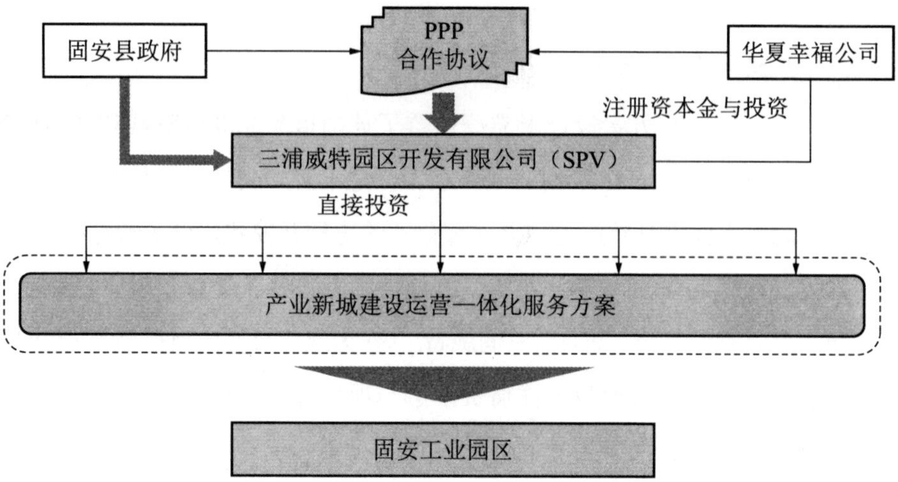

图 12.1　固安工业园区政企合作模式示意图

社会资本利润回报以固安工业园区增量财政收入为基础，县政府不承担债务和经营风险。华夏幸福公司通过市场化融资，以固安工业园区整体经营效果回收成本，获取企业盈利，同时承担政策、经营和债务等风险。如下表所示：

表 12.1　固安工业园区新型城镇化项目风险承担方式

	政府	华夏幸福公司
政策风险	×	√
机会风险	√	×
债务风险	×	√
经营风险	×	√

（三）项目借鉴价值

固安工业园区新型城镇化在整体推进过程中较好解决了园区建设中的一些难题，这种 PPP 模式正在固安县新兴产业示范区和其他县市区复制，具有较高的借鉴推广价值。

一是采用区域整体开发模式，实现公益性与经营性项目的统筹平衡。传统的单一 PPP 项目，对于一些没有收益或收益较低的项目，社会资本参与意愿不强，项目建设主要依靠政府投入。固安工业园区新型城镇化采用综合开发模式，对整个区域进行整体规划，统筹考虑基础设施和公共服务设施建设，统筹建设民生项目、商业项目和产业项目，既防止纯公益项目不被社会资本问津，也克服了盈利项目被社会资本过度追逐的弊端，从而推动区域经济，社会实现可持续发展。

二是利用专业团队建设运营园区，实现“产城融合”发展。为提高固安工业园区核心竞争力，固安县政府通过让专业的人做专业的事，华夏幸福公司配备专业团队，政府和社会资本构建起平等、契约、诚信、共赢的机制，保证了园区建设运营的良性运转。固安县政府在推进新型城镇化的同时，统筹考虑城乡结合问题，加快新农村建设，进行产业链优化配置，实现了产城融合发展。

（四）项目注意事项

在项目库中众多项目中，固安工业园区新型城镇化项目，不仅包含硬件的 PPP，而且包括软件的 PPP，是唯一的大型软硬一体化的 PPP 项目。在硬件方面，固安工业园区提供土地整理服务、基础设施建设、公共设施建设及运营服务等。在软件方面，则涉及产业发展服务、规划咨询服务等方面。具体到产业发展服务方面，包括招商引资、企业服务等。而规划咨询服务方面，则包括开发区域的概念规划、空间规划、产业规划及控制性详规编制等规划咨询服务，规划文件报政府审批后实施。业内专家置评，固安工业园区新型城镇化 PPP 模式属于在基础设施和公用设施建设基础上的整体式外包合作方式，形成了“产城融合”的整体开发建设机制，在整体推进过程中较好地解决了园区建设中的一些难题。

二、酒泉市城区热电联产集中供热项目

（一）项目总体概况

酒泉市热电联产城区集中供热项目是酒泉市委、市政府确定的惠民实事之一。项目实施之前，酒泉城区大部分区域采取小锅炉分散供热方式，供热质量和能力得不到保障。为解决这个问题，酒泉市政府于2009年6月批准《酒泉市热电联产市区供热工程实施总体方案》，方案同时确定国电电力酒泉发电有限公司负责热电联产市区供热工程的建设、运营和管理，是酒泉市热电联产市区供热工程的主体运营商。以此为基础，酒泉市政府与国电电力发展股份有限公司进行了多轮接洽，最终于2012年5月签订协议。

项目总体建设进展顺利。2010年5月热源及管网改造工程开工，2011年年底完成投资1.3亿元，建成一级供热管网24公里，改建换热站1座，实现集中供热面积23万平方米；2012-2013年度接供面积354.73万平方米；2013-2014年度接供面积480.99万平方米。截至2014-2015年度供热期，本项目已基本达到了设计的888万平方米的供热面积。

（二）项目合作模式

项目采用BOT方式建设运营，在收益机制上，以政府定价、使用者付费为主，在特定情况下政府予以补贴。在合作模式上，政府方——肃州区政府授予社会资本方——国电电力酒泉热力有限公司酒泉市热电联产市区集中供热工程的特许经营权，并负责工程建设过程中涉及的供热资源整合、清产核资、设施改造等工作；国电电力酒泉热力有限公司按照《酒泉市城市供热管理办法》、《酒泉市城市供用热监督管理暂行办法》和市政公用设施管理的有关规定，承担热电联产市区集中供热设施的安全运行、保障、维护管理职责，为居民提供优质高效的服务，服从供热行政主管部门的监管。

建设、规划、公安、民政、人防、交通、房管、公路等各相关部门根据各自职能配合做好道路开挖恢复、交通指挥协调等事宜，做好道路安全防护警示标志、标牌设置，确保车辆和行人安全通行；电信、移动等通信企业和相关单位根据施工地段地下管线的产权归属，协助建设单位做好管线交叉穿越。

特许经营期结束后，肃州区政府接受资产并履行经营管理权，合理调配利用资源，充分发挥国有资产效益。如果国电电力酒泉热力有限公司因为自身经营不善、违约等行为导致工程建设或正常经营难以为继，政府将介入并接管项目资产。

（三）项目借鉴价值

PPP 模式在酒泉市城区热电联产集中供热项目的应用，效果显著。一是缓解了政府对城区集中供热建设的融资压力，为政府分担了 43% 的投融资压力；二是提高了城区集中供热建设、运营效率；三是引进了先进的技术和运营管理经验。

由于该项目是对现有电厂余热的综合利用，因此在项目合作对象上不具有竞争性，此类项目如何有效开展项目采购和交易谈判，在当时的政策和程序角度还有可完善之处。但是作为西部地区开展的政府与社会资本合作，本项目仍有很多经验可资借鉴。

一是积极寻找双方战略契合点。本项目是酒泉市一项重要的民生工程，政府方战略目标在于按期建成投运，提供高效优质的公共服务，同时深化与央企合作、促进地方经济发展；社会资本方目标是加大在酒泉地区的项目发展力度，提高投资综合效益。项目的实施，实现了双方战略契合，在解决酒泉市城区供热能力不足、促进节能减排的同时，国电电力酒泉发电有限公司实现了发电余热有效地利用，提升了总体收益，实现了政府和企业的双赢。

二是及时完善配套制度。本项目是酒泉市在供热领域首次大规模引入社会资本，具有很强的探索性。为确保工作有效推进，酒泉市先后出台了多项配套政策，如：《酒泉市热电联产市区供热工程实施总体方案》、《酒泉市城市供热管理办法》、《关于进一步理顺酒泉市城区供热管理相关工作意见》等。这些制度为项目依法依规正确实施起到了保驾护航作用。

三是做好信息公开。由于项目实施范围广、周期长，对群众生产生活产生一定影响。酒泉市政府注意信息公开，在做好项目宣传的同时，及时向社会公布项目进展，为项目实施创造良好外部环境。

（四）项目注意事项

本项目在建设时的运营风险不可忽视。一是政策风险，主要是政策变更或法律变更给项目带来的不利影响；二是金融风险，主要是国家金融环境发生变化、通货膨胀、汇率或利率变动对项目融资和运营带来直接或间接影响；三是建设风险，工程项目建设过程中遇到的影响项目安全、质量和工期等的风险，主要包括图纸变更、设计变更、原材料和设备等不能及时到位、征拆拖延、出现重大安全质量事故、工期延误及不能按时完工等；四是经营风险，项目运营过程中由于各种原因引起的风险，主要包括各级供热运营商因经营管理不善所导致的收入减少、成本增加等风险；五是市场风险，存在煤、电、水价格波动等带来的风险，主要包括热费收取，能源价格上涨等；六是环境风险，为满足环境保护法相关要求而增加的支出或是由于违反法律法规造成环境污染或破坏而承担的额外费用和赔偿等。

三、渭南市天然气利用工程项目

（一）项目总体概况

为了加快天然气利用步伐，加速发展渭南市天然气事业，解决城市能源问题，2000年，渭南市人民政府开展了渭南市天然气公司股份合作制试点，将渭南市天然气公司由市政府出资的国有独资企业改制为两家股东构成的股份制企业，渭南市城市建设总公司持股51%，陕西省投资集团（有限）公司（原陕西省电力建设投资开发公司）持股49%。其中，陕西省投资集团（有限）公司以货币资金出资1568万元，渭南市城市建设总公司以原渭南市天然气公司净资产折股出资1632万元，变更后的注册资本为3200万元。但是由于企业规模小，股东筹资能力弱等原因，推动渭南城市天然气设施建设力度较弱。

在此背景下，渭南市对公司进行了股权多元化改造，并探索通过特许经营模式等推动项目建设。该项目包括两个环节，即在既有的渭南市天然气公司进行现代企业制度改造以及推进渭南市所管辖区域天然气利用工程项目两方面。

（二）项目合作模式

一是股权多元化改造。改造后，渭南市天然气公司由市属国有独资公司转变为省属国资控股，省、市国有资本和社会资本共同投资的混合所有制企业。从管理上实现了对当地国有垄断性企业的改制，基本建立了现代企业制度。

二是城市供气项目建设。为了加快“气化渭南”工程建设步伐，完善区域城市基础设施功能，推广使用清洁能源，政府相关职能部门分别与渭南市天然气有限公司（原渭南市天然气公司）签署所管辖区域天然气利用工程项目投资合同，确定了以特许经营模式推进项目投融资的模式。政府主要负责在政策、税收、项目手续办理等方面对企业提供支持。企业则按照现代企业管理制度运作，公司业绩稳定增长，经营活动现金流良好。

（三）项目借鉴价值

本项目实施较早，由于当时政策环境等因素，项目的集体实施程序等与当前要求不尽相同，但是在城市燃气领域将企业改制与引入市场机制相结合，仍然具有典型意义。

一是在推进国企改革过程中实现政府和社会资本合作。我国处于转轨时期，面临着经济发展和推进改革多重任务，该案例目的是在原有国有企业发展基础上，通过不断改革创新，最终实现政府和社会资本合作，达到多方共赢局面。

二是选择特许经营模式推动市政基础设施不断完善。该案例通过授予“渭南市天然气有限公司”供气特许经营权，可充分发挥社会资本的专业、技术和管理优势，切实加快市政基础设施建设，有效提高公共服务的质量和效率。

（四）项目注意事项

社会资本方通过 PPP 模式参与基础设施和公用事业建设和运营。这对社会资本方，尤其是民间基建投资者来讲，是难得的历史机遇，同时更是一种考验。PPP 项目属于基础设施和公用事业，这种性质决定了它需要在社会资本收益和公共利益之间寻求一种平衡。而社会资本方对投资收益预期通常过高，举例来说一般达到 12% 甚至 15% 以上，但 PPP 项目投资收益大概只能达到 10%。建议社会资本方降低收益预期，对于 PPP 项目来说收益的长期性、稳定性以及风险的可控性更为关键。

第十三章　社会事业 PPP 案例分析

（养老、文化、体育）

一、深圳大运中心项目

（一）项目总体概况

深圳大运中心位于深圳市龙岗区龙翔大道，距离市中心约 15 公里，是深圳举办 2011 年第 26 届世界大学生夏季运动会的主场馆区，也是深圳实施文化立市战略、发展体育产业、推广全民健身的中心区。

大运中心含“一场两馆”，即体育场、体育馆和游泳馆，总投资约 41 亿元，位于深圳龙岗中心城西区。大运中心工程量巨大，南北长约 1050 米，东西宽约 990 米，总用地面积 52.05 万平方米，总建筑面积 29 万平方米，场平面积相当于 132 个标准足球场。其中，体育场总体高度 53 米，地上建筑五层，地下一层，于 2010 年年底完工，成为深圳地标性建筑。

世界大学生夏季运动会成功举办之后，深圳大运中心的运营维护遇到了难题，每年高达 6000

万元的维护成本成为深圳市政府的沉重负担。

（二）项目合作模式

本项目采用 ROT 模式，即龙岗区政府将政府投资建成的大运场馆交给佳兆业集团以总运营商的身份进行运营管理，双方 40 年约定期限届满后，再由佳兆业将全部设施移交给政府部门。

佳兆业集团成立项目公司，作为深圳大运中心项目的配套商业建设及全部运营管理的平台，财政对项目公司给予五年补贴；项目公司与专业运营公司签订运营协议，与常驻球队和赛事机构签订场馆租赁协议，与保险公司签订保险协议，与供电企业签订供电协议，与金融机构签订融资协议，与媒体单位签订播报协议。

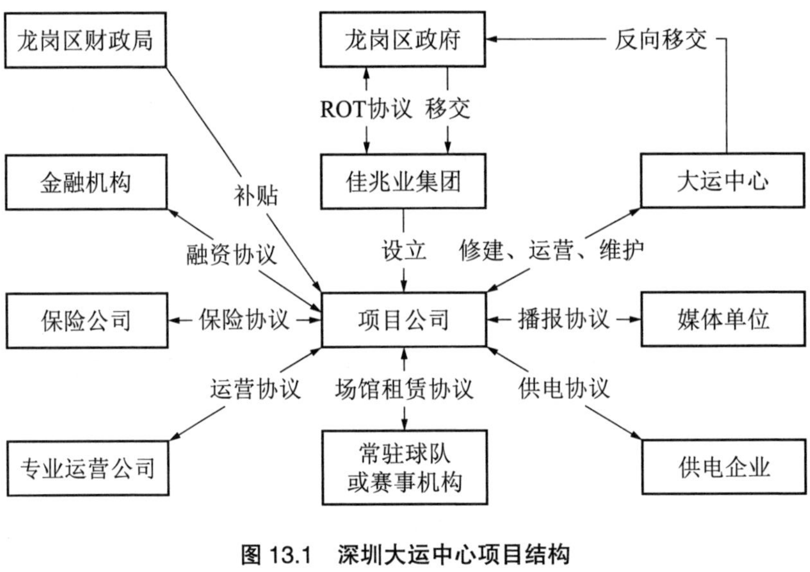

图 13.1　深圳大运中心项目结构

（三）项目借鉴价值

大赛后大型体育场馆运营是个众所周知的世界性难题，在每一次大型赛事后主办城市的场馆运营便会出现困境，该现象被称为“蒙特利尔陷阱”。

1976 年加拿大蒙特利尔奥运会，致使蒙特利尔财政负担持续 20 多年；1998 年日本长野冬奥会后，场馆设施高额维护费导致长野经济举步维艰；2000 年悉尼奥运会后部分场馆一直亏损。全国 34 个省会城市的运动场馆，超过 95% 都是亏损的。北京奥运会和广州亚运会，大量场馆在赛后遭遇了不同程度的困境，部分位置偏僻的场馆甚至出现长期闲置。

深圳大运中心项目采取的总运营商与专业团队共同运营大运中心的模式为项目运营质量的保障奠定了基础。项目建立运营调蓄基金，通过商业运作反哺场馆运营的资金管理办法为平衡大运场馆日常维护费用提供了资金渠道。从国内其他大型场馆的运营经验来看，仅仅依靠场馆的租赁费用难以保证场馆的日常维护费用，龙岗区政府与佳兆业集团吸取国内外经验，通过划拨方式将部分商业用地交由总运营商开发利用，以此产生的利润来弥补大运场馆日常运营的亏损情况，创造性地提出由政府方和运营方共同管理的调蓄基金的做法值得在更广范围推广。

此外，该项目在运营初期引入了有力的政府补贴机制，有效地缓解了大型场馆运营之初通常出现的较大额度的收不抵支状况，降低总运营商的资金压力。

（四）项目注意事项

佳兆业接管大运中心并不涉及房地产开发。为破解赛后场馆持续亏损的难题，深圳市政府同意把大运中心周边 1 平方公里的土地资源交给龙岗区开发运营，并与大运中心联动对接，原则上不得在大运中心“红线”内新建建筑物。佳兆业依托于场馆的平台，把体育与文化乃至会展、商业有机串联起来，把体育产业链植入到商业运营模式中，对化解大型体育场馆赛后运营财务可持续性难题进行了有益尝试。

二、大明宫国家遗址公园 PPP 项目

（一）项目总体概况

大明宫国家遗址公园项目号称西安的“城市中央公园”，是与美国国家中央公园相媲美的世界级文化旅游景区。作为西安城市建设、大遗址保护和改善民生的重点工程，2007 年西安曲江新区启动了大明宫国家遗址公园招标工作。曲江管委会充分利用“曲江模式”中的金融平台、独创“曲江 -PPP 模式”进行大明宫项目开发建设，有效地解决了大明宫国家遗址公园项目因开发范围广、难度大、项目综合性强、所需资金数额较大等问题，通过政府的财政支持与社会资本的有机结合，满足项目的资金需求、保障了这一大型民生工程的顺利开发。

（二）项目合作模式

项目前期政府部门投资 400 亿元，主要用于非营利项目的开发建设。针对大明宫国家遗址公园项目由国家开发银行与工商银行西安市分行等金融机构组建银行投资战略联盟，为大明宫项目周边的改造建设投资 100 亿元。与香港中国海外发展有限公司（简称“中海外公司”）签署《大明宫遗址保护和周边开发项目战略合作框架协议》，投资规模达 200 亿元，项目相关配套基础设施以及高档住宅和商务中心等重大工程项目的投资建设达成合作意向。与中国建筑股份有限公司签署《大明宫遗址保护和周边开发项目工程建设及城市资源运营合作框架协议》，协议金额 200 亿元人民币。与恒大地产集团西安有限公司签订《西安大明宫片区改造开发项目战略合作意向书》，恒大集团投资 100 亿元人民币参与大明宫周边的城中村、棚户区改造。大明宫遗址区保护改造办公室与建设银行曲江支行签订 29.9 亿元的合作协议。大明宫遗址区保护改造办公室与金地集团签订 40 亿元战略合作协议。

此外，曲江管委会以城市运营商方式采取了“先公建造景、后土地升值”的开发模式，在大明宫遗址项目中，先建设完成遗址公园部分，之后再将周边的土地转让给实力较强的地产商，由地产商组织周边环境的改造与开发建设，以提升公园周边土地价值，为其他项目的开发建设筹集资金。

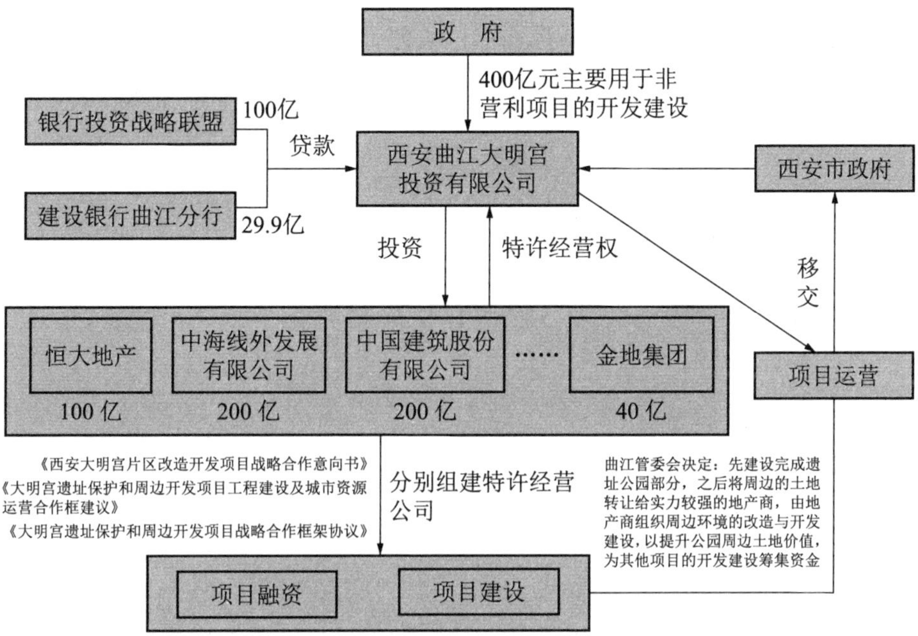

图 13.2 大明宫 PPP 项目融资结构

（三）项目借鉴价值

大明宫国家遗址公园 PPP 模式建设的经验，对于 PPP 模式在旅游业运用具有一定的借鉴意义：

一是合理规划，实现增值。大明宫国家遗址公园的开发建设资金以及前期的拆迁安置成本数额较大，单单依靠公园建成后门票收入及租金收入难以满足项目资金需求。而且，项目还包括遗址周边区域的改造规划，在整体规划范围中所占比例较高。PPP 模式项目成功在于在对遗址充分保护下尽可能地发挥遗址的突出价值，并以此改善遗址周边环境，通过提升区域整体价值实现大明宫项目的增值。

二是明确责任，共担风险。PPP 模式是一个复杂系统，运作程序繁杂。建立政府与社会资本的合作关系、明确责任分工、共同分担风险是 PPP 项目成功的基础。运用 PPP 模式需要妥善安排各参与方在项目中的权利和义务，要做好政府与社会资本方的责任划分，重视政府在项目中的规划作用，要制定详细项目计划，完善交易结构和项目管理机制。大明宫项目说明，注重保证参与方利益，科学设计交易结构，可以保障整个项目运作顺利进行。

三是建立长效管理机制。组建一个能够进行“全寿命周期管理”的专业项目管理机构，有效的监督和良好的管理结构，比如西安市政府牵头的以“西安曲江大明宫遗址保护改造委员会”方式来专门负责对项目的监管，社会资本与政府间进行协调，建立长效管理机制，值得借鉴。

（四）项目注意事项

对于旅游行业而言，PPP 模式是新常态下发展我国旅游产业的动力性抓手。PPP 模式既是融资概念，更是一个景区项目管理概念，强调的是 PPP 项目对景区的全寿命周期运营管理，分为两个“生命周期”，第一是汇聚社会资本的投资力量，为旅游景区建设和周边基础设施建设融资；第二是在提高景区旅游服务质量等软件上发挥作用的阶段，即项目运营管理阶段。

旅游业所具有的公益性与商业性的双重性质，具备借力 PPP 模式的天然基因。PPP 模式的运用，不仅有助于解决长期以来制约旅游行业发展的融资建设问题与经营管理问题，而且将成为经济新常态时期我国旅游产业战略性结构升级的新动力，但 PPP 模式在我国运用处于起步阶段，在公共项目中的运用并不成熟，相关法律有待健全。对新常态下的中国式 PPP 模式，始终要有清醒的认识。

三、浙江省台州市椒江区医疗养老项目

（一）项目总体概况

浙江省台州市市立医院下属的市立投资有限公司与复星医药全资子公司上海医诚医院投资管理有限公司合作的医疗养老集团项目，位于椒江区疏港大道以西、市府大道以北，占地面积140余亩，按照三级甲等综合性医院标准建设，争取建成台州及周边地区最有影响力的医疗养老机构，成为浙东南医疗养老中心。其中，医院一期9万多平方米的门诊综合楼将在3年内建成投入使用。康养中心将依托综合性医院的医疗资源，建立医疗与养老之间的协作机制，实现养老与医疗的无缝对接，协同做好老年人慢性病管理和康复护理，发展成为医养紧密结合的特色养老机构。

（二）项目合作模式

台州市立医院和上海复星集团公司签订了合作框架协议，以PPP模式合作设立医疗养老投资公司，建立利益共享、风险共担、优势互补的运营机制。台州市立医院所属的台州市立投资有限公司以新院区土地评估价作价1.7亿元入股，占股25%；复星医药所属的上海医诚医院投资管理有限公司以现金5.11亿元入股，占股75%。赞扬医养投资公司属股份制，设立董事会、监事会，集团按照《公司法》实行企业化管理，市场化运行。公司投资建设运作市立赞扬医院、赞扬康养中心、赞扬药械公司。其中，市立赞扬医院按三级甲等综合性医院标准建设，争取5年内建成台州市及周边地区最有影响力的医疗养老机构；康养中心将依托综合性医院的医疗资源，实现养老与医疗的无缝对接。市立赞扬医院由台州市立医院管理，主要管理人员由台州市立医院管理团队兼任，两院区实行统一管理，独立核算。台州市立医院选派到市立赞扬医院的人员保留原事业编制身份不变，医师管理以多点执业的方式在两院

区流动，人员薪酬由两院按比例承担。

（三）项目借鉴价值

椒江区在全国率先尝试以 PPP 模式推动公立医院与民营企业合作建设医疗养老项目，打造浙东南医疗养老中心，有效破解民生项目建设融资难题，缓解财政资金压力。本项目作为台州市社会资本办医领域的一个重大浙商回归项目，医疗养老集团项目集中整合了市立医院良好的技术、品牌优势以及上海复星医药雄厚的上市公司资金优势，以三甲标准建设的综合性医院为依托，通过创新公立医院与民营企业携手合作的经营管理运营机制，实现利益共享、风险共担、优势互补，开创了医养结合养老模式的发展先河。该项目的成功合作，对于推动社会资本办医、创新公共服务设施投融资模式都具有十分重要的意义。

（四）项目注意事项

PPP 模式合理应用于我国养老服务业将会形成双赢的成果，目前部分先进地区已经开始尝试，有成功的经验也有失败的教训，北京、上海等一线城市优先开展实施，多以老年服务餐桌和上门康复护理等基础项目为主，政府、社区大多承担了建设服务平台，提供社区老年档案信息，给予优惠政策及补贴，挑选合适的私人部门进行合作的职责，取得了一些值得学习的经验。未来我们应该在实践中总结经验教训，继续探索将 PPP 模式应用于中国养老服务过程中各个利益主体更为清晰的责任边界，完善合同，明确各自的责任与优势，做到项目运行过程中职责清晰，定位明确，各司其职。根据各个社区的不同情况灵活运用服务外包、特许经营、BOT 等更为具体化的 PPP 形式。

第十四章 医疗领域 PPP 案例分析

一、北京门头沟区医院项目

（一）项目总体概况

北京市门头沟区医院坐落在北京西部燕山脚下，位于门头沟地区政治、文化、经济中心地带。1951 年建院，至今已有 60 年的历史，是一所集医疗、教学、科研、预防、保健、急诊、急救为一体的区域医疗中心，承担着门头沟区近 30 万人口的基本医疗服务。

根据 2009 年 3 月 18 日国务院出台《医药卫生体制改革近期重点实施方案（2009-2011 年）》，2010 年门头沟区医院被定为公立医院改革试点单位。在区政府的大力支持下，引进了凤凰医疗集团优质资源进行医院改革，成为北京首家引入社会资本的公立医院。

（二）项目合作模式

2010年8月，北京门头沟区医院作为北京首家引入社会资本的公立医院，采用PPP模式中的ROT模式（Rebuild-Operate-Transfer，重构—运行—移交），将公立医院改革纳入社会的集团化运营中。门头沟区医院与凤凰医疗集团合作办医，取消院长行政级别，建立理事会领导下的院长负责制，该理事会实行委任制，举办单位和政府各委任3名，年度计划、预算和人事任免等重大决策全部由理事会完成。

医院组建监事会，由政府部门、合作方、医院职工代表共9人组成。凤凰医疗集团组成管理团队，门头沟政府每年支付其200万管理费，改革的效果可从数字的变化初见端倪，从医院管理来看，床位从改革前的252张增至502张，副高职称人员由48人增至60人；从百姓就医来看，2012年，医院门诊急诊人数达到48万人次，同比增长28.6%；次均住院费用远低于同级同类医院平均水平9.84%。

此外，凤凰医疗集团管理模式中也存在IOT模式。通过对医院进行固定投资承诺，改善医院的医疗设施和诊疗设备，以交换在若干年期限内管理和营运相关医院，并收取医院的管理费以及为医院供应药品、医疗器械和耗材的权利。该模式在医院的产权性质不变、非营利性质不变、人员隶属关系不变的情况下，公司对医院全权管理。

（三）项目借鉴价值

北京门头沟区医院项目中，社会资本与政府在重构层面上形成了四个突破：第一，实现了由出资人与社会力量共同担任的理事会，实现了由社会资本方担任院长职务，成为医院的法人，同时取消院长的行政级别；第二，在保留公立医院原有事业编制的前提下，改高层管理人员的行政任免为聘任制，放开人员工资总额控制以重塑激励机制；第三，构建医院自我监管、卫生局行业监管和第三方监管的多重监管机制；第四，医师管理则做到了专业机构集团所属医院内部医生的多点执业。

门头沟模式涉及的参与主体有：门头沟区政府、门头沟区人民医院和凤凰医疗集团。政府的政策和“五变八不变”理念决定了公立医院改革的基调和性质，其最大目的在于保持公立医院的公益性，同时改革医院管理体制，实现“管办分离”，改变以往政府既是裁判员又是运动员的局面。这些改革举措与现代政府职能转变的要求一致，是减少寻租的有效途径。医院是改革对象，改革内容涉及医院的决策机制、运行机制、人事管理和监督机制，这些都触碰到了医疗卫生制度的“症结”。凤凰医疗集团作为专业化公司，可以为公立医院改革提供资金支持、管理协作和专业技术。

门头沟模式为PPP模式在我国医疗卫生领域的应用提供了借鉴的模板。

（四）项目注意事项

医疗行业探索性开展特许经营。在某些垄断行业，公共品只能由政府提供，因此其天然具备特许经营权。然而，目前公共医疗服务虽然以政府为主导，但政策同时鼓励社会资本办医，公共医疗服务并非为政府所垄断，医疗服务只能称之为准公共品，就公共医疗服务本身而言并不天然自带特许经营权。但是公立医院的医疗技术团队和学科优势带来了一定的品牌效应。因此，笔者认为公立医院自身品牌可以探索进行特许经营。2014年10月，北京市政府发布《关于促进健康服务业的实施意见》，首次提出医疗领域“特许经营”这一概念，安贞国际医院首次试水医疗行业特许经营。然而，北京市提出的在医疗领域开展“特许经营”的模式更侧重于公立医院品牌输出，适合大型知名的公立医院，对于实力有限的地方性公立医院则很难操作。作者认为，对于地方性公立医院可以进行反向操作，即探索通过特许经营方式引进社会资本的医疗资源和先进的医疗管理团队。

二、汕头潮南民生医院项目

（一）项目总体概况

汕头潮南民生医院由香港企业家吴镇明先生投资兴建，委托汕头大学医学院第一附属医院全面经营管理，是一所按“三级医院”标准设计和配套建设的大型综合性中外合资医院。2011 年 7 月，在总结 5 年托管实践的基础上，广东省卫生厅、中山大学、汕头市和汕头市潮南区有关部门决定，在汕头潮南民生医院导入 PPP 模式。与传统的医院托管相比，汕头潮南民生医院的 PPP 模式最大的不同是引入了政府这个角色。潮南区政府、汕头大学医学院第一附属医院作为政府公共部门，汕头潮南民生医院作为民营部门，达成合作伙伴关系。三方共签协议，确立由汕头市潮南区政府与汕头潮南民生医院共同委托汕头大学医学院第一附属医院进行经营管理的关系。

独特的托管模式在国内开创了先河，医院引入 PPP 模式至今，成效显著，由于角色明晰，目标一致，医院 1 年内便实现了运营的收支平衡。医院不仅为潮南区百姓提供了优质、方便、及时的医疗卫生服务，同时也真正解决了“看病难”问题。先后被中国医院协会和健康报社等授予“全国诚信民营医院”、“群众满意医院”、“全国百姓放心医院”等荣誉称号。

（二）项目合作模式

汕头潮南民生医院项目是典型的交钥匙工程（EPC，Engineer–Procurement–Construction/Turnkey，设计—采购—施工 / 交钥匙），汕头大学医学院第一附属医院对医院进行托管，该院的管理和医疗团队全部来自于托管方，换言之，投资方不参与、也不干预医院的运营和管理，各方责任明确。政府作为监管者，保证汕头潮南民生医院实现提供可及性公共卫生服务的创建目的，对汕头大学医学院第一附属医院的经营行为和公益性责任进行监督；

汕头大学医学院第一附属医院根据合约派出管理、医疗、护理核心队伍组成管理团队，将有效的经营机制、科学管理手段、技术力量输入汕头潮南民生医院，使其迅速树立优质品牌；汕头潮南民生医院则为汕头大学医学院第一附属医院提供广阔的平台，并按照政府要求在适当满足投资盈利目标的同时，为社会更有效率地提供公共产品和服务。

（三）项目借鉴价值

PPP 不是一般性的合作，不是承包，不是双向转诊，也不是“传帮带”，而是成熟的对等合作伙伴关系。目前，民营医院发展极不平衡，多数规模小，投入不足，缺乏竞争力，无法吸引人才。因此，不具备 PPP 合作基础，政府无法全面介入。潮南民生医院的迅速发展，得益于强强联合、优势互补，是大型公立三甲综合医院与中外合资性质民营医院的“联姻”。潮南民生医院资金充裕、灵活性强，且具备较强的创新能力，汕头大学医学院第一附属医院拥有雄厚的技术力量、先进的管理模式和丰富的管理经验，通过公立大医院技术、管理与民营资本的结合，实现了资源的有效配置。

（四）项目注意事项

PPP 模式讲究长期合作、权责明确、利益共享、风险共担，允许提供给社会资本合理的投资回报。但就目前公立医院 PPP 案例而言，社会资本参股的公立医院多定性为非营利性医院，受制于非营利性医院的收益不允许用于股东分红的规定，一般没有明确的投资回报设计或者回报来源难以满足要求，而政府多以私有化或者股份制改革方式处理，财政不支付可行性缺口补助，在一定程度上影响了社会资本参与医疗行业 PPP 项目的积极性，也存在不规范运作的风险。

三、广州广和医院项目

（一）项目总体概况

2004 年 11 月，由广州市第一人民医院与广济医疗器械有限公司合作建立的广州广和医院在广州成立。这是广东省首家 PPP 医院。医院自试营业以来，已经基本达到运营平衡，成为广州市职工医疗保险定点医院。

（二）项目合作模式

广州广和医院是实施 PFI 模式的成功案例。它由广州市第一人民医院与广济医疗器械有限公司合作建立。广和医院有自己的独立法人，实行自主经营、自主管理、自主分配原则。广州市第一人民医院负责提供品牌和业务用房，并在技术力量上给予支持，广济医疗器械有限公司提供资金和业务管理。合作双方根据合作协议进行利润分成，完全与市场机制接轨。

（三）项目借鉴价值

这是一种灵活的 PFI（Private-Finance-Initiative）模式。它将公立医院的品牌和技术优势，与民营企业的资金优势和灵活经营相结合，优势互补，强强联合，起到了 1+1 大于 2 的效果。通过对公立医院不同环节采用不同的 PPP 管理模式，可以有效解决政府投入不足问题，提高公立医院经营管理效率，让公共资源得到更加合理的配置，推动创新。但在 PPP 模式的实际应用方面，也存在着事业单位性质，公益性质，所有制性质，医生原有利益等诸多问题。这些都需要我们不断地去调整、创新模式，不拘泥于条框的限制，并以社会大众的利益为第一考量要素，政府和社会大众在医院 PPP 项目上，就能有更多的选择与空间。

（四）项目注意事项

医院的性质目前有两种选择：营利性医院和非营利性医院。《关于城镇医药卫生体制改革的指导意见》中规定政府不举办营利性医院，但明确公立医院可以实行多种经营体制，以适应市场经济环境下产权实现多样化和政府职能的转变。此外《中共中央、国务院关于深化医药卫生体制改革的意见》规定：鼓励公立医院与社会力量以合资合作的方式共同举办新的非营利性医疗机构，满足群众多层次医疗服务需求。可见，目前的政策导向是政府鼓励社会资本参与公立医院改制，考虑到坚持医疗事业的公共事业属性是医改的原则性要求，且非营利性医院可享受较多优惠政策，因此，目前多数公立医院改制后仍然定性为非营利性医院。而非营利性医院的收益只能用于医院发展，不能用作股东分红，对投资人来讲，显然缺乏明确的收益回报机制。公立医院改制成营利性医院在法理上是成立的，这种安排能够得到社会投资人的积极响应。但营利性医院的定性较为敏感，存在影响社会稳定的风险。尤其是地方性人民医院、中心医院等具备一定规模和影响力的公立医院，如 PPP 实施后定性为营利性医院，则必将要面临来自医院职工和公众的强大阻力，在操作的过程中必须慎之又慎。

第十五章　水务领域 PPP 案例分析

一、合肥市王小郢污水处理厂资产权益转让项目

（一）项目总体概况

合肥市王小郢污水处理厂是安徽省第一座大型城市污水处理厂，也是当时全国规模最大的氧化沟工艺污水处理厂。项目分两期建设，日处理能力合计 30 万吨，建设总投资约 3.2 亿元。污水厂建成后曾获得市政鲁班奖，是建设部指定的污水处理培训基地和亚行在中国投资的“示范项目”，为巢湖污染综合治理发挥了重要作用。

2001 年，安徽当地某环保公司曾上书省政府和市政府，要求政府出于扶持本地企业发展的目的，将王小郢污水处理厂以高于评估价的一定价位直接出售给他，同时还许诺将在未来几年投资兴建更多的污水处理厂。2001 年 6 月，该公司曾与政府签订了王小郢经营权收购合同，当时的条

件是转让价款3.5亿，污水处理费单价约1元/吨，后来由于融资及其他方面的问题，该环保公司收购王小郢污水处理厂经营权未果。

2002年12月，建设部公布了《关于加快市政公用行业市场化进程的意见》，允许外资和民资进入市政公用领域。合肥市政府抓住这一机遇，作出了“市政公用事业必须走市场化之路、与国际接轨”的重大决策，决定把王小郢TOT项目作为市场化的试点。

（二）项目合作模式

经公开招标确定的中标人依法成立项目公司。市建委与项目公司签署《特许权协议》，代表市政府授予项目公司污水处理厂的特许经营权，特许期限23年；合肥城建投公司与项目公司签署《资产转让协议》，落实项目转让款的支付和资产移交事宜；市污水处理管理处与项目公司签署《污水处理服务协议》，结算水费并进行监管。

项目结构如下图所示：

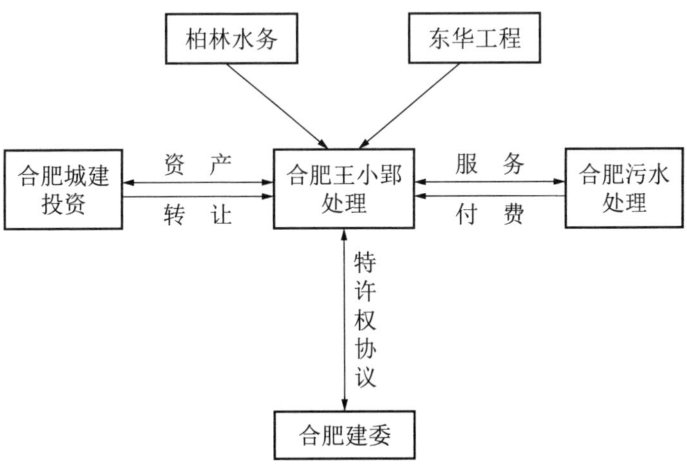

图15.1 合肥市王小郢污水处理厂项目结构图

项目采用TOT（转让—运营—移交）模式，通过国际公开招标转让王小郢污水厂资产权益。特许经营期（23年）内，项目公司提供达标的污水处理服务，向政府收取污水处理费。特许经营期结束后，项目公司将该污水厂内设施完好、无偿移交给合肥市政府指定单位。

（三）项目借鉴价值

一是规范运作和充分竞争实现项目价值最大化。王小郢项目整个运作过程规范有序，对潜在投资人产生了很大的吸引力，实现了充分的竞争。开标现场所有投标人的报价均远超底价，最高报价接近底价的1.8倍。这个项目是当时国内公开招标的标的额最大的污水厂TOT项目，开创了污水处理TOT运作模式的先河，招标结果在中国水务行业内引起轰动。与2001年准备转让给当地公司的条件相比，无论是资产转让价款还是污水处理服务费单价，招标竞争的结果都远远优于当时的项目条件。同时，从引入投资人的实力和水平来看，柏林水务集团是世界7大水务集团之一，拥有130多年运营管理城市给排水系统的经验。通过招标，合肥市既引进了外资，又引入了先进的国际经验，同时还实现了国有资产的最大增值，为合肥市城市建设筹措了资金。

二是充分的前期工作保障项目有序推进。合肥市政府对王小郢项目非常重视，成立了专门的决策和工作机构，并聘请了高水平的顾问团队。整个团队在研究和确定项目条件，落实前期各项工作等方面投入了很多精力，做了大量扎实的工作，避免出现拍脑袋决策的情况。从项目实施结果看，前期工作准备得越充分，考虑得越周全，后面的项目推进效率就越高，项目实施结果就越好。

三是合理的项目结构与合同条款确保后期顺利执行。王小郢项目的结构设计对接了国际国内资本市场的要求，符合水务行业的一般规律，得到广大投资人的普遍认可。项目合同中规定的商务条件、对权利义务和风险分配的约定比较公平合理，协议条款在执行过程中得到了很好地贯彻，为项目顺利执行奠定基础。

四是践行契约精神对PPP项目的执行至关重要。王小郢项目迄今已运作10年，在此期间，政府每月及时足额与项目公司结算水费，严格按照法规和协议要求进行监管，并按照协议规定的调价公式对水价进行了 4 次调整（10 年累计上涨不超过 0.25 元 / 吨）。此外，双方还参照协议精神完成了提标改造等一系列工程。合肥政府和项目公司对契约精神的践行保障了项目的长期执行。

（四）项目注意事项

本项目中原规定采用土地租赁的方式向投资人提供王小郢污水处理厂的土地。但由于项目特许经营期为 23 年，超过了我国法律对租赁期限最长 20 年的规定；同时，根据我国土地相关法律法规，地上附着物、构筑物实行“房随地走”的原则，租赁土地上的房屋和构筑物难以确权。最终经谈判，中标人同意在不调增水价的前提下，自行缴纳土地出让金，由政府向其有偿出让污水厂地块。

已建成项目的职工安置是一个敏感而重要的问题，如果解决得不好，将影响项目招商进展或给项目执行留下隐患。本项目在招标实施前期就对职工安置做出了稳妥的安排。资产转让前，就资产转让的事项征求了职工代表大会的意见，职工安置方案经职代会通过。同时，在招标文件中对投资人提出明确要求，资产转让后必须对有编制的职工全员接收并签订一定年限的劳动合同，保障了职工的切身利益。

投资人在谈判中提出要把利率变化的情况归入不可抗力的范围内，降低项目公司的风险。但考虑到项目采用市场化方式运作，应尊重市场化的规律，谈判小组没有接受投资人的这一要求，利率变化的风险仍由项目公司自行承担。

二、张家界市杨家溪污水处理厂项目

（一）项目总体概况

为加强城市环境基础设施建设，保护好区域生态环境，更好地促进地方经济发展，张家界市政府决定采用BOT方式投资、建设、运营张家界市杨家溪污水处理厂，并授权张家界市永定城区污水处理厂项目建设指挥部负责该项目实施工作。

杨家溪污水处理厂是湖南省政府列入全省污水处理设施建设3年行动计划、2008年必须开工、2009年必须建成的污水处理项目，也是张家界市2008年17个重点建设工程之一。

该项目污水处理规模近期为4万立方米/日，远期为8万立方米/日，总投资6700万元。杨家溪污水处理厂位于西溪坪老火车站东侧，占地40余亩，污水处理工艺采用成熟的A2/O处理工艺，污水出水水质符合GB18918—2002城镇污水处理厂污染物排放标准中的一级B标准。

张家界市永定城区污水处理厂项目建设指挥部通过公开招标方式选择湖南首创投资有限公司为该项目投资人，由其在张家界市注册成立项目公司融资、建设、运营和维护项目设施，在特许经营期限内提供污水处理服务获取污水处理服务费，并在特许经营期届满后将项目设施无偿完好移交给政府方或其指定机构。

项目于2008年6月开始进行公开招标，7月完成特许经营协议谈判，8月正式完成签约，9月开始进行设计优化和前期准备工作，2008年年底正式开工并于2009年年底前完工进入试运营阶段。项目于2010年5月通过环保验收正式商业运行。

（二）项目合作模式

张家界杨家溪污水处理厂采用BOT的方式进行建设、运营和维护。由湖南首创投资有限公司100%出资成立张家界首创水务有限责任公司负责项目的具体运营。张家界市人民政府授权张家界市住房和城乡建设局与张家界首创水务有限责任公司签署了《张家界杨家溪污水处理厂BOT项目特许经营协议》，就特许经营、项目的建设、运营、维护、双方的权利义务、违约责任、终止补偿等内容进行约定。本项目的特许经营期限为25年，经营期限届满后将污水处理设施无偿移交政府或政府指定的接收单位。在特许经营期内投资建设、运行张家界市杨家溪污水处理厂（不含管网资产），处理政府提供的污水，收取污水处理服务费。厂区红线范围外的为项目建设与运行所需的市政配套设施（包括道路、上水、供电）以及污水收集管网系统建设由张家界市政府负责，不包含在项目范围内。由于运营期内污水处理量存在不确定性，本项目通过设计基本水量的方式为政府方和社会投资人有效分担该风险。水量不足时政府方应就基本水量支付基本污水处理服务费，污水处理厂的实际处理

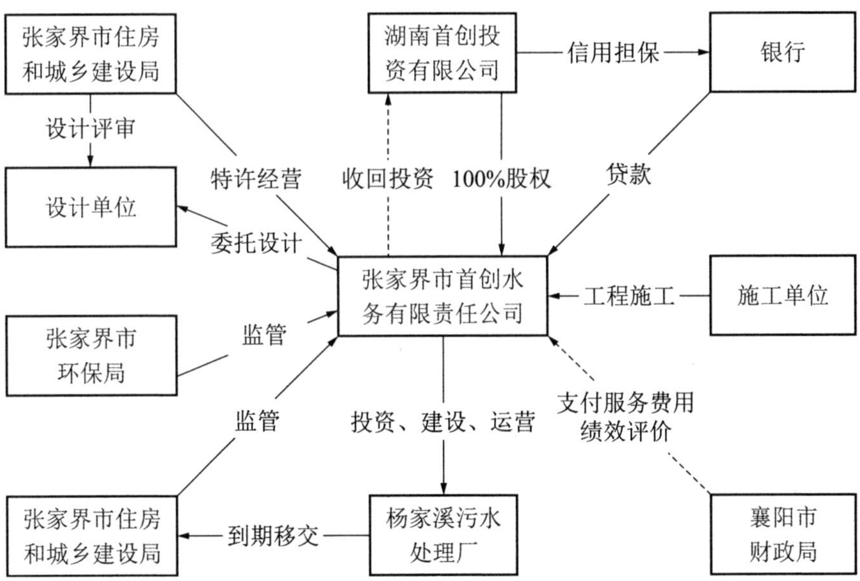

图15.2　张家界杨家溪污水处理厂项目PPP结构图

水量超过基本水量，超额水量部分按60%付费。项目每两年根据人工、电费等成本变动进行调整。政府方应履行必要的审核、审批程序并在一定时间内给予答复。

因政府方或者项目公司自身的原因引起特许经营协议终止，双方需各自承担相应的责任，对另一方作出补偿；由于自然条件引起的不可抗力事件导致协议终止，双方的损失应各自承担；如果由于政策、法律法规等引起的协议终止，政府方承担补偿项目公司损失的责任。

（三）项目借鉴价值

张家界市杨家溪污水处理厂BOT项目主要目标是引入社会资本的资金以及先进技术和管理经验，提高污水处理服务的质量和效率，推进污水处理市场化改革。从目前来看，这一目标基本达到。总结经验，有如下方面可供借鉴。

一是PPP项目实施需要营造公开透明的政策环境，建立协调机制，规范化操作。首先，市政府成立了市级层面的项目建设指挥部，保障政府和社会资本合作积极稳妥推进。在指挥部推动下，项目的招标和谈判更加透明、决策更加科学民主，协调各职能部门更加高效。其次，政府聘请专业咨询机构提供财务、法律等顾问服务，提高项目决策的科学性、操作的规范性。顾问服务主要包括两方面内容：一是按国家有关法律法规和规章制度，设计风险和利益分担共享机制，编制特许经营协议；二是构建项目财务模型，为政府方在进行项目招标、谈判中提供参考和支持，通过公开程序确定项目的合理污水处理服务费单价。

二是社会资本提前介入，实现风险控制前移。张家界市杨家溪污水处理厂BOT项目在招标文件中明确要求处理工艺成熟、处理效果良好，能够保证污水处理后能达标排放。社会资本在事前通过调查、踏勘等方式，根据实践经验确定了处理工艺，并在投标时按工艺特点报价。目前经运行测试，主要工艺设备符合政府要求的技术先进性和可靠性，满足投资人关注的经济性要求，达到了起初提出的整体要求。

三是建立合理的风险分担机制和收益分享机制。该项目在风险管理方面秉承了“由最有能力管理风险的一方来承担相应风险”的风险分配原则，即承担风险的一方应该对该风险具有控制力；承担风险的一方能够将该风险合理转移；承担风险的一方对于控制该风险有更大的经济利益或动机；由该方承担该风险最有效率；如果风险最终发生，承担风险的一方不应将由此产生的费用和损失转移给合同相对方。

（四）项目注意事项

与其他公共服务行业相比，水务行业（主要包括自来水和污水处理）属于典型的区域自然垄断行业。在以往我国城市水务行业某些实施 PPP 项目过程中，尽管在打破传统的国有或行政垄断方面有了一些突破和改善，也引进了一些社会资本或境外资本，但在很大程度上，依然在沿袭着行政决定的方式。在我国城市水务行业的 PPP 过程中，一些地方和部门依然试图利用行政手段来创制自然垄断，应当引起足够的重视。

三、广州西朗污水处理 PPP 项目

（一）项目总体概况

西朗污水处理厂位于广州市芳村区南部，是广州市政府为保护珠江，控制及减少对珠江的污染而鼓励兴建的 4 个污水处理厂之一，是广东省重点市政基础设施建设项目。西朗项目于 1998 年启动，2003 年建成，2007 年宣布全面启用，总占地面积 311908 平方米，总规模日处理污水量 40 万立方米，一期占地面积 113033 平方米，日处理污水量 20 万立方米，首期工程的建设内容包括西朗污水处理厂、截污干管及沿线 4 个泵站，初始总投资为 9.85 亿人民币。

自 2000 年以来，西朗项目连续几年被列为广东省、广州市的重点建设项

目，一直得到政府各有关部门和领导的高度重视和大力支持。2000 年 7 月，广州市京水水务有限公司通过竞标，获得了广州市西朗污水处理厂 17 年运营维护的总承包合同。根据总承包合同的规定，该公司负责营运和维护保养日处理能力为 20 万吨的西朗污水处理厂及与之相配套的 40 公里污水管线、四座污水泵站。2003 年 10 月月底，西朗污水项目工程基本建成并投入通水调试，2004 年 4 月 30 日投入污水试运行。到 2008 年年底西朗污水工程项目实现连续三年全达标排放。并取得 2008 年全国城镇污水处理厂绩效评比“十佳”殊荣。

西朗污水处理厂采用改良 A2/O 工艺，具有较好的脱磷除氮功能。项目的建成运营，有效地收集和处理芳村区全部污水及海珠区部分污水，改善珠江广州河段的水体，保护广州市西村水厂、石门水厂、小洲水厂和石溪水厂取水点的水质，优化投资环境，从而提高广州人民的生活质量，产生良好的环境效益、社会效益。

（二）项目合作模式

美国泰科亚洲投资有限公司获得西朗污水处理厂 17 年的特许经营权，项目于 1998 年启动，共 23 年 BOT 转让期，前 3 年为项目准备期，第二个三年为项目实体建设期，后 17 年为运营期。

项目公司需要在 17 年内将主要设备更新一遍，以保证交付后污水处理设施能更持久地运营，合作期结束后将全部资产无偿转让给中方所有。

西朗项目总投资额为人民币 9.85 亿元，其中注册资本为人民币 3.33 亿元人民币。中方出资 1.10 亿元人民币，占 33% 的注册资本，即以已完成建设的早期的西朗污水处理系统收集区域的截污干管评估作价计入合作公司。而外方以现金出资 2.23 亿元人民币，占 67% 的注册资本。项目总投资除注册资本 3.33 亿元人民币外，其他资金均通过项目融资解决，以项目公司所签合同的各项权益和固定资产质 / 抵押给中国工商银行广东省分行，从而获得了 6.67 亿元人民币贷款，其中人民币与外币贷款比例各占总贷款款额约 50%。中长期人民币贷款为 3 亿元，中长期美元贷款为 4000 万元；基建储备贷款为人民币4000万元，用款期限不超过1年，到期后转为中长期人民币贷款，即实际中长期人民币贷款为3.4亿元。

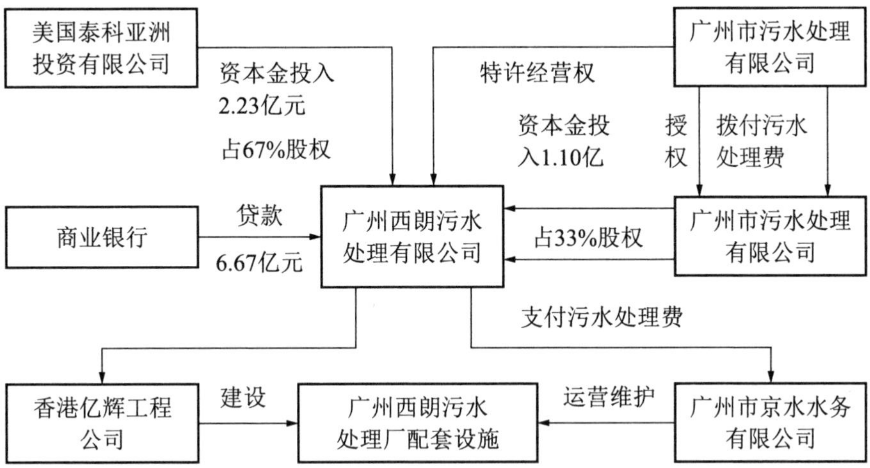

图15.3 广州西朗污水处理项目投融资结构

为了分摊项目风险，西朗项目公司通过招标寻找工程承包商，而且为了避免设计、采购和施工分别承包可能出现的衔接不清、责任难分的弊端。西朗项目采用EPC合同的形式进行。由国际邀请招标中标的EPC承包商香港亿辉工程公司以交钥匙的项目总承包方式对广州西朗污水处理厂、截污干管及泵站系统进行设计、采购和建设，以确保该项目以约定的总承包价并在规定的期限内完成，确保向业主交付符合EPC合同规定的基本处理量的处理能力并达到规定的出水水质标准的项目。

在17年商业运行期满以后，项目公司所有资产将无偿移交给政府方或其代表，包括西朗项目运行过程积累下来的专有技术、保密资料、设计资料、财务资料和发明的使用权等。

（三）项目借鉴价值

一是聘请高水平的咨询公司进行指导。决定采用PPP模式建设城市污水处理厂的地方政府，应当在项目开始阶段就参照国际惯例，聘请高水平的咨询公司和财务、法律顾问。通过国际公开招投标，可以为拟实施的大型基础项目找到一批国外实力比较强大的银行或跨国集团作为潜在融资机构。在西朗项目决策开始，政府方就聘请广州市国际工程咨询公司作为顾问公司，这为西朗项目的中外双方的顺利谈判奠定了基础。西朗项目的合作外方其母公司是位列世界500强前列的泰科集团。通过国际公开招投标，可使政府在BOT融资活动中始终处于主动地位。因项目竞争者大多为著名跨国公司，他们之间的激烈竞争使得各自在不同程度上降低条件和要价，从而使政府在融资活动中处于主动和有利地位。由于招标带来的激烈竞争大大降低了产品价格，使最终用户受益，也减轻了政府的财政负担。

二是拟定详细完整的特许经营合同。特许经营合同是PPP项目的核心，所有的工作都是围绕这个中心开展的。它对投资者和政府双方的权利义务责任做出了详细的规定，双方都应该严格按照合同规定的内容，履行各自的责任和义务。西朗项目的特许经营合同历时数年，经过各专业小组无数次谈判方能最后确定下来。它对合同中的专有名词的解释非常准确到位，避免了因概念模糊不清造成双方的误解。它对双方权利义务、水量计量、水质监测、服务费计算、合同变更、争议解决等内容都做了非常详细的阐述，指导了后续的一系列建设和运营工作。它的很多内容被建设部引入到最新的特许经营合同样本中，作为范本。

三是创新的项目融资方式。西朗项目融资具有独到之处：第一，原计划是进行境外融资的，随着国内资金市场的变化，果断改变为国内融资，避免了外债风险和大大减低了融资成本。第二，通过公开招标方式选择融资银行，通过竞争性投标，项目公司可选择到实力雄厚、条件优惠、服务全面周到，并且对项目风险控制有丰富经验的银行。经过综合评标，中国工商银行广东省分行中标，与项目公司签订总额6.67亿元人民币的融资合同。第三，融资包括中长期人民币贷款、中长期美元贷款、流动资金贷款，短期与长期结合，本币与外币配套，不但降低了财务费用，更最大限度地避免了外汇汇率风险（污水处理项目没有外汇收入）。

四是外网建设与厂区建设同步进行。对项目业主而言，要取得投资最佳效益应该是投资的项目能尽快投入运营。否则，只有建设好厂区而没有完善的收集管网，项目不算成功。西朗污水厂在 2003 年 10 月 30 日建成，2004 年 4 月 30 日投入试运行，日处理水量 12 万吨。污水处理厂经 1 个月试运行的调试后，出厂排放的水体水质连续 3 年稳定达标，满足了《服务合同》的基本要求。水量则随着外围管网的完善逐渐上升，到 2006 年 9 月基本达到进入商业运行日的最低水量 15 万吨 / 天的条件。

厂区只是一个点的施工，一般来说，只要将建设用地围起来并且资金到位就能按期完工，而管线要在老城区穿街过巷，动迁的难度大，完成时间不好把握。因此，新建的城市污水厂项目的城市规划一定要超前。城市规划（包括污水分区规划）一旦稳定，为使污水厂尽快收集到足够的污水，相关的城市管网一定要先施工。

五是实施工程建设 EPC 总承包。由于绝大部分的城市污水 PPP 项目投资者不具备大型市政工程施工的能力，因此在 PPP 项目建设中实行工程建设 EPC 总承包，无疑是明智的选择。EPC 合同规定由承包商负责全部设计，并承担工程全部责任，故投资者不需要过多地干预承包商的工作。要求所完成的工程符合“合同中预期的工程之目的”就应认为承包商履行了合同中的义务。西朗的经验告诫我们，投资者在优选承包商时应突出对承包商过去业绩的审查，对投标书中技术文件的审查以及质量管理体系的审查。在前期还应特别注意对设计文件的审查工作，必须按照国家规定的初步设计和施工图审查程序，报送相关部门审核，并按照审核意见修改完善设计。这是确保工程质量的一项极其重要的措施。在建设过程中，投资者可按照西朗模式，聘请有经验的人员组成工程现场管理小组，对 EPC 总承包商施工现场的质量、安全、进度等方面进行监督和控制。同时按国家规定的建设程序，公开招标具备相当资质和经验的监理公司，对工程实行全程监理，确保最终能顺利完成工程，并交付使用。

六是实施营运管理总承包。对于目前绝大多数的城市污水 PPP 投资者来说，将污水厂的营运分包给具有专业资质的运营分包商是一个分担风险的良好途径。

污水厂的运营风险主要是指污水厂在日常运营过程中，由于某种内部原因，可能是工艺调控问题，也可能是设备运行问题等，造成处理后的出水不能达到规定的排放标准，而被环保部门处以罚款甚至停产。由于大多数投资者只是作为资金的拥有者，并无污水处理方面的专业知识，也缺乏污水厂营运管理的经验。这种情况下，投资者与其自己运营，承担营运的风险，不如将整个营运分包给专业的污水处理营运商。通过向社会招标，可以有效地降低运营成本，同时也节省自己的人力资源成本，另外还将营运的风险转嫁给了分包商。

（四）项目注意事项

特许经营项目在建成后，项目业主一般委托符合资格的专业营运商对项目进行运营管理。一方面，可以使投资业主专注于投资回报管理，使项目业主人员结构精简，作为一个精英项目管理班子，集中精力进行项目的风险管理，项目资金的借贷与偿还的管理。另一方面，通过委托专业公司进行厂区的运营可以充分依赖专业知识及运营经验，从而大大降低项目进入商业运行的风险。

在西朗项目工程动工前，通过公开招标方式确定了广州市京水水务有限公司作为项目建成后的专业运营和维护承包商，这在国内尚属罕见。项目公司与运营商签订详细的运营和维护合同（O&M），并由运营商提供履约担保，可使投资者、融资银行、项目公司对项目的运营成本、营运风险有清晰的预见，而且运营商在建设期可以在一定程度上参与建设过程，有利于日后的运营。

第十六章 垃圾处置 PPP 案例分析

一、大理市生活垃圾处置城乡一体化系统工程

（一）项目总体概况

大理市位于云南省大理白族自治州中部，是州府所在地，是全国历史文化名城。总面积 1815 平方公里，总人口 68 万人，全市日均垃圾产量约 688 吨。为提高全市垃圾处理“减量化、资源化、无害化”水平，创新垃圾收集清运处置新模式，探索洱海环境保护新经验，大理市于 2012 年启动实施了洱海流域垃圾收集清运处置系统工程建设，高起点、高标准建设实施生活垃圾处置城乡一体化系统工程，主要包括三方面内容：一是在洱海流域的两区和下关、大理 11 个乡镇，共建设 10 座垃圾中转站，购置 15 辆垃圾转运车、111 辆小型垃圾收集车和 1002 个收集箱体；二是实施装机容量 12 兆瓦、日处理生活垃圾 600 吨以上的大理

市第二（海东）垃圾焚烧发电工程，对生活垃圾进行无害化处理和资源化利用；三是构建数字化监管系统，实现对市场化运作企业运营情况的全方位监管。

目前，大理市洱海流域垃圾收集清运处置系统初步建成，运转正常。全市城乡生活垃圾收集清运量从 2013 年的 164,657.7 吨（日均 451.1 吨），提升到 2014 年的 196,931.6 吨（日均 539.5 吨），增长了 19.6%，城乡环境卫生、洱海水质得到了明显改善，基本实现全市城乡生活垃圾“收集清运全覆盖、压缩转运全封闭、焚烧发电资源化、监督管理数字化、建筑垃圾再利用”的预期目标。

（二）项目合作模式

2010 年 10 月，大理市以 BOT（投资建设—运营—移交）方式，引进重庆三峰环境产业集团公司，采用德国马丁 SITY2000 逆推倾斜式炉排炉焚烧发电处理工艺，投资 4.2 亿元建设一座垃圾焚烧发电厂；2012 年 6 月，大理市公开招标以 BTO（投资建设—移交—运营）方式引进重庆耐德新明和公司，采用先进、成熟的上投料式水平直接压缩加大型拉臂钩车转运的处理工艺，投资 1.1 亿元建设 10 座大型垃圾压缩中转站。此外，各区镇积极探索，采用承包、租赁等方式，通过公开招投标，将城乡生活垃圾收集清运工作推向市场。

全市城乡生活垃圾按照统一流程，通过收集、转运、处理三个环节进行处置。收集清运环节由各区镇负责，用自行投资、承包的垃圾车及配发的垃圾收集车将生活垃圾收集至环洱海 10 座垃圾中转站，经压缩装箱后，全程密闭转运至垃圾焚烧厂进行焚烧发电、无害化处理。最终实现收集清运全覆盖、压缩转运全封闭、焚烧发电资源化。

大理市生活垃圾的收集费用、转运费用和处理费用统一列入财政预算。垃圾转运及处理运营企业的服务费用，按照《大理市生活垃圾转运处理服务费结算工作实施方案》，由运营企业每月 3 日前填写上月结算确认通知单，上报至市城管局、环保局、审计局、财政局、服务费结算工作领导组等部门审核签字后进行拨付。

监管方式分为数字监管和量化考核两种。各站点称重数据、视频数据实时传输到生活垃圾收集清运处理信息化管理系统，同时为垃圾转运车辆安装了 GPS 定位系统。称重数据作为垃圾收集清运奖补经费和政府支付企业运营费用的主要依据，视频数据可以实现对垃圾压缩和处理过程的实时监控，最终实现城乡生活垃圾处置全过程的“数字化、视频化、定位化”目标。此外，市政府与垃圾收集清运责任区镇签订《大理市洱海流域生活垃圾收集清运责任书》，确定垃圾收集清运任务量，依据数字化监管系统统计的各乡镇垃圾清运量，进行一日一公示、一月一通报、一季一考核，对全市垃圾收集清运工作进行科学管理，通过工作目标倒逼服务效果，解决垃圾收集清运工作的监管问题。

（三）项目借鉴价值

一是完善法规、健全机制。大理市先后建立生活垃圾处理收费制度、垃圾收集清运责任制度、考核奖补制度，出台相应政策文件，使全套系统的运转有章可循、有据可查，确保工作到位。随着系统的建设，大理市政府明确整个系统由大理市城市管理综合行政执法局作为主管部门进行日常监管，市洱管局、环保局、财政局等部门配合实行按季考核，兑现奖惩。各区、乡镇建立相应的管理部门，人民群众自觉参与环境卫生整治活动，使系统得以有效运行。

二是城乡一体、高标准建设。大理市按照流域垃圾治理全覆盖的思路，高起点、高标准规划设计，实施城乡垃圾治理一体化系统建设，提高了农村环境卫生标准，完善了城乡环卫基础设施，初步建立起了城乡一体的流域垃圾收集处理体系。

三是政府补贴、市场化运作。一是通过招商引资、竞争性谈判，以 BOT 方式引进焚烧发电厂建设项目；二是以 BTO 方式引进垃圾压缩中转站项目；三是收集环节由乡镇负责采用承包、租赁等方式实行市场化运作。

四是数字同步、信息化监管。建成垃圾收集清运处理信息化管理系统，通过视频的实时监控、车辆的 GPS 定位及数据的实时传输，对垃圾收集、转运、处理环节的全过程实行“数字化、视频化、定位化”实时监管，实现信息化管理。

五是打破区划、扁平化管理。一是城乡一体化系统打破大理市和创新工业园区、旅游度假区、海开委的行政区划界限，统一规划、建设、管理；二是中转站建设打破乡镇界限，统一建设，实行市场化运作，例如，喜洲垃圾中转站服务区域辐射到喜洲、银桥、湾桥等多个乡镇乃至洱源县右所镇、邓川镇。

（四）项目注意事项

垃圾焚烧领域应以 BOT 为基础继续强化 PPP，提高政府契约性素质和垃圾处理费的经费保障。垃圾焚烧领域进入良性运行，需要以足够覆盖合格环保排放的垃圾处理费和政府提高履约信用为基础。对此，财政部主导的 PPP 中心的建立，首先应保证各地 PPP 中心对于政府的经费列支和支付保障具有一定的约束和促进能力。

二、苏州市吴中静脉园垃圾焚烧发电项目

（一）项目总体概况

随着苏州市城市化进程全面加快，苏州市唯一的生活垃圾填埋场（七子山垃圾填埋场）已无法承受每年近百万吨的新增垃圾带来的环境影响。市政府对多个国内垃圾处理的投资商进行全面考察后，最终选择与光大国际合作推进固体废弃物处置方面的首个 BOT 项目，正式拉开了苏州市与社会资本在垃圾处理行业的合作序幕。

苏州市垃圾焚烧发电项目由一、二、三期工程组成，总投资超过 18 亿元人民币，设计日处理规模为 3550 吨，年焚烧生活垃圾 150 万吨，上网电量 4 亿度，是目前国内已经投运的最大的生活垃圾焚烧发电厂之一。项目采用国际先进的机械炉排技术，焚烧炉、烟气净化系统、自动控制、在线检测等关

键设备均采用国际知名公司成熟产品，烟气排放指标全面达到欧盟 2000 标准，二恶英排放小于 0.1 纳克毒性当量每立方米。项目一期工程配置 3 台 350 吨 / 天机械炉排焚烧炉，2 台 9 兆瓦 / 小时凝汽式汽轮发电机组，采用半干法加布袋除尘、活性炭吸附的烟气治理技术，烟气排放执行欧盟 I 号标准，日焚烧处理生活垃圾 1000 吨左右，各项生产指标在国内垃圾焚烧发电厂中均处于领先地位。二期工程新增日处理垃圾能力 1000 吨，三期工程日处理能力 1550 吨，并预留 500 吨能力。为配套焚烧厂的建设，苏州市政府与光大国际继续采取 BOT 方式，先后建成了沼气发电、危险废弃物安全处置中心、垃圾渗滤液处置等项目。同时，在政府的主导下，餐厨垃圾处理等其他固体废弃物处置项目也相继落户该区域内。这些项目相互配套形成了一定的集约效应和循环效应，为苏州城市化发展做出了积极的贡献。

截至 2014 年年底，苏州垃圾焚烧发电项目累计已处理生活垃圾 761.91 万吨，上网电量 19.39 亿千瓦时，相当于节约标煤 111.97 万吨，减排二氧化碳 255 万吨。

（二）项目合作模式

项目合作双方分别为苏州市政府和光大国际。选择光大国际作为合作者的考虑主要是其“中央企业、外资企业、上市公司、实业公司”的四重身份，具备较强的项目实施能力。项目由苏州市市政公用局代表市政府签约；光大国际方面由江苏苏能垃圾发电有限公司［后更名光大环保能源（苏州）有限公司］签约。由苏州市市政公用局代表市政府授权该公司负责项目的投资、建设、运营、维护和移交。

双方签订《苏州市垃圾处理服务特许权协议》，并于 2006、2007、2009 等年度分别据其中具体条款变更事项签订补充协议。

项目分三期采用 BOT 方式建设，其中一期工程项目特许经营期为 25.5 年（含建设期），二期工程特许经营期 23 年，三期工程设定建设期两年，并将整体项目合作期延长 3 年，至 2032 年。在此合作模式下，市政府充分发挥其监管作用并建立较为完善的监管体系，主要包括三方面：

首先，项目所在地镇政府对产业园相关项目进行长期驻厂监管，并在厂内分别设有办公地点，对烟气、炉渣、飞灰等处置情况进行监管；相关职能部门成立的监管中心，有专人24小时联网监督重要的生产数据。

其次，垃圾焚烧发电项目的所有烟气排放均已实现在线公布，通过厂门口60平方米的电子显示屏向公众公示；且所有环保数据第一时间通过网络传输到环卫处监管中心和区、市环保局，实现了政府对运行的实时监管。

再次，政府部门每年两次委托市级以上政府环保监测机构对项目开展定期及不定期的常规烟气检测及二恶英检测，企业每年两次委托第三方对环境各项指标检测，确保项目运行中的环境安全。其中，二恶英每年共检测四次，由省环境监测站检测两次，项目公司自检两次，其他环境空气、生产废水、回用水检测频率已达到每月两次。从检测结果来看，各项烟气排放指标长期、稳定达到欧盟2000标准。

项目依靠经营净现金流收回投资、获得收益。项目收入主要有两部分构成：一是垃圾处理费。双方最初约定项目基期每吨垃圾处理费为90元，当年垃圾处理费在基期处理费基础上，按照江苏省统计局公布的居民消费品价格指数CPI（累计变动3%情况下）进行调整。后由于住建部调整城市垃圾处理收费标准、新建项目投运办法的原因，双方于2006年及之后多次签订补充协议，进行调整。二是上网电价。上网电价部分执行有关标准，一期工程为0.575元/度，二、三期工程为0.636元/度。项目公司除负担正常经营支出外，还需要负担苏州市部分节能环保宣传费用。

（三）项目借鉴价值

一是整合实施项目。垃圾处理包括多个相对独立的环节，吴中静脉产业园以垃圾焚烧发电项目为核心，将各种垃圾的集中处理，炉渣、渗滤液、飞灰等危险废物处理等环节有效整合，形成了一体化的项目群，有效提高了项目推进效率，同时实现了对不同项目收益的综合平衡，达到了整体效果最优。各种废物在园区范围内均得到有效治理，生活垃圾焚烧产生的热量已向园区周边的一个用户供热，形成区内资源与外界的资源整合，提高能源综合利用程度。

二是坚持以人为本。积极打造花园式环境并加大环保处理设施投入，严防二次污染，并与周边居民进行交流互动。在接受监督的同时，从当地居民对环境质量的要求出发进行生态修复以提高区域内的环境友好性。园区建设以来，原有的脏乱差现象有了极大的改善，区域内的宜居程度得到了大幅度的提高，体现了造福于民的宗旨。

三是严密的项目监督体系。项目建立了较为严格的监督制度，所在地镇政府对产业园相关项目进行长期驻厂监管并派专人 24 小时联网监督重要的生产数据；所有烟气排放均已实现在线公众公示；政府实时监管，项目还引入第三方对环境各项指标检测，确保项目运行中的环境安全，如由省环境监测站对二恶英每年共检测 4 次等。

四是各方利益统筹兼顾。项目建设本着优化废物综合利用网络，从废物产生、收集、输送到转化处理各个技术环节进行全过程优化，以实现经济、社会、环境效益的最大化为目标，制定两个兼顾原则：从时间上，兼顾近期和远期；在空间上，兼顾当地和周边地区，以吴中区为核心，辐射范围至苏州大市乃至长三角地区。

（四）项目注意事项

就目前国内普遍情况来看，被资本市场完全认可，操作模式也相对成熟的固废领域市场化项目，还是垃圾焚烧领域的 BOT 项目；在该领域，商务模式虽然成熟，但在政府信用和监管等方面还存在需要完善的空间。同时，模仿其模式建设的餐厨处置厂 BOT 项目，目前都或多或少碰到运营困难的问题，成功运营的并不是太多；而在前端收运部分，清扫的委托运营比较成熟也较易推广，可以预见将获得更大的普及；最有意义也是最困难的是垃圾收运、垃圾分类和有机垃圾收集方面的 PPP 改革，需要更复杂的结构，更合理的商业模式设计，还有更成熟的产业主体的参与。

三、重庆同兴垃圾焚烧发电厂项目

（一）项目总体概况

重庆同兴垃圾焚烧发电厂是我国西部第一座大型垃圾焚烧发电厂，也是重庆市首个垃圾处理领域的PPP项目。该发电厂位于重庆市北培区童家溪镇，占地150亩，总投资3.27亿元人民币。项目设计日处理垃圾量1200吨，日发电量将达到40万度。该项目由重钢集团、中国环境保护公司等6家企业共同出资建设。项目采用BOT模式，特许经营期为25年。

（二）项目合作模式

重庆同兴垃圾焚烧发电厂项目的投资方为六家企业：中国环境保护公司、重庆三峰环境产业有限公司、重庆远达环保（集团）公司、重庆钢铁（集团）有限责任公司、北京保罗投资有限公司、重庆市开发投资有限公司。这些企业有国有企业（国有控股企业），也有民营企业，项目总投资3.12亿元人民币。除股权资本以外，项目公司向中国建设银行重庆分行贷款20378.3万元，另外争取到国债资金1个亿。重庆同兴垃圾焚烧发电厂是典型的公私合作（PPP）模式。

项目公司将设计委托给重钢集团设计院、土建委托给重钢建设公司、组装委托给了重庆三峰环境产业公司。项目于2002年12月19日开工建设，2005年3月28日正式投产。建成后委托给重庆三峰环保产业公司经营。在特许经营期内，市政府以每吨垃圾69.9元人民币的价格向同兴垃圾发电厂支付垃圾处理费，重庆电力公司按政策负责收购同兴发电厂输出的电量。25年特许经营到期后项目将由政府收回管理或签订续期合同。

（三）项目借鉴价值

同兴垃圾发电厂总体来说比较成功，值得借鉴，主要表现在以下几个方面。

一是政府的高度重视。政府搭建了高校的领导班子，这为项目顺利实施，尤其是项目前期工作的开展给予了很大的便利。二是多元化的投资主体。多元化的投资主体结构解决了庞大的资金问题，减轻了政府财政投资负担。由于政府的积极参与，国债资金的投入，使得项目公司顺利地获得银行贷款。三是投资各方优势互补。由于项目各投资方在设计、建设、设备、技术和运营管理方面各具优势，通过优势互补形成了实力雄厚的项目公司，顺利地推动了项目的建设与运营。四是垃圾处理成本低。同兴垃圾发电厂项目是我国第一个实现垃圾焚烧技术和关键设备国产化的垃圾发电项目，其投资水平只相当于当时国内建成同等规模垃圾发电厂的 50% 左右。这大大降低了垃圾处理成本，减轻了政府的运营补贴。

（四）项目注意事项

在垃圾焚烧领域采用BOT模式实现特许经营和PPP的改革本身是适当的，也为政府、投资人和金融机构所广泛接受。但是，垃圾焚烧领域 PPP 改革已有 13 年，在以下方面尚存在问题。

一是原建设部公布的《市政公用事业特许经营管理办法》中对于授权选择投资商应采用公开招标竞争选择的要求并未得到完全落实，相当一部分项目招标程序不完善、过程不透明；二是在 BOT 项目中，地方政府过于看重获得较低的垃圾焚烧处理支付价格，据 E20 的统计数据，特许经营项目的垃圾焚烧处理费每吨平均在 60 ～ 80 元，而政府自建项目的垃圾焚烧处理费却平均在 120 ～ 150 元，低价带来低质的风险；三是在某些 BOT 项目中，存在由于低价压力或者竞争不充分，选择的不良投资商所带来运行不畅或者环保排放不达标的情况；四是某些地方政府缺乏契约精神，拖欠费用情况严重；五是邻避现象日趋严重，近期连续在杭州、惠州和湘潭爆发了群众聚集事件，包括政府自建项目和 BOT 项目，凸显百姓对垃圾焚烧的不信任态度。

05

第五编

PPP 国际经验

第十七章　欧盟：求“同”存“异”，百花齐放

在过去的二十多年间，PPP 广泛适用于公共管理领域，在 PPP 市场较为成熟的国家，如英国，领域涉及一般公共服务、国防、公共秩序、交通运输、燃料和能源、环境、卫生、娱乐和文化、教育等，在其他大多数国家，PPP 适用的范围主要集中在基础设施领域，包括收费公路、轻轨系统、地铁、铁路、桥梁、隧道、机场设施、电厂、电信设施、学校建筑、医院、监狱、污水处理和垃圾处理等方面。从区域来看，欧盟 PPP 市场最为发达；从国别来看，英国、澳大利亚、美国、西班牙、德国、法国、加拿大等发达国家 PPP 项目的规模和管理水平处于领先地位。

近几年来，欧盟 PPP 市场无论是从项目数量还是规模方面均呈现逐渐萎缩的态势。2015 年上半年，欧盟共完成 24 个 PPP 项目融资，而这一数据在 2014 年同期为 34 个；2015 年，欧盟市场上的 PPP 项目平均规模约 1.78 亿欧元，这一数据相较于 2014 年的 PPP 项目平均规模（2.64 亿欧元）缩水约 33%，甚至低于近十年来 PPP 项目

的平均规模（1.89亿欧元）。2015年上半年，欧盟规模最大的PPP项目出现在土耳其，该国政府发起的毕尔肯健康校园项目总额约11亿欧元，项目包括安卡拉地区健康校园的建设与运营，仅该项目规模就占据了欧盟上半年PPP项目总额的25%。

根据欧盟PPP专家中心的数据显示，2013年上半年，欧洲十国共完成24个总额约90亿欧元的PPP项目，然而其中的12个PPP项目均发生在英国，在这些项目中，包括道路建设与车辆工程的交通类项目就占据了PPP项目总额的70%。若与2012年同期欧洲十国共完成的41个PPP项目数据作对比则不难发现，PPP模式在欧盟市场上的活跃度有所下降。

一、欧盟成员国概况

公共服务特权在欧盟已存在较长时间了，欧洲的PPP合约一般要遵守公共采购法，其实许多成员国已经有了自己的PPP的相关法律法规。下面就欧洲层面的PPP法律状况进行汇总。

- 在2004年，欧盟委员会发布了1项关于PPP的绿皮书以及关于公共合约和特权的欧盟法，并高度强调了欧盟采购条例的重要性；
- 同样，欧盟统计局（2004年11月）规定了PPP项目分类的原则；并规定政府购置（新建）基础设施和服务时，要对“PPP合同”进行区分对待；
- 欧盟统计局正在修订识别PPP项目的方法，在新方法中，新增了基于PPP项目风险（例如，需求风险）的分析方法。2013年版的政府赤字和贷款手册对公共领域外的PPP项目识别标准进行了细化区分。

此外，一些成员国根据本国情况提出了新的立法，对PPP采购合约进行约束，其中包括定义项目筛选标准、公共部门参照值的量化应用，并同时建立专门的PPP机构。一些欧盟成员国的立法举例如下：

- 葡萄牙（2002/2003）法令185/2002定义了健康领域合作的原则和标准；法令86/2003总体上规范了PPP采购，同时对公共部门参照值进行了设定（之后被法令 141/2006 和法令 111/2012 所取代）；

- 法国(2004)PPP 法令在公共和私人合作项目中创造一种新的合作形式(伙伴关系合同)；
- 希腊（2005），在 PPP 项目中以法令监管项目工程或服务，同时建立一个特殊秘书处；
- 意大利（1994、1998），梅洛尼法（Merloni Law）限制了对私人领域资助的资本消费部分；
- 立陶宛（1996）特许经营法，确定了特许经营的主客体、授予程序、政企权利与责任，税收、法律保护等相关制度；
- 捷克(2006)特许经营法以及特许经营合同和特许经营程序第 139 号文件，规定了特许经营授予机构、例外情况、特许经营程序、特许经营者选择、特许经营合同以及法律的监督和履行等重要内容；
- 德国（2005）PPP 加速法令，废除了不动产过户税并创立了与 PPP 项目有关的开放式的房地产基金；
- 西班牙（2003）特许经营法生效，2006 年被强制执行，这标志着任何类型的 PPP 项目大部分都属于特许经营；
- 罗马尼亚(2010)PPP 法,全面制定和实施适用于 PPP 的法律基础;(2010)171 号法令，PPP 相关规定;(2013) 1230 号决定，规定了 PPP 执行机构的重组合并；7 号决定，规定了基础设施项目部和外商投资部的功能；(2010、2013 年进行修订)，把 PPP 法律作为特许法（2007 年更新）的补充，使得 PPP 合同的应用更加结构化；
- 斯洛文尼亚(2006)PPP 法,确定私人投资目的、原则、PPP 的执行和机制、机构、条件、程序以及解决 PPP 争端的法律体系；
- 波兰（2008）PPP 法；
- 拉脱维亚（2009）PPP 法,确定了 PPP 的类型、监督程序、PPP 中心的建立；
- 马其顿（2012）特许经营法，特许合同协议的签订、履行和终止等；
- 保加利亚（2006）特许经营法，规定特许经营的范围、授予程序、转移性、争端解决等；（2012 年）PPP 法，规定了使用 PPP 的目的，应用领域、PPP 规划、会计准则、执行程序、准备阶段、私人伙伴的选择程序、PPP 合同履行、合同绩效、合同终止、经济影响；（2013 年）PPP 法应用规章，PPP 项目的执行准备、风险分摊、金融支持、经济平衡、PPP 合同、PPP 合同的监督。

2011 年 12 月，欧共体对公共服务采购规则的特许经营合约和改革欧盟判决指令发布了草案。截至 2013 年，在欧盟内只有一部分规则得到了规范。各国的目的是保障 PPP 项目可以有效地进入欧盟商业的特许经营市场，并反过来刺激 PPP 的发展，并在发展中改变和修改特许经营合约。

二、欧盟法律基础——政府采购法

（一）欧盟政府采购法律框架的形成

1992 年欧盟成立后着手制订了相关政府采购领域的欧盟指令，在欧盟成立后的第二轮立法中，针对政府采购、政府采购服务和政府采购工程 3 个方面制订了更为严格和具体的规定并对以往的各类相关欧盟法规进行了统一和清理，制定了新的欧盟政府采购指令，这些欧盟政府采购指令构成了采购指引体系的雏形，这些指令包括：

- 针对政府采购服务的：Directives 92/50 (procedures for the award of public service contracts)，[1992]O.J.L209/1；
- 针对政府采购供给的：Directives 93/36 (procedures for the award of public supply contracts)，[1993]O.J.L199/1；
- 针对政府采购工程的：Directives 93/37 (procedures for the award of public works contracts)，[1993]O.J.L199/84；
- 针对公共事业机构相关领域采购的：Directive 93/38 (the procurement procedures of entities operating in the water, energy, transport and telecommunications sectors),[1993]O.J L199/84；

- 针对政府部门采购中违规救济的：Directive 89/665 (the coordination of the laws, regulations and administrative provisions relating to the application of review procedures to the award of public supply and public works contracts),[1989]O.J.L395/33；
- 针对公共事业机构采购中违规救济的：Directive 92/13 (coordinating the laws, regulations and administrative provisions relating to the application of Community rules on the procurement procedures of entities operating in the water, energy, transport and telecommunications sectors),[1992]O.J.L076/41；
- 针对不公平采购合同救济的：Directive 93/13 (unfair terms in consumer contracts)，[1993] O.J.L095/2。

（二）现行欧盟政府采购法律体系

现行欧盟政府采购体系是从 2004 年开始逐步确立的，主要包括 3 个层面的规范，即欧盟条约、欧盟指令和法规体系以及欧盟法院判例。

1. 欧盟条约

2007 年欧盟签订的《里斯本条约》是在《罗马条约》基础上修改而成，目前适用的《里斯本条约》构成欧盟法律的最高规范，尽管条约中并未明确作出有关政府采购合同的直接规定，但其中关于构建欧洲统一的市场保证货物、服务、劳务和资本在欧盟内自由流动的原则性规定适用于 PFI/PPP 模式的政府采购。

2. 欧盟指令

欧盟早在 2000 年前后就开始以法律文件的形式推动 PPP 的发展。最早的法律文本为 2000 年《欧共体法中对特许经营的解释》（2000 Commission Interpretative Communication on Concessions Under Community Law）。2004 年欧盟发布《公私合作绿皮书》（2004 Green Paper on Public-Private Partnerships and Community Law on Public Contracts and Concessions,30,04,2004.COM），重点讨论如何将采购法应用于不同类型的公私伙伴关系之中。2008 年欧盟出台

PPP 新规，即《欧盟委员会对 PPP 采购和特许经营制度化的规定》(Commission Interpretative Communication on the Application of Community Law on Public Procurement and Concessions to Institutionalized Public-Private Partnerships)，规定了 PPP 的原则、程序、私人伙伴的选择等基本内容。2014 年 3 月 28 日，欧盟议会和委员会出台了 3 个针对公共采购的指令，其中既有对原有指令的修改完善，也有新发布的指令，包括 2014 年《公共采购指令》Directive 2014/24/EU (regarding general public procurement, revoking the previous Directive 2004/18)；2014 年《公共事业采购指令》(Directive 2014/25/EU(on procurement by entities operating in water, energy, transport and postal service sectors, revoking the previous Directive 2004/17))；新出台的《特许经营合同授予法》(Directive 2014/23/EU of the European Parliament and of the Council of 26 February 2014 on the Award of Concession Contracts)。该《特许经营合同授予法》作为欧盟采购法令的重要组成部分，是对所有欧盟成员国采购制度的全面更新，新法令中包含欧盟为私人供应商授予特许经营合同的最低要求。欧盟不时通过发布指令的方式要求对各成员国提出具体要求，各成员国应当将相关指令转化为国内法加以实施。前文提及欧盟成立后针对公共采购设立的三大类基本规定，2004 年及 2007 年在前述体系的基础上为了增加法律的明确性并促进其在各国国内法上的转化适用，欧盟对有关规定进一步修订，形成现行有效的欧盟政府采购指令体系，包括：

- 2014 年《公共采购指令》Directive 2014/24/EU (regarding general public procurement, revoking the previous Directive 2004/18)；
- 2014 年《公共事业采购指令》Directive 2014/25/EU(on procurement by entities operating in water, energy, transport and postal service sectors, revoking the previous Directive 2004/17)；
- 2014 年《特许经营合同授予法》Directive 2014/23/EU of the European Parliament and of the Council of 26, February 2014 on the Award of Concession Contracts；

- 2007 年《对公共采购救济指令的修订》Directive 2007/66,（amending Council Directives 89/665/EEC and 92/13/EEC with regard to improving the effectiveness of review procedures concerning the award of public contracts），[2007]O.J.L335/31；
- 修订后仍然适用的 Directives 89/665 and 92/13。

3. 欧盟法院判例所形成的原则

除了欧盟条约和欧盟立法机构指定的指令之外，欧洲法院的判决也衍生出若干针对公共采购的原则，这些原则进一步对成员国公共采购提出了要求，因此实际上构成欧盟政府采购的法律渊源，主要是平等对待和非歧视原则以及透明原则。

第十八章 英美法律规制

一、英国：依托欧盟基础，法律为主政策为辅，护航 PFI/PPP

PFI 是 Private Finance Initiative 的缩写，直译为私人融资动议，指公共部门通过与私人部门签订长期合同约定由私人部门负责对公用事业和基础设施提供资金并根据具体情况负责其设计、建造和运营等事项。PFI 通过建立恰当的风险分配机制从而利用私人部门的资金、专业和管理优势使公共部门及社会公众从中获益。投入、公众影响还是合作期间来说都构成整个 PPP 中最为重要的部分。尽管严格说来 PPP 应当是比 PFI 更为广泛的概念，但由于 PFI 在其中的重要地位，英国学者在论及 PFI 及 PPP 时通常不做具体区分而相互指代或并称为 PFI/PPP。

英国是运用的 PFI/PPP 先行者和领先者，到本世纪初，这种方式已经在全世界范围内获得长足发展和广泛的运用，英国以其既有的丰富 PFI/

PPP 项目经验为基础，结合对欧盟有关政府采购指令的国内法转化，英国形成以公共采购法为核心以财政部政策指南为补充的 PFI/PPP 法律和监管制度。这一制度是英国 PFI/PPP 成功实践的重要保障，也是英国能够在 PFI/PPP 领域保持领先地位的重要原因。

英国政府没有专门针对 PPP 模式的法律，但是英国政府为了促进 PPP 模式的发展，不断推出各种文本用以引导 PPP 模式在英国公共工程中的应用，如英国财政部 2003 年公布的 PFI: Meeting the Investment Challenge 即可视为 PFI 私人主动融资的主要依据。

在英国，采用三级模式共同负责 PPP 模式的运作，财政部负责制订公私营机构合作政策及批准纲领，英国合伙经营机关向公营部门提供私营机构的专门知识及资源，以建立更好的合伙人关系以及协助公营部门落实 PPP 模式的重要目标，如促进公私合作或者提高效率、提高效益等。公私营机构合作署 (Public Private Partnership Programme) 是一个由政府拨款成立的地方政府机关，该署向由地方政府协会 (Local Government Association) 委任的董事局问责，并为发展及进行公私营机构合作的地方机关提供支持。

公私营机构合作的合伙人的选择如施工投标、物资采购英国政府采用欧盟统一的平台，按照欧盟的采购指引制定了英国公共工程的基本程序（National Procurement Strategy for Local Government in England）和纲领，同时修订了标准的私营机构注资计划合约如 PFI 合同文本。

英国在 PPP/PFI 模式的推广中鼓励私营机构改善服务、降低成本及创造就业机会，对此制定了一系列的处理措施。英国政府认为公众的理解和支持非常重要，因此通常会进行公众咨询，英国审计局于 2002 年就公众咨询工作发表的指引 (Connecting with Users and Citizens) 是主要的法律依据。

对于需要政府提供财政支持的 PPP 项目，必须取得发起部门及跨部门的项目复检小组 (Project Review Group) 的批准。对于 PPP 项目的营运监督、合约履行监察，公众服务的质量是在第一位的，采购机关应确保私营合伙人的服务表现符合有关法定服务的要求，采购机关可行使对合同的变更、中止等特权，政府每年出版一份有关私营机构注资计划的进展情况详细报表。另外，为了保证公私营机构合作的监管制衡，由国家审计署主要负责评估公私营机构合作计划。对于公私营机构合作项目的财务运作由英国财政部提交国会进行监督，英国合伙经营机关制备多份指引，使得国会了解项目目前的经营状况。

（一）现行的法律规范

2004 年欧盟对其公共采购指令进行了新的修正并且将关于政府采购的 3 个指令合并为一个。为了适应这种变化，英国国内法也做出了相应的修改和合并，并且根据欧盟指令的发展而不断更新修订，形成今天仍然适用的法规体系。英国国内法与欧盟法律的关系如下图所示：

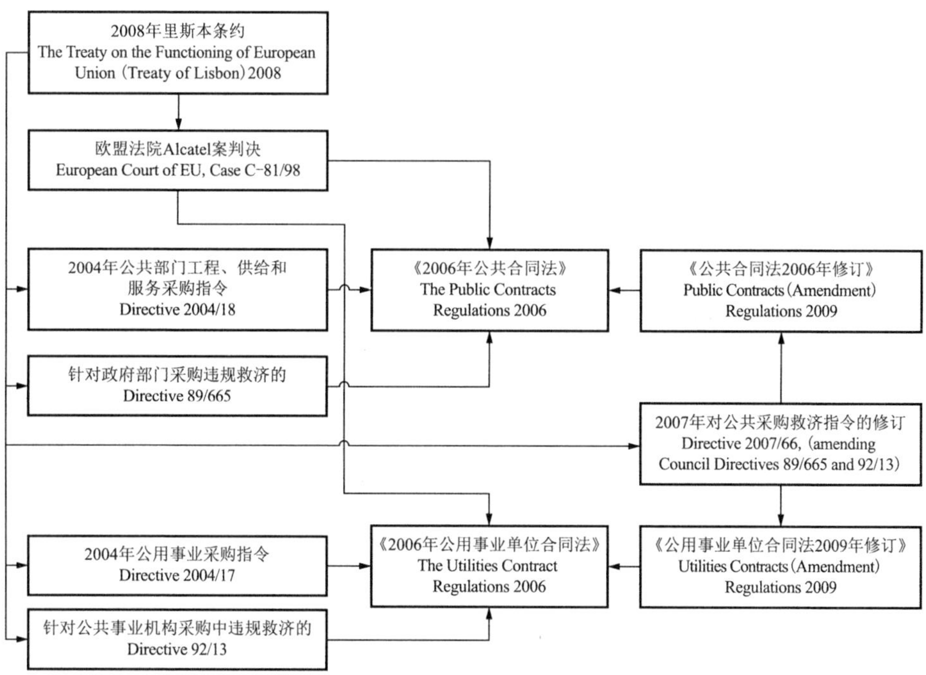

图 18–1　英国现行公共采购法律体系及其与欧盟法律间的关系

与欧盟指令相一致，英国的公共采购法律分为政府采购合同和公用事业单位采购合同两个部分，即针对政府部门采购的《2006 年公共合同法》以及针对公用事业单位采购的《2006年公用事业单位合同法》。前者主要适用于英国政府部门的政府采购合同，后者主要适用于水务、电力、天然气、供热、石油天然气勘探开发、煤炭及其他固体燃料及交通领域的公用事业单位的采购合同，之后政府对这两部法律又进行了修正。

总体来说对政府部门的采购规范与对公用事业单位的采购规范大抵相同，但是政府部门的采购规范要相对严格，例如：公用事业单位有权在公开招标、限制性招标和竞争性谈判几种程序间自由选择适用的程序，而政府部门的采购程序选择则必须遵循特定的标准；公用事业单位的招标通知可以采用在欧盟官方公报上发布广告、发布足够详细的信息预通知 (prior information notice, PIN) 或者在资格审查系统上发布通知的形式做出，而政府部门的此类通知只能在欧盟官方期刊上做出。在使用资格审查系统进行通知时，投标人必须在经资格审查系统审查合格的投标人中选取；公用事业单位有权自行决定加入为外部审计师或证明人设立的系统 (attestation system)，外部独立第三方将通过该系统定期对该公用事业单位采购行为与欧盟法律要求的符合程度做出评估。

（二）英国财政部针对PFI/PPP构建的政策体系

除了法律的规定以外，英国财政部作为PFI/PPP的主管机构也颁行了大量的指引进行政策层面的规范和引导，例如：

- 作为政府财政基本原则的《公共财物管理》(2007)；
- 专门针对PFI项目的系列指引，包括：

  第一部分：物有所值指引

  第二部分：实施小组指引

  第三部分：金融指引

  第四部分：财政部工作小组技术指南

  第五部分：一般性指南
- PFI项目的标准化合同。

这些政策大多指明基本的原则和原理，虽然不如法律条文一样涉及详细的制度安排，但仍然是英国政府采购规范体系的重要组成部分，在项目审核和监管中被遵守和运用。

综上所述，英国以法律为主并辅以政策制度保障 PFI/PPP 发展。虽然英国缺乏针对 PFI/PPP 专门的法律，但英国可以依托欧盟法律，并以此制定适应本国的法律和政策；随着欧盟指令的修改，英国也可以根据欧盟指令对本国法律做出相应的修改和完善，形成适用的法规体系。除法律制度之外，英国以政策制度对法律制度进行补充、完善，指导 PFI/PPP 的运行。

二、美国：以州为单位进行立法，集中于交通领域

在美国联邦体系内，没有为公私合营模式制定专门的法律。因此，法律的制定通常在州层面上完成。从目前来看，积极参与到 PPP 项目中的州有加利福尼亚、佛罗里达、德克萨斯、新泽西、马萨诸塞、纽约、维吉尼亚。在美国，主要的 PPP 项目集中于交通运输，许多州的法令也都集中于交通运输方面。

美国已有 33 个州为高速公路、道路和桥梁制订了 PPP 法律，并且 21 个州已经有了交通工程的 PPP 法律。一般来讲，州 PPP 交通运输法一般是指 PPP 交付模式，法律允许公共部门与私人实体就设计、建造、维修、拓展、运营和 / 或者公路融资、道路或桥梁项目签订合约。有时，州 PPP 交通运输法规定可以对项目进行总承包，例如加利福尼亚、阿拉巴马、科罗拉多等的 PPP 法律。但其他州 PPP 法律的缺失也给 PPP 市场的发展造成了障碍。在各州的 PPP 法律中存在一些特点，下面列举如下：

PPP 法律的运用。在已经制定了 PPP 法律的州中有 22 个州允许合格的公共当局与私人实体参与到非高速公路和道路的基础设施建设，例如渡轮、管道和铁轨以及其他公共设施。对 PPP 理解较为狭义的州只把项目限定在道路方面，这些州制定的 PPP 法律也是根据道路方面的具体项目而制定的。

可用性支付 / 影子收费。在项目的支付模式方面，只有 8 个州在 PPP 法

律中对项目支付模式予以认可，然而实际只有两个州（德克萨斯州和佛罗里达州）付诸实践。

成立低层机构PPP监管部门。参与PPP项目的低水平交通运输机构的监管部门只对大州感兴趣，例如加利福尼亚州、佛罗里达州和德克萨斯州，因为这些州的大都市圈的项目众多。例如，2009年加利福尼亚州的PPP法律允许区域运输机构独自或者和加利福尼亚运输部一同加入PPP项目中。55个州对低水平公共实体部门提供了PPP监管部门，允许自底向上的创新项目发展并吸引私人资本的加入。

优先州法律支持。有9个州的PPP项目允许通过州的法律优先进行发展，这也是PPP项目民意授权的一种形式。但同时，PPP项目也经受着考验。目前，项目竞标过程相关的花费正在缩减，相关组织机构要进行公共关系活动以获取公众对PPP项目的支持，同时，在PPP法律未正式颁布之前，私人资本仍然存在较多的压力以及众多不可预测的情况，此外，州PPP法律规定了对PPP项目的支持情况，自然也规定了对PPP项目否决的情况。但总的来说，大多数PPP项目是给予支持的，然而，这种支持通常来自行政部门机构，例如州交通运输委员会（加利福尼亚、俄勒冈州），或者特殊的PPP基础设施监管委员会。

非竞争条款。一些州PPP条款明确地写明允许或禁止私人建筑或收费公路项目把非竞争条款加入到PPP合同中。一项非竞争条款表明公共实体不会建造直接和收费公路项目产生竞争的额外项目。31个拥有PPP法律的州中，有4个州允许非竞争条款，然而有5个州表明禁止这类条款。依存的非竞争条款对私人部门很有吸引力，因为降低了替代资产的竞争风险。然而，严格限制竞争条款使各州在建筑公共利益新资产丧失能力。随着时间的推移，非竞争条款结构已经发生了改变，允许微弱竞争。

外部技术和法律咨询。在31个州中，14个州表示允许公共机构雇佣外部咨询人员帮助进行PPP评估和实施。在美国，PPP市场依然非常不发达，公共机构还没有机会接管大量的PPP项目，还未形成足够的知识体系。因此，进行私人咨询开展合适的设计以及应用 PPP 项目非常有必要。与此同时，PPP 是复杂项目，各州应平衡公共部门和私人部门。

表 18.1　各州 PPP 法律的特征，整理截至 2011 年

州名	法律广泛运用	非应标建议书	可用性支付 / 影子收费	成立低层机构 PPP 监管部门	优先州法律支持	非竞争条款	公共领域机构能够雇佣自己的技术和法律专业人员
阿拉巴马州	√		√	√		√	
阿拉斯加州							√
阿肯色州				√		N	
亚利桑那州	√	√	√	√		√	
加利福尼亚州	√	√		√		√	
科罗拉多州	√	√		√			√
特拉华州	√	√			√	√	
佛罗里达州		√	√	√	√	N	√
乔治亚州	√	√	√				√
伊利诺斯州	√		√				
印第安纳州	√			√	√		√
路易斯安那州	√	√	√	√			
缅因州	√	√			√		

续表

州名	法律广泛运用	非应标建议书	可用性支付/影子收费	成立低层机构PPP监管部门	优先州法律支持	非竞争条款	公共领域机构能够雇佣自己的技术和法律专业人员
马里兰州	√	√					√
马萨诸塞州	√	√					√
明尼苏达州				√			
密西西比州				√		N	√
密苏里州	√	√		√	√		
内华达州	√	√		√			
北卡罗来纳州	√	√			√	N	√
北达科他州	√	√		√			
俄亥俄州	√	√					
俄勒冈州	√	√	√				√
南卡罗来纳州							
田纳西州					√		
德克萨斯州	√	√	√	√		N	√
犹他州		√					√
弗吉尼亚州	√	√		√			√
华盛顿州	√	√			√		√

续表

州名	法律广泛运用	非应标建议书	可用性支付/影子收费	成立低层机构PPP监管部门	优先州法律支持	非竞争条款	公共领域机构能够雇佣自己的技术和法律专业人员
西弗吉尼亚州	√				√		
威斯康星州							

注："N" 表明法令明确的禁止 PPP 协议包含非竞争性条款。

总体来看，美国的 PPP 市场并不发达，PPP 方面的法律还需进一步完善，具体到各州上面，情况略有复杂。目前拥有 PPP 法的州超过 30 个，另外，在拥有 PPP 法的州中对 PPP 项目的规定差异较大，不同的州会根据本州项目去制定适合的 PPP 法。

第十九章　欧陆国家法律规制

一、德国：以加速法案为原点，以组织机构为支撑

德国 PPP 项目的发展要得益于 PPP 法案的制定以及健全的组织机构安排，在法案的保障以及组织机构的支持下，保障了德国 PPP 项目的发展。

（一）法律政策——保障 PPP 项目发展

PPP 加速法案（2005）调整了德国公共和社会资本合作模式总体法律、金融与技术框架，并引导了大量政策的出台。PPP 加速法案于 2005 年 9 月生效，改变了德国的众多法律，包括采购、税收、公共道路收费、预算和投资，为 PPP 发展扫除了障碍。自法案出台以来，联邦政府和联邦州政府制订了大量的指导规则，这些指导规则全面覆盖了 PPP 的法律框架、项目评估以及合约关系管理，其中一些也集中于专门领域（例如，教育）。

自从经过了 2005 年的法令之后，许多进展情

况都表明德国的组织机构框架更加简明，对公共与社会资本模式的支持力度更大。2005 年 11 月的联合协议对中等规模的企业参与到 PPP 模式提供了保障。2006 年 4 月，成立工作小组来研究如何进一步简化法律框架，包括销售税问题、投资限制以及工程赞助。

下表 19.1 列出了一些 PPP 法案以及主要内容：

表 19.1　德国 PPP 法案主要内容表

时间	法案名称	法案内容
2006	PPP 项目效率分析指导守则	在所有领域内设置了最小的标准，通过政府部门以及当地政府指导 PPP 项目进行效率分析。指导守则由联邦政府联合联邦州财政部门成员参与制定。
2008	PPP 最优实践指导：公共与社会资本指南	包含了公共领域建筑以及联邦公共与社会资本专业知识网络成员对专门技能的洞察以及专业的实践经验。指南由联邦交通运输部、建筑与城市发展部协同德国储蓄银行协会和中央组织共同制定。
2006	PPP 指南和立法管理支持	是一部定位于使用者的指南，委任前联邦 PPP 任务小组决定计划项目是否适合 PPP 模式。
2008	对学校 PPP 项目的研究，附带程序指南以及示范合约	是一部指导规则，以使教育领域内的 PPP 项目更好的实施。研究由联邦交通运输部以及建筑与城市发展部的 PPP 任务小组完成。

（二）组织机构——支持政府 PPP 项目管理

2009 年，德国政府成立合作伙伴德国，该机构作为一个中心单元，为 PPP 公共部门提供一般建议以及项目的具体建议。一般建议包括发展法律和机构框架和标准等；在具体项目方面，合作伙伴德国为政府组织提供专业建议，包括建筑、合同准备、与银行的协商等。

许多联邦州也建立了他们自己的 PPP 机构，进而支持政府组织管理 PPP 项目。下表列出了德国 PPP 的部分机构。

表 19.2　德国 PPP 机构安排

政府	日期	单位	监管部门	区域	政府层级
联邦	2008	交通基础设施金融公司	联邦交通、建筑和城市发展部	交通	F
巴登－符腾堡州	2004	PPP 任务小组	州经济部门	建筑	FS
巴伐利亚	2004	PPP 工作组	最高建筑当局；州民政事务局	建筑和交通	FS,M
柏林			金融行政机构		FS,M
勃兰登堡	2004	部门	州金融部门	建筑和交通	FS
不来梅州	2004	部门	环境、建筑、交通和欧洲参议员	建筑和交通	FS,M
汉堡	2004	部门	金融当局	建筑和交通	FS,M
黑森州	2005	PPP 部门	州金融部门	建筑和交通	FS,M
波美拉尼亚	2008	部门	州交通、建筑和区域发展部	建筑与交通	FS
		部门	州内政部	建筑	M
下萨克森	2005	PPP 竞争网络	州经济、雇佣与交通部	建筑	FS,M
北莱茵威斯特伐利亚	2001	PPP 任务小组	州金融部门	建筑与交通	FS,M

注：F= 联邦；FS= 联邦州；M= 市政

虽然同处欧盟内，但 PPP 项目在德国的发展情况与英国却存在差异。德国更加注重本国内法律的发展以及对 PPP 项目的支撑。法律政策方面以 PPP 加速法案作为其他法律与政策制定的依据，组织机构方面为 PPP 的政策制定以及相关项目提供建议。同时在 PPP 项目发展过程中，不断对政府组织机构进行精简，加大对 PPP 项目的支持力度。

二、法国：法律框架完备却复杂，着眼于 PPP 长期发展

就总体来看，法国 PPP 的法律框架还是比较复杂的，因为许多准则、法律、法令会对 PPP 的准备和程序产生不同的监管或影响。例如，行政法对公共机构和私人合作伙伴进行监管，但限制了法国 PPP 项目的多样性。目前，从长期来看，法国颁布的法律会刺激 PPP 项目的增加，但短期效果甚微。下表 16 列出了对 PPP 合同产生影响的主要法律条令。

表 19.3　主要影响 PPP 合同的主要法律规定

PPP 合同	管理合同的主要法律规定
DSPs	- 萨潘（Sapin）法 93-122，1993 年 1 月 -“Murcef”法 2001-1168，2001 年 12 月
DSPs- 工程特许合同	- 特别法令 2009-864，2009 年 7 月 - 法令 2005-809，2005 年 7 月
CPs	- 特别法令 2004-559，2004 年 6 月，之后由法律 2008-765（2008 年 7 月）和法律 2009-179（2009 年 2 月）修订 - 法令 2004-1119，2004 年 10 月
BEAs	- 法律 88-13，1988 年 1 月 - 警察、司法和国防的 BEAs，有一系列的法律和法令
BEHs	- 法律 2003-591，2003 年 7 月 - 法令 2003-850，2003 年 9 月
AOTs/LOAs	- 法律 94-631，1994 年 7 月

对法国当代 PPP 项目影响最大的是条令 2004-559，该法令于 2004 年 2 月经国会批准并于同年 6 月实施。该法令创造了一种新型合同关系，即伙伴关系合同。伙伴关系合同适用于 PPP 项目中未能采用特许经营模式的项目（例如，当使用者付费不足以支付项目花费时）。伙伴关系合同同样适用于 DBFO 模式。

在 2008 年和 2009 年对上述条令进行了修订和完善，即形成目前的 PPP

法（the “PPP Laws”）。PPP 法主要目的是解决政府当局如何衔接传统工程合同和使用者付费特许经营协议。PPP 法主要的规定如下：

- 介绍了 CPs 的概念，并限制了它的范围。值得注意的是，法律定义了适用 CPs 的三种准则（也就是，复杂度、迫切性、物有所值）；
- 介绍了 MAPPP 的概念，并定义了 MAPPP 的基本功能；
- 解决了 CPs 的投标程序，尤其是拒绝了竞标中的意见交换问题。
- 界定了公共当局适用 CPs 的情况；
- 规定了 CPs 的基本条款（即，持续时间、风险共担、私人伙伴支付、争议处理）。

在采购方面，PPP 采购受到多重文本的限制，下表概括了应用于 PPP 采购程序的各种 PPP 合同形式。

表 5　应用于各种类型 PPP 合同的采购程序

PPP 合同	相应程序
DSPs	- 密封投标（Sealed bids） - 简易程序（Simplified procedure） - 协商程序（Negotiated procedure）
CPs	- 竞争性对话（Competitive dialogue） - 限制投标过程（Restricted bid procedure） - 协商采购（Negotiated procedure）
BEAs	- 竞争性对话（Competitive dialogue） - 基于候选人引用的非正式投标过程（Informal bidding process）
BEHs	- 竞争性对话（Competitive dialogue） - 协商采购（Negotiated procedure）
AOTs/LOAs	- 竞争性对话（Competitive dialogue） - 限制投标过程（Restricted bid procedure） - 协商采购（Negotiated procedure）

在实际运用中，CPEs（尤其是 CPs）总是适用于竞争性对话程序。在竞

争性对话程序中“竞争”是主要原因。对话主要包括两个阶段，执行期大约经历 9-12 个月。

从法国 PPP 法律框架来看，法国对 PPP 的法律政策比较完善，在合同以及采购上都进行了比较细致的划分；同时，PPP 法作为法国 PPP 项目主要的法律文件，对项目的基本情况以及相关界定都做了明确的说明。但正是由于法律体系的复杂性，一定程度上限制了 PPP 的发展，从短期来看不会对 PPP 项目产生明显的刺激，但长期会产生一定的效果。

第二十章　其他国家法律规制

一、韩国

韩国于1994年颁布首部PPP法——《促进私人资本参与社会间接资本投资法》(Act on Promotion of Private Capital into Social Overhead Capital Investment. Act No.4773)。在此之前，韩国政府主要依据《公路法》、《港口法》等与基础设施相关部门的法律法规来规范民间资本介入。由于缺乏统一法律制度的保障，韩国民间资本进入基础设施领域的意愿并不强烈，1991年仅为2000亿左右韩元。在受1997年亚洲金融危机的影响后，韩国经济遭到极大创伤，政府资金急剧减少，投资能力下降，政府遂于1998年修订PPP法案，更名为《基础设施公私伙伴关系法》(Act on Private Investment in Infrastructure ，Act No.5624)，确定了该法案的优先效力，废除一些对私人资本的限制，促进私人资本在韩国城镇化中发挥更大的作用。2005年韩国第三次修订PPP法案，将其更名为《民间参与基础设施法》(Act on Private Participation in Infrastructure, Act No. 7386)。

最初，韩国PPP项目主要集中在交通基础设施领域，但在2005年PPP法案修改之后，PPP项目的潜在规模已经覆盖到所有与人们日常生活紧密相关的基础设施，例如，学校、医疗设备、文娱和体育中心以及公共住房。依据PPP法案及其执行条例，PPP项目符合条件的基础设施类型有16个领域共计48种。

此外，韩国的PPP依据发起者的类别主要分为两种类型，分别为“政府立项招标项目”(Solicited Projects) 和“企业主动建议型”(Unsolicited Projects)。前者“政府立项招标项目”是指由政府发现潜在的PPP项目并且主动寻找特许经营者，后者“企业主动建议项目”是指企业可以向政府提议开发那些有较高市场需求却因为政府预算限制而被搁置的项目。

另外，在政策上，韩国政府会给予PPP项目全方位的支持，具体表现为土地购置、收益保障、税收减免、信用担保、风险分担等各个层面的优惠措施。值得一提的是，韩国政府还会根据政治经济形势变化在年度计划中对PPP项目引入临时性支持措施。

表 20.1　韩国 PPP 法的发展历程

时间	韩国 PPP 法的颁布及修订情况
1994年8月	国会颁布首部PPP法——《促进民间资本参与社会间接资本设施投资法》(Act on Promotion of Private Capital into Social Overhead Capital investment, Act No. 4773) 1. 该法定义了BTO、BOT、BOO三种PPP采购方式 2. 该法将基础设施分为两类：第一类为公路、铁路、地铁、港口、机场、供水、通信等重要基础设施。规定必须采用BTO方式；第二类为发电、煤气、汽车站、旅游区、综合体育场等比较不重要和比较商业化的设施，可采用BOT或BOO方式

续表

时间	韩国 PPP 法的颁布及修订情况
1998 年 12 月	全面修订了 PPP 法，将其更名为《基础设施民间投资法》(Act on Private Investment in Infrastructure, Act No. 5624) 1. 规定该法具有优先地位，与之冲突的其他法律必须废止或修订 2. 取消了第一类重要设施必须采用 BTO 方式的限制，并制订了一些保障措施和条件 3. 该法第 23 条创建了“韩国民间参与基础设施投资中心”，负责管理民间融资基础设施的有关事宜，以统一标准向当事人提供服务，包括项目评估、可行性研究、资格评审、招标和投标、提供技术和行政支持等，结束了以前的混乱状态和不便之处 4. 将 PPP 项目分为政府立项招标项目和企业主动建议项目两类，对二者有不同的规定
2005 年 1 月	再次修订了 PPP 法，将其更名为《民间参与设施基础法》(Act on Private Participation in Infrastructure, Act No.7386)，俗称“PPI 法” 1. 该法增加了 BTL（建设 - 转让 - 租赁）方式：项目建成后所有权无偿转让给政府，在特许权期间，特许权人将项目出租给政府使用，租期满后政府完全取得项目 2. 更具 PPI 法第 23 条的新规定，将 PICKO 更名为“韩国基础设施公私合伙投资管理中心”，隶属于韩国发展部，PIMAC 成为协调管理公共基础设施投融资的唯一窗口 3. 在原来的基础上，拓展了适合采用 PPP 采购方式的基础类型

与我国情况类似，PPP 模式在韩国的起步时间较晚，相关立法也是基于现实发展需要在近几年才不断趋于系统、完善。在 1994 年 8 月之前，韩国还没有较为正式的相关法律文件出台，而到 2005 年仅十年之间就建立起一套十分完备的 PPP 法律体系，这一体系的完善极大地促进了 PPP 的发展以及私营部门参与 PPP 的积极性。对我国的启示是：

（1）一方面是法律位阶低。PPP 模式应体现在立法层级上，一方面可以增强投资者信心，另一方面可以解决法律冲突。

（2）细化法律，增强可操作性。韩国法律不仅对适合采用 PPP 模式的设施类型做了十分详尽的分类，而且将 PPP 项目区分为政府立项招标项目和企业主动建议项目，并对二者的采购步骤也做了具体规定。我国不仅缺乏细致的法律、法规，也没有关于PPP项目详细的操作程序。

（3）增强政府政策支持体系。PPP涉及的领域一般为投资规模大、经营周期长、风险高的基础设施项目，这一模式的引入有效地缓解了财政资金不足的状况。政府作为PPP的参与方以及公共利益的代言人，应制定适合PPP项目发展的宏微观政策体系，设置合理的风险分担机制，加强政府本身信用建设以及人才培养，为PPP的运作创造良好的政治经济环境。

二、日本

日本在20世纪90年代引入PFI，主要目的是解决泡沫经济破裂带来的日本经济低迷以及由此引发的政府赤字增大、国债迅速膨胀的财政危机。为了缩小政府规模，促进经济发展，日本政府自中曾根内阁时期就开始了一场引入民间资本的政治经济改革。

中曾根内阁为了扩大内需，增强民间资本力量，于20世纪80年代开始推动“民活”（民间资本力量的活用称为“民活”）政策。在“民活”运动中，政府和私人开始注重双方的协力合作，私营企业逐渐被纳入到地方政府的自治当中。

1986年，日本制定了“民活法”（《运用民营企业活力加速兴建特定公共设施临时措施法》），次年制定“休闲法”，将第三部门引入休闲设施建设。

1997年日本自民党在第二次综合经济对策中提出采用PFI。同年，日本通商产业省设立“民间资本主导型公共项目开发研究会”，系统学习英国经验，并且颁布《21世纪紧急经济政策》，提出PFI在日本运用的可能性。次年，日本提出草案，政府制定“PFI法”（《利用民间资金促进公共设施等整备相关法》），并于1999年颁布正式实施，该法的核心是通过鼓励用民间资本推动公用设施建设以及提供公共产品和服务。同年，根据PFI法第21条，在内阁成立PFI推进委员会，秘书处设在内阁府民间资金活用事业推进室。委员会的委员及专家委员均由首相任命，负责调查 PFI 的实施情况并向首相提出建议。

2000 年 3 月，日本制定了“关于制定利用民间资金等公共设施整备相关项目实施的基本方针”，以此作为 PFI 基本政策，规定 PFI 项目所要遵循的基本步骤和框架。次年，日本出台“进程指南”、“风险共享指南”和“物有所值指南”，以此提高 PFI 项目的可操作性和法律的完整性。

2001 年 7 月，日本 PFI 法进行第一轮修改，这和小泉内阁推行的行政改革密切相关。

2011 年 5 月，日本 PFI 修改，扩充了原先一直阻碍民间资本进入的领域，将其适用范围扩充到“租赁住宅、船舶、飞机等运输设施及人造卫星等。此外，医疗设施、城市公园、下水道、铁路、港口等方面”。

2013 年 6 月，作为新一轮刺激经济发展的重要举措，日本 PFI 法再次修改，“提议由政府和民间共同出资设立股份公司，利用民间资金事业推进机构，对独立核算型的 PFI 项目给予金融支持。根据以首相安倍晋三为首的内阁测算，这将带动 12 万亿日元以上的投资，相当于过去 10 多年实施过的 PFI 项目的 3 倍规模”。

表 20.2　日本 PFI 立法进程

时间	进程
1999.7	PFI 法颁布
1999.9	在首相府内成立 PFI 推进委员会
2000.3	发布“基本政策”
2001.1	发布“进程指南”和“风险共享指南”
2001.7	发布“物有所值指南”
2001.7	PFI 法修改
2003.6	发布“合同指南”和“监督指南”
2004.6	发布 PFI 推进委员会中期报告
2005.8	PFI 法修改

续表

时间	进程
2006.11	有关部委和机构的 PFI 联络会议董事的安排文件（arrangement paper）
2006.12	发布 2005 年年度报告（第一届年度报告）
2007.6	“物有所值指南”和“进程指南”文件修改
2007.11	发布 PFI 推进委员会报告
2008.7	“物有所值指南”再次修改
2011.5	PFI 法修改
2013.6	PFI 法修改

三、巴基斯坦

目前,巴基斯坦制订了专门的 PPP 法律和政策文件,对 PPP 项目进行管控,促进 PPP 项目的发展。

巴基斯坦的 PPP 政治目标是加强各领域对 PPP 的热情，加强政府和社会资本方之间的信任，提高合作的效率。政府希望通过对 PPP 发展进行规划标准化，从而最大程度地发挥 PPP 的潜在作用。因此，巴基斯坦制定的 PPP 政策更加强调以 PPP 项目来实现上述目标，并在开始阶段、评估以及执行阶段对公共领域的 PPP 项目提供指导。

在巴基斯坦的 PPP 项目中，政府要实现如下的政策：

- 通过发展基础设施促进社会发展和持续的经济增长；
- 通过调动私人投资进而确保持续长期的项目基金；
- 通过足够的项目准备进而确保基础项目的技术、经济和财务的可信性；
- 通过引进现代科技和管理技术，提高管理的有效性、基础设施的运营和维护；
- 通过来自私人领域的人力以及财力资源为最终使用者提供大规模和优质

的基础服务；

- 确保基础设施服务的财务持续性；
- 保护利益相关者的利益，包括最终使用者、政府以及私人部门。

巴基斯坦制定的PPP政策始终和联邦法律保持一致，2009年基础设施项目开发基金（IPDF）起草了《政府和社会资本合作政策：使私人部门参与到完善基础设施中以提供更多和更优的公共服务》（Policy on Public-Private Partnerships: Private Participation in Providing More and Better Public Services through Improved Infrastructure），PPP政策规定了需要为PPP服务的内容以及执行项目的方式。

为了提供一个稳固的法律框架，《旁遮普基础设施PPP法令》于2009年6月颁布。法律基于国际视角进行比较，并吸收国际最好的经验而成。除了指定领域范围和PPP形式外，法律还规定了PPP的制度协议框架；规定政府机构担任公共合作伙伴；规定筛选私人合作伙伴的规则、程序和责任；列举了主要的条框和PPP协议条件；规定了政府支持的项目类型；定义了成本回收和风险共担原则。此外，在2014年颁布了《2014年旁遮普政府公私合营法》，该法案对公司合营执行项目做了较为详细的规定。机构安排中对公私合营指导委员会、公私合营部门、风险管理单位、政府部门的职责与义务做了详细的规定；在工程产生程序中对项目工程进行了规定；另外，法案还规定了公私合营项目使用的范围以及项目具体形式等内容。

在PPP使用范围内，旁遮普政府在能源方面出台了较为丰富的法律，下面是能源方面主要的法律文件：

表20.3 旁遮普政府能源法律文件

法令	时间	目的
电力法令（Electricity Act）	1910	修补了供应和使用电力能源相关的法律
电力规则（Electricity Rules）	1934	

续表

法令	时间	目的
旁遮普电力条例（The Punjab Electricity Act）	1939	解释并详述电力条例（1910）第7节的部分
旁遮普电力（紧急能源）条例	1941	为公共紧急能源提供保护
旁遮普电力紧急能源（供应）条例（The Punjab Electricity (Emergency Powers) Act）	1949	提供持续的能源，并控制供给、消耗、分布、使用以及电力能源的供给比率
电力控制条例（The Electricity Control Ordinance）	1965	在紧急情况下，进行能源供给，并控制电力能源的生产、分配、使用和消耗
电力（旁遮普修补案）条例（The Electricity Act (Punjab Amendment) Ordinance）	1971	进一步修补电力条例（1910）
电力（修补）条例（The Electricity (Amendment) Ordinance）	1979	进一步修补电力条例（1910）
关于电力犯罪条例（Offences In Respect of Electricity (Emergency Provisions) Ordinance）	1998	对电力能源犯罪作了相应规定
旁遮普电力职责条例（Punjab Electricity Duty Rules）	2012	
旁遮普能源发展委员会条例（Punjab Power Development Board (PPDB) Act）	2011	

四、澳大利亚和维多利亚

由于监管的作用，澳大利亚在PPP项目中已经取得众多的经验，尤其是道路和其他交通基础设施方面。另外，《基础设施澳大利亚》（Infrastructure Australia）是澳大利亚主要的法律主体。《基础设施澳大利亚》建立在《基础设施澳大利亚法律 2008》（the Infrastructure Australia Act 2008）之下，于 2008 年 4 月 9 号生效。《基础设施澳大利亚》的主要功能是为联邦、各州、领土范围、本地政府提供基础建设项目的建议，包括与发展、投资和基础项目的政治和法律间的协调。另外，发布于 2008 年 11 月的《国家 PPP 政策与指导》为澳大利亚联邦与州的 PPP 提供了一般的框架模式。不同州的权利当局根据各自对 PPP 的理解角度对其进行了补充。

在维多利亚，所有通过州预算部门的 PPP 项目都要遵从《国家政策和指导原则》以及维多利亚具体的方针政策。《国家政策和指导原则》与之前维多利亚的 PPP 政策框架结构非常相似，维多利亚政策及指导原则着重于物有所值、创新、市场竞争以及良好的项目治理。许多州完成的项目也都得到了维多利亚政策体系的认同。在维多利亚对 PPP 项目的管理由相关的部长大臣以及合伙企业一同完成。部长大臣应当组建一个技能以及财力雄厚的采购团队，并由项目主管负责项目移交。在维多利亚，财政与金融部是 PPP 项目的监管机构，负责建立政策和法律框架，支持与评估项目，监管并独自为财政部长和内阁提供政策建议。

《项目开发建设管理法 1994》是维多利亚公共设施方面主要的法律，该法促进了政府对维多利亚项目的发展，并且为责任大臣进行项目管理设定了标准。此外，对维多利亚 PPP 项目适用的法律政策主要有：

- 建筑法令 1993（Building Act 1993）；
- 建筑和结构行业安全支付条例 2002（Building and Construction Industry Security of Payment Act 2002）；
- 建筑法令 1991（Architects Act 1991）；
- 职业健康与安全法令 2004（Occupational Health and Safety Act 2004）；
- 国内建筑合约法规 1995（Domestic Building Contracts Act 1995）；
- 规划与环境行为法令 1987（Planning and Environment Act 1987）；
- 遗产法 1995（Heritage Act 1995）；
- 金融管理法 1994（Financial Management Act 1994）；

- 维多利亚产业参与政策（Victorian Industry Participation Policy）;
- 建筑规则 2013 以及对联邦资助实体支持规则（Building Code 2013 (Cth) and its Supporting Guidelines for Commonwealth Funding Entities）;
- 澳大利亚政府房屋与建筑职业安全健康类检定计划（Australian Government Building and Construction OH&S Accreditation Scheme）;
- 澳大利亚-美国自由贸易协议（Australia-United States Free Trade Agreement (AUSFTA)）;

五、加拿大

加拿大是国际公认的 PPP 运用最好的国家之一，加拿大各级政府对 PPP 模式的重视程度很高且支持力度很大。因此，加拿大 PPP 项目推进有力，项目运作规范，各级采购部门经验丰富，服务效率和交易成本优势显著。1991~2013 年加拿大累计启动 PPP 项目 206 个，项目总价值超过 630 亿美元，项目涉及交通、医疗、司法、教育、文化、住房、环境和国防等行业。目前加拿大的 PPP 项目大约占所有公共领域项目的 15%~20%。

2008 年，加拿大以皇家公司的形式建立了联邦级的 PPP 单位—— PPP 加拿大（PPP Canada）。该机构由加拿大联邦政府所有，但按照商业模式运作，PPP 加拿大（PPP Canada）通过财政部向国会报告，公司具有独立的董事会。加拿大联邦政府选择这种组织形式主要是借鉴省级政府 PPP 单位的形式，这种形式可以让私人部门通过董事会监测 PPP 单位的运作，在管理上具有更高的灵活性。PPP 加拿大负责审核和建议联邦级的 PPP 项目，为 PPP 管理制定政策和最优实践，提供技术援助，并与地方级的 PPP 单位合作，推广 PPP。PPP 加拿大拥有一个“P3 加拿大基金”，该基金规模为 12 亿美元，是联邦政府鼓励地方政府采用和推广 PPP 的一种资金激励措施。任何层级的地方政府都可以申请该基金，适用于交通、水务、能源、安全、固体废物处理、文化、体育、旅游、电信、海事、宇航等领域，该基金对项目的投入加上其他的联邦资金援助不能超过项目建设成本的25%。

加拿大的PPP立法较为完善，分为全国性立法、地方性立法以及相关政策。其中英属哥伦比亚的PPP立法最为典型和完善。

表20.4 加拿大在联邦和省政府层面上通过的和PPP有关的法律 & 政策一览表

	法案 & 政策	通过时间
联邦	加拿大战略基础设施资金法案	2002年3月27日
省政府	渥太华PPP政策	2013年10月4日
	圣阿尔伯特PPP政策	2012年5月28日
	埃德蒙顿PPP政策	2010年5月26日
	卡尔加里PPP政策	2008年12月15日
	亚伯达PPP框架 & 指南	2011年3月31日修改
	英属哥伦比亚 交通投资修正案：交通投资法第65章；卫生部门伙伴关系协议法第93章；固定资产管理框架	2008年
	安大略 高速公路407法案	1998年
	安大略 基础设施项目公司法	2011年
	魁北克 魁北克基础设施法，代替法案61；交通基础设施伙伴关系法	2010年3月24日生效 2000年
	新不伦瑞克省 高速公路公司法	1995年
	新斯科舍 信息自由和隐私保护法	

六、南非

从国家和省级层面来看，在公共部门领域中，PPP 项目受到的监管法令有：公共财政管理法令（the Public Finance Management Act，1999，1 号令）、PPP 的财政部规定 16 号文（2004 年 1 月 16 日）和国家财政部实践注意事项。国家和省级的法律框架集中反映在市政财政管理法令上（2003，56 号令）；市政财政规章（2005）、公共财政管理法令指定了国家和省份部门的带头机构和公共实体的首席执行官或董事会，使财政的预算管理更加有效率，进而实现公共效益。在此法令框架中，PPP 项目可以显示出服务递交机制的物有所值。

PPP 项目手册和标准项目供给由国家财政部颁布，作为“PPP 实践注意事项”。这些注意事项刻画出了法律框架以及采购周期的不同要求。另外，PPP 文件中的黑人经济振兴法案，从属于财政部 PPP 实践注意事项，并作为手册的一部分，与南非广泛基础黑人经济振兴法案（2003）保持一致。

除了上述专门针对 PPP 项目的法律外，《公共金融管理法》（Public Finance Management Act - PFMA）（1999 第 1 号法令）（1999 第 29 号法令对其进行了修订）是南非最重要的法律，由南非第一节国内政府通过。该法令促进了货物金融的管理程度，以有限的资源高效且最大化地提供服务。其他对 PPP 项目起支撑作用的法律列举如下：

表 20.5 对 PPP 项目起支撑作用的法律

针对领域	具体法律
市政财产	Local Government: Municipal Property Rates Act, No. 6 of 2004
实证金融	Municipal Fiscal Powers and Functions Act, No. 12 of 2007; Local Government: Municipal Finance Management Act, No. 56 of 2003

续表

针对领域	具体法律
市政系统	Local Government: Municipal Systems Act, No. 32 of 2000 Local Government: Municipal Systems Amendment Act, No. 44 of 2003 (effective 1, August, 2004) Local Government Laws Amendment Act, No. 51 of 2002
市政建筑	Local Government: Municipal Structures Act, No. 117 of 1998 Local Government: Municipal Structures Amendment Act, No. 1 of 2003 Local Government: Municipal Structures Amendment Act, No. 51 of 2002 Local Government: Municipal Structures Amendment Act, No. 20 of 2002 Local Government: Municipal Structures Amendment Act, No. 33 of 2000 Local Government: Municipal Structures Amendment Act, No. 58 of 1999
水资源	Water Services Act, No. 108 of 1997 Water Services Amendment Act, No. 30 of 2004
财政	Intergovernmental Fiscal Relations Act, No. 97 of 1997
电力	Electricity Amendment Act, No. 58 of 1989 Electricity Amendment Act, No. 46 of 1994 Electricity Amendment Act, No. 60 of 1995 Electricity Regulation Act, No.4 of 2006

七、部分国家汇总

菲律宾作为亚洲发展银行总部所在地，PPP 的发展受亚行的推动和影响较大，于 2006 年 3 月 29 日和 2012 年 6 月 20 日分别出台了“菲律宾 BOT 法和执行条例”（共和国法第 6957 法令和共和国法第 7718 修正案）（Republic Act No. 6957 as amended by Republic Act No. 7718 or the Philippine Build-Operate-and-Transfer (BOT) Law），允许地方政府和私人部门建立合作机制，通过 BOT 和 BTO 模式执行基础设施项目。修正案扩大了 PPP 政府执行机构，例如国有企业、政府金融机构和大学等，旨在提供更多的激励机制吸引私人部门投资 PPP 项目。除此之外，还有其他国家也制定了 PPP 法案。如斯里兰卡于2002年出台“斯里兰卡公共设施委员会法案”（Public Utilities Commission of Sri Lanka Act），印度尼西亚于2005年制定《印度尼西亚特许经营法》（Indonesia Concession Regulation），柬埔寨于2007年制定《柬埔寨特许经营法》（Cambodia : Law on Concessions）。斐济、东帝汶和印度也分别出台相应PPP法律或政策。

西班牙于2003年出台《西班牙特许经营法》（Spain Franchise Law），又于2005年颁布《西班牙新公共服务特许经营风险分担法》（Risk Sharing in the New Public Works Concession Law in Spain）。

葡萄牙也于2012年出台《葡萄牙PPP法》（Decree Law 111/2012）。除此之外，东欧大多数国家均有自己的PPP法案，如立陶宛于1996年9月10日颁布《立陶宛特许经营法》（Law on Concessions in Lithuania），确定了特许经营的主客体、授予程序、政企权力与责任、税收、法律保护等相关制度。捷克于2006年3月出台《捷克共和国特许经营法》（Concession Act）以及《特许经营合同和特许经营程序第139号文件》（ACT No. 139 of 14 March 2006 on Concession Contracts and Concession Procedure），规定了特许经营授予机构、例外情况、特许经营程序、特许经营者选择、特许经营合同以及法律的监督和履行等重要内容。希腊于2005年推行《希腊PPP法》（Law 3389/2005 on Public-Private Partnerships ），为与私人部门合作提供服务和基础设施打下良好基础，该法案还规定了在希腊建立跨部门的PPP委员会。

表20.6 部分国家PPP立法情况汇总

国家	时间	具体法律
菲律宾	2006年3月29日 2012年6月20日	菲律宾BOT法和执行条例（共和国法第6957法令和共和国法第7718修正案）（Republic Act No. 6957 as amended by Republic Act No. 7718 or the Philippine Build-Operate-and-Transfer (BOT) Law）
斯里兰卡	2002年	斯里兰卡公共设施委员会法案（Public Utilities Commission of Sri Lanka Act）

续表

国家	时间	具体法律
印度尼西亚	2005 年	印度尼西亚特许经营法（Indonesia Concession Regulation）
柬埔寨	2007 年	柬埔寨特许经营法（Cambodia : Law on Concessions）
西班牙	2003 年	西班牙特许经营法（Spain Franchise Law）
	2005 年	西班牙新公共服务特许经营风险分担法（Risk Sharing in the New Public Works Concession Law in Spain）
葡萄牙	2012 年	葡萄牙 PPP 法（Decree Law 111/2012）
立陶宛	1996 年	立陶宛特许经营法（Law on Concessions in Lithuania）
捷克	2006 年	捷克共和国特许经营法（Concession Act）特许经营合同和特许经营程序第 139 号文件（ACT No. 139 of 14 March 2006 on Concession Contracts and Concession Procedure）
希腊	2005 年	希腊 PPP 法（Law 3389/2005 on Public-Private Partnerships）

八、立法模式与经验

结合以上立法状况可以发现，与 PPP 相关的立法模式可归为三类：

一是由立法机关或行政机关制订关于 PPP 模式的统一立法，如德国的 PPP 加速法案以及韩国等都采用这种模式。

二是国家不制定 PPP 统一法，具体的 PPP 项目单项立法主要体现为地方政府条例和专项政府规章，这与美国更为相似。这种 PPP 法有两大特点，一是条例的框架基本稳定，二是有较好的参照意义。

三是不就 PPP 专门立法，而以现行的法律加以规范，以澳大利亚为典型，它没有专门的 PPP 立法，但已有法律对 PPP 运作提供了完整法律框架。法国是更为典型的一个例子，在法国 PPP 模式主要以政府特许经营为主，政府特许可以直接适用法国行政法中的公共特许工程法律制度。

目前，英国、德国、美国、韩国等均针对 PPP 模式建立了适合本国的法律法规。在我国PPP模式刚刚起步，在立法方面存在较多的问题，目前的法律法规不能完全适应PPP模式的发展，对于私营机构介入基础设施建设运营缺乏必要的法律法规和详细的操作程序。而从立法模式来看，虽然不同国家的立法模式各不相同，但从各国的执行情况来看，还是可以得到一些适用于我国的经验。

首先，PPP模式的发展需要设立主导机构。目前在我国PPP项目的运作涉及建设部、发改委、交通部等不同行政机构，缺乏主导机构，不能对PPP模式进行统一的、全方位的支持。而韩国则设立了PIMAC，PIMAC负责发布年度PPP计划以及编制PPP指南，为PPP项目提供了具体而可操作的指引。其次，需要一个全国机构，如同美国的全国公私营机构合作委员会对全国的PPP政策、方针、文本解释等给予全面、权威的控制与解释，并对PPP模式的发展提供全力支持。再次，目前我国多为部委规章和地方性的管理条例，也有针对具体项目而订立的专营管理办法。这种过于开放式的架构不利于国家对PPP项目的统一管理，同时也使得各地方政府浪费大量时间在许多相同目的和效果的事件上，从而可能忽略了对不同项目差异性的分析研究，而过多的管理办法也有可能出现相互矛盾，致使工作效率低下（如德国）。目前，对于PPP模式立法极为重要的一条就是明确PPP法律的法律阶次以保证以较高的法律阶次清除PPP模式的法律障碍。

图书在版编目（CIP）数据

PPP 模式：全流程指导与案例分析 / 吕汉阳主编.
—北京：中国法制出版社，2016. 6
ISBN 978-7-5093-7592-1

Ⅰ. ① P… Ⅱ. ①吕… Ⅲ. ①政府投资—合作—社会资本—研究 Ⅳ. ① F830.59 ② F014.39

中国版本图书馆 CIP 数据核字（2016）第 123569 号

策划编辑 徐 冉　　封面设计 周黎明

PPP 模式：全流程指导与案例分析

PPP MOSHI: QUAN LIUCHENG ZHIDAO YU ANLI FENXI

主编 / 吕汉阳
经销 / 新华书店
印刷 / 三河市紫恒印装有限公司
开本 / 710 毫米 ×1000 毫米 16 开　　印张 / 19.25 字数 / 274 千
版次 / 2016 年 7 月第 1 版　　2016 年 7 月第 1 次印刷

中国法制出版社出版
书号 ISBN 978-7-5093-7592-1　　定价：68. 00 元

北京西单横二条 2 号　　值班电话：66026508
邮政编码：100031　　传真：66031119
网址：http://www. zgfzs. com　　**编辑部电话：66075800**
市场营销部电话：66033393　　**邮购部电话：66033288**

（如有印装质量问题，请与本社编务印务管理部联系调换。电话：010-66032926）